普通高等学校省级特色专业教材
普通高等学校经管类精品教材

税务会计与纳税筹划

第 2 版

主　编　王齐祥　尚红敏
副主编　刘中华　高　亚

中国科学技术大学出版社

内 容 简 介

本书包括总论、增值税会计、消费税会计、营业税会计、所得税会计、其他各税会计、纳税筹划基本知识、纳税筹划平台、纳税筹划技术、纳税筹划技巧、主要税种纳税筹划的方法、纳税筹划的风险及防范等内容。

本书可作为相关专业教材,也可作为相关从业人员的参考书。

图书在版编目(CIP)数据

税务会计与纳税筹划/王齐祥,尚红敏主编.—2版.—合肥:中国科学技术大学出版社,2011.8(2013.6重印)

ISBN 978-7-312-02901-1

Ⅰ.税… Ⅱ.①王… ②尚… Ⅲ.①税收会计 ②税收筹划 Ⅳ.F810.42

中国版本图书馆 CIP 数据核字(2011)第 152088 号

出版	中国科学技术大学出版社
	安徽省合肥市金寨路 96 号,邮编:230026
	网址:http://press.ustc.edu.cn
印刷	安徽江淮印务有限责任公司
发行	中国科学技术大学出版社
经销	全国新华书店
开本	710 mm×960 mm　1/16
印张	21.75
字数	423 千
版次	2009 年 7 月第 1 版　2011 年 8 月第 2 版
印次	2013 年 6 月第 3 次印刷
定价	33.00 元

再版前言

本书初版自 2009 年出版以来,得到了国内许多高校师生的认可。本书初版现已脱销,编者已经接到再版的建议。

本次修订,用"以学生为本"的理念为指导,构筑了"层次化、自主化、个性化"的教学框架;精心设计了教学案例,将学生"学、知、习、用"有机结合,融为一体;在课后练习的设计上,注重挖掘学生潜能,提高专业素养,逐渐增强学生的动手能力和实际操作能力;突出增加学生感性认识,提高学生解决实际问题的技能和素质,将企业正在发生的案例和实际问题引入教材。

本次修订,把增值税、企业所得税、个人所得税、车船税等税收法规新修订的内容编入了教材,保证了知识的及时更新。在具体内容安排上较大幅度地增加了纳税筹划理论与实务,并以案例为抓手,将教学背景放在现代市场经济环境下,使得该课程与我国经济社会发展的实际紧密联系在一起,以培养学生的系统思考能力和主动创新能力;同时,在内容安排上注意符合由浅入深的认知规律。课后作业以实务模拟和案例分析的形式为主,把传统的简单套例题的被动作业方式变为引导学生积极参与的主动型作业,从而激发学生的发散型思维,培养学生分析问题、解决问题的能力以及团结协作的精神。

编　者

2011 年 8 月

前　言

在现代市场经济条件下,财务会计及其提供的信息,主要是为现实的或潜在的投资人、债权人、企业管理当局服务的;而为税收管理部门服务的会计信息则要由税务会计提供。本书介绍了在财务会计的基础上,出于对纳税人利益的考虑而进行的税收政策、计税方法的选择,或因与国家现行税收法律法规的差异而进行的涉税事项的调整,即税务会计的确认、计量、记录和报告。税务会计是以现行税收法律法规政策为导向的,但它又要以追求纳税人的最大利益为目标。本书是以我国现行税收制度和会计法规为依据的,若法规制度有变更,应以新的法规制度为准。

本书主要包括税务会计理论与纳税筹划实务两部分。从税务会计理论的角度,重点提高学生的理论素养。在培养目标上主要考虑三个方面:一是满足财经类相关专业取得从业资格证的需要;二是适应财会及相关专业初级、中级职称考试的需要;三是为部分学生参加更高层次学历考试和就业竞争考试做知识储备。在内容安排上既能满足财会类专业的需要,又能满足金融、企业管理、国际贸易等相关专业的需要。从纳税筹划实务的角度,重点突出对学生能力的培养:一是使学生准确掌握纳税筹划的基本理论;二是使学生确立依法纳税的理念,明确依法纳税的重要意义,懂得不依法纳税应承担的法律责任;三是使学生能够科学地进行纳税筹划,保障国家和纳税人的合法利益。

为适应国家税制改革和会计法规不断完善的需要,我们把最新的理论知识和税制改革、会计法规完善的成果编入教材,以适应教学和研究对教材的需要。编写中注重理论与实践结合,从而达到培养学生分析问题和解决问题能力的目的。

本书由安徽经济管理学院王齐祥、尚红敏担任主编,刘中华、高亚担任副主编。王齐祥负责编写大纲的拟定和书稿的审阅、总纂。第一章、第四章、第六章由尚红敏编写;第二章、第三章由刘中华编写;第五章由高亚编写;第七章至第十二章由王齐祥编写。本书在编写过程中还得到了董楠、吕玉梅、钱美琴的大力支持,尚红敏为最后定稿做了大量的工作。

我们真诚希望本书能为培养高素质的应用型人才贡献一份力量,同时也恳切希望广大读者对教材中的不足之处给予批评指正。

编 者

2009 年 5 月

目 录

再版前言 …………………………………………………………… (i)

前　言 ……………………………………………………………… (iii)

第一章　总论 ……………………………………………………… (1)
　第一节　税务会计概述 …………………………………………… (1)
　第二节　税务会计对象与目标 …………………………………… (9)
　第三节　税务会计的基本前提和一般原则 ……………………… (12)
　第四节　税务会计要素 …………………………………………… (18)

第二章　增值税会计 ……………………………………………… (24)
　第一节　增值税概述 ……………………………………………… (24)
　第二节　应纳增值税的计算与申报 ……………………………… (29)
　第三节　一般纳税人增值税的会计处理 ………………………… (39)
　第四节　小规模纳税人的会计处理 ……………………………… (63)

第三章　消费税会计 ……………………………………………… (66)
　第一节　消费税概述 ……………………………………………… (66)
　第二节　应纳消费税额的计算 …………………………………… (74)
　第三节　消费税的会计处理 ……………………………………… (81)

第四章　营业税会计 ……………………………………………… (88)
　第一节　营业税概述 ……………………………………………… (88)
　第二节　营业税的计算 …………………………………………… (97)
　第三节　营业税的会计处理 ……………………………………… (103)

第五章　所得税会计 (108)
第一节　企业所得税概述 (108)
第二节　企业所得税应纳税额的计算 (112)
第三节　企业所得税会计处理概述 (124)
第四节　个人所得税会计处理 (141)

第六章　其他各税会计 (166)
第一节　城市维护建设税会计和教育费附加会计 (166)
第二节　土地增值税会计 (169)
第三节　资源税会计 (174)
第四节　关税会计 (180)
第五节　房产税会计 (186)
第六节　城镇土地使用税会计 (188)
第七节　车船税会计 (191)
第八节　车辆购置税会计 (192)
第九节　印花税会计 (195)
第十节　契税会计 (199)

第七章　纳税筹划基本知识 (204)
第一节　纳税筹划的含义 (204)
第二节　纳税筹划的客观原因 (208)
第三节　纳税筹划的必要性 (210)
第四节　纳税筹划的目标分析 (211)
第五节　纳税筹划的主要内容 (213)

第八章　纳税筹划平台 (224)
第一节　价格平台 (224)
第二节　优惠平台 (227)
第三节　漏洞平台 (230)
第四节　空白平台 (233)
第五节　弹性平台 (236)
第六节　规避平台 (238)

目　录

第九章　纳税筹划技术 ·· (245)
　第一节　免税技术 ··· (245)
　第二节　减税技术 ··· (247)
　第三节　分拆技术 ··· (249)
　第四节　扣除技术 ··· (251)
　第五节　税率差异技术 ··· (253)
　第六节　抵免技术 ··· (254)
　第七节　延期纳税技术 ··· (255)
　第八节　退税技术 ··· (257)

第十章　纳税筹划技巧 ·· (260)
　第一节　企业设立的纳税筹划 ··································· (260)
　第二节　企业筹资与投资的纳税筹划 ····························· (264)
　第三节　企业购销的纳税筹划 ··································· (270)
　第四节　运费的纳税筹划 ······································· (273)
　第五节　企业资产重组的纳税筹划 ······························· (277)

第十一章　主要税种纳税筹划的方法 ······························ (284)
　第一节　增值税纳税筹划 ······································· (284)
　第二节　消费税纳税筹划 ······································· (299)
　第三节　营业税纳税筹划 ······································· (302)
　第四节　企业所得税纳税筹划 ··································· (306)
　第五节　个人所得税纳税筹划 ··································· (309)
　第六节　其他税种的纳税筹划 ··································· (315)

第十二章　纳税筹划的风险及防范 ································ (324)
　第一节　纳税筹划风险的含义及特征 ····························· (324)
　第二节　纳税筹划风险产生的原因 ······························· (326)
　第三节　纳税筹划风险的类型 ··································· (328)
　第四节　纳税筹划风险的防范 ··································· (330)
　第五节　纳税筹划风险的应对 ··································· (332)

参考文献 ··· (335)

第一章 总 论

学习目标

了解税务会计的产生及特点;
明确税务会计的职能、目标及任务;
掌握税务会计的概念、基本前提、一般原则;
重点掌握税务会计要素。

第一节 税务会计概述

一、税务会计的产生和发展

税收是一个历史范畴,也是一个分配范畴。它随着社会经济发展和国家权力的形成而产生,是社会历史和生产关系发展到一定阶段的产物,它是国家财政收入的支柱。为了计算和记录国家税赋实物和货币的收入和支出情况,在奴隶制社会就产生了"官厅会计"。早期的"官厅会计"主要指税收会计。随着政府职能的扩大,收支数额的增大,事项的增多,官厅会计逐步发展形成政府会计和税收会计。税收会计是税务机关核算和监督税款征收和解缴的会计,其主体是国家税务机关,核算的对象是应收、已收、已缴的税款,不涉及税款的形成过程,因而也不能全面反映税收分配过程。

从纳税人的角度看,缴纳税款是其经济活动的重要组成部分。但在古代,会计的发展非常缓慢,虽然会计作为一项独立的职能从生产职能中分离出来,但是会计专门方法还没有形成,会计也还没有形成一门独立的学科。税收在纳税人的管理活动中,只是记录而已。复式簿记方法,使会计与统计相区别,并带动了其他会计方法的发展,使会计成为一门独立的学科。19世纪在英国产生的新的企业组织形式——股份公司,进一步促进了会计的发展。到20世纪二三十年代,会计方法已经比较完善,会计学科也已经比较成熟。

作为两个独立的经济领域,在很长一段历史时期里,税收与会计是各自为政的。政府制定、修改税法并不考虑或很少考虑纳税人在会计上是如何计算、反映税款的,也不对纳税人的会计核算提出要求。这就使税法的执行缺乏可靠的基础。随着社会生产力的发展,税制越来越健全、越来越复杂。国家为了加强税收管理,对税款形成和缴纳的监控越来越严格:要求纳税人设立账簿和凭证,按税法的要求反映税款的形成和缴纳,并以纳税申报形式接受税务机关的监督。作为主要纳税人的企业,纳税已成为影响其进行经营决策的一个越来越重要的因素。美国著名的会计学家亨德里克森在《会计理论的历史与发展》一书中写道:"很多小企业的会计目的主要是编制所得税申报表,甚至不少企业若不是为了纳税根本不会记账,即使对于大公司来说,纳税亦是会计师们的一个主要问题。"这说明提供纳税信息是企业会计很重要的目的之一。

另一方面,随着会计理论和技术的逐步发展完善,会计方法也被税法借鉴。1916年,美国税法第一次规定,企业应税所得额的确定必须以会计记录为基础。同年联邦收入法允许采用权责发生制记账的纳税人采用同样的方法编制纳税申报单。税务与会计密切地联系在一起。税务会计正是在这种环境下产生的,只是税务会计还没有独立成为学科,内含于财务会计之中。

在税务会计的产生和发展过程中,现代所得税法的诞生和不断完善对其影响最大,因为:首先,企业所得税涉及企业的经营、投资和筹资等各环节,涉及收入、收益、成本、费用等会计核算的全过程;其次,科学、先进的增值税的产生和不断的完善,也对税务会计的发展起了重要的促进作用,因为它对企业会计提出了更高的要求,迫使企业在会计凭证、会计账簿的设置、记载上分别反映收入的形成和物化劳动的转移价值及转移价值中所包含的已纳税金,这样才能正确核算其增值额,从而正确计算企业应纳增值税额。为了适应纳税人的需要,或者说,纳税人为了适应纳税的需要,税务会计逐步从财务会计中独立出来,形成了一套独立的税务会计体系。它与财务会计、管理会计一起构成现代会计的三大分支。

二、税务会计的概念

税务会计应当按照税法规定,正确计算和缴纳税款。税务会计主要面临两个方面的问题:一是如何按照企业会计准则对企业涉税业务进行重新确认和记录;二是如何在会计收益的基础上调整、计算应税收益,进而确定应纳税额。税务会计实质上是融税法和会计核算于一体的特殊专业会计。由于税务会计的会计环境不同,税务会计的具体表现不同,因此税务会计的表述也众说不一。

日本税务会计学家武田昌辅认为:税务会计是为计算法人税法中的应税所得而设计的会计,它不是制度会计,是以企业会计为依据,按税法的要求对既定的盈利进行加工、修正的会计。日本的富岗幸雄则认为:税务会计是根据会计的预测方法来掌握并计算出被确定的计税标准,从而起到转达和与测定财务信息的目的与作用的会计。

我国学者贺永生在《企业纳税会计》一书中指出税务会计是以国家税收法规为准绳,以会计方法为工具,对税基的形成,税金的计算,税款的申报、缴纳、征解和入库进行连续、系统地核算和监督的一种专业会计。

我国税务会计专家盖地在《税务会计》一书中认为税务会计是近代新兴的一门边缘学科,是融税收法令和会计核算为一体的一种特种专业会计。它是以税收法令为准绳,以货币计量为基本形式,运用会计学的理论和方法,连续、系统、全面地对税款的形成、计算和缴纳活动进行核算的一门专业会计。

不论如何表述,税务会计总是属于会计范畴的。分析什么是税务会计需首先分析什么是会计。会计理论界对会计的认识有两种:一种认为会计是一种管理活动,这是我国传统的认识;另一种认为会计是一个经济信息系统。作为一种管理活动,实践中经济主体的这些管理职能是由其各级领导机构实施的,会计只是为领导机构提供管理的依据,是领导的参谋。因而只能说会计在管理中起到了重要作用,但会计并没有直接实施管理的职能。作为一个信息系统,包括对信息的收集、整理、处理、利用等工作,这正是会计工作的概括。当然信息系统各种各样,会计与其他信息系统的不同之处在于会计信息系统有自己独特的目标。税务会计也是一个信息系统,与其他经济信息系统的区别在于其目标是提供纳税信息,按纳税的要求来处理信息。

基于以上认识,我们可以这样概括税务会计:税务会计是按税法要求提供纳税信息的信息系统。具体地说:税务会计就是纳税人在遵循国家税法和企业会计准则的基础上,运用会计理论与方法,核算和监督纳税人的纳税事务,保证依法纳税,实现合理税负的一种专门会计。

三、税务会计的特点

作为融税收制度和会计核算于一体的特殊专业会计,税务会计具有下列特点:

(一) 税法导向性(或法定性)

税务会计以国家现行税收法令为准绳,这是它区别于其他专业会计的一个重要的特点。按企业会计准则、制度规定,财务会计对某些会计事项可以根据其企业经营需要进行会计政策选择。税务会计则必须在国家现行税法的范围内进行会计政策选择。当财务会计制度规定与现行税法的计税方法、计税范围等发生矛盾时,税务会计必须以现行税收法规为准,进行纳税调整。对某些按财务会计制度反映而不便按照税法规定反映的会计事项,必须单独设置账簿、单独核算其销售金额等,方能根据应税税种的不同税率记税或减税、免税;否则,税率从高或不予减免。由此可见,严格接受税收法律导向是税务会计的一个最显著的特点。

(二) 税务筹划性

企业通过税务会计履行纳税义务,同时还应体现其作为纳税人享有的权利。具体体现在"应交税费"账户的作用上:它既可以反映企业上缴税金的数额,即实际履行的纳税义务,又可以反映企业应缴未缴的税金数额。它是企业对国家的一笔负债,其金额的大小、滞留企业时间的长短,可以反映企业"无偿使用"该项资金的能力。减轻税负、提高赢利水平是每个企业不懈追求的目标。通过税务会计的筹划(谋划、对策),正确处理涉税会计事项,实现企业财务目标。

(三) 统一性

普遍适用性决定了税务会计的统一性特点。也就是说,同一种税对于适用的不同纳税人而言,其规定具有统一性、规范性。不区分纳税人的经济性质、组织形式、隶属关系以及生产经营形式和内容,在税法构成要素,诸如征税对象、税目、税率、征纳办法等方面,均适用统一的税法规定。当然,在维护税法统一的前提下,也不排除特殊情况下的灵活性,比如减免税方面的规定等。税法的一致性决定了税务会计在对纳税行为进行核算和监督时的一致性。

(四) 独立性

作为会计学科的一个相对独立的分支,与其他专业会计相比较,税务会计具有自身的相对独立性。在核算方法上,因为国家税收法律法规与会计准则、财务会计制度所遵循的原则不同,规范的对象不同,两者有可能存在一定的差异,诸如现行增值税法中对视同销售货物行为的征税规定、所得税税法中税前会计利润与应纳税所得额之间的差异调整等方面,税务会计要求完全按照税法规定进行调整处理,由此反映税务会计核算方法的相对独立性;在核算内容上,税务会计只对纳税人在税务活动过程中所表现的有关经济业务这部分内容进行全面、系统地核算和监督，由此反映了税务会计核算内容的相对独立性。

（五）广泛性

法定纳税人的广泛性，决定了税务会计适用范围的广泛性。就部门而言，它适用于工业、商品流通、交通运输、房地产开发等国民经济各行业、各部门；就所有制而言，它适用于国有经济、集体经济、私营经济、个体经济、联营经济、股份制经济、外商投资经济、中国港澳台投资经济和其他经济等各种经济形式。由此可见，不论什么性质的企事业单位，不管其隶属于哪个部门或行业，只要被确认为纳税人，在处理税务事宜时都必须依照税法规定，运用会计核算的专门方法对其生产、经营活动进行核算和监督，这就使税务会计成为企业财务会计的重要分支，成为企事业单位涉税活动的一种核算手段。按税法规定，所有法人和自然人都可能是纳税权利义务人。

四、税务会计的职能

税务会计的职能指的是税务会计作为一门特殊的专业会计，本身所固有的职责和功能。税务会计的基本职能与一般会计相同，但因其与税收联系密切，因此，其具体职能、作用与一般会计又有所不同。

（一）核算税务活动

税务会计根据国家的税收法律法规、会计准则和企业会计制度等方面的规定，全面、真实、连续、系统地记录和核算企业生产经营过程中的税务活动，即税务资金的形成、计算、缴纳、退补、减免等情况，从而为国家组织税收收入提供可靠的依据。通过对税务会计所反映的税务活动及其所提供的资料进行分析，还可以促进企业改善经营管理，提高经济效益，为进一步扩充税源提供保障。

（二）监督税务行为

税务会计按照税收法律法规，通过税务会计的一系列核算方法，监督企业应纳税款的形成、计算和解缴情况，监督企业收益的分配，实现税收杠杆的经济调节作用。通过税务会计对企业税务活动的监督和控制，从而保证国家税收法律法规的贯彻实施和适时修正。税务会计还可以通过采取各种检查监督手段，发现和揭露问题，并为处理问题提供确凿的会计证据，有利于维护税法的严肃性和保障企业的合法权益。

(三) 参与涉税决策

税务会计能通过对税务活动和税务行为的核算和监督,参与涉及纳税的企业生产、经营、财务和其他的决策,其参与经济决策的方式主要体现在为实施决策提供信息支持。税务会计的核算信息是进行涉税决策的客观依据。企业在很多情况下需要进行有关税务方面的经济决策,在这些决策中,一般需要以前各期的税务会计核算资料,有时还需要运用税务会计的专门技术方法,对未来经济活动的纳税情况进行科学分析和预测,以便作出正确的经济决策,而这些资料只能通过税务会计核算来提供。

五、税务会计与财务会计的关系

(一) 税务会计与财务会计的联系

税务会计作为一项实质性工作并不是独立存在的,而是企业会计的一个特殊领域,是以财务会计为基础的。税务会计资料大多来源于财务会计,它对财务会计处理中与现行税法不相符的会计事项,或基于纳税筹划目的需要调整的事项,按税务会计方法计算、调整,并调整会计分录,再融于财务会计账簿或财务会计报告之中。以税法为导向的小型企业会计,不对外提供会计报告,两者便融为一体,可以称其为企业会计或税务会计。

(二) 税务会计与财务会计的区别

两者除目标不同、对象不同外,主要还有以下区别:

1. 核算基础、处理依据不同

税收法规与会计准则存在不少差别,其中最主要的差别在于收益实现的时间和费用的可折扣性上。税收制度是收付实现制与权责发生制的结合。因为计算应税所得是要确定纳税人立即支付货币资金的能力、管理上的方便性和征收当期收入的必要性,这与财务会计所依据的持续经营假设是相矛盾的,这便是纳税年度自身存在独立性的倾向。财务会计只是遵循财务会计准则、制度处理各种经济业务,会计人员对某些相同的经济业务可能有不同的表述,导致出现不同的会计结果,应该认为是正常情况。税务会计既要遵循税务会计的一般原则,也要遵守与税收法规不相矛盾的那些财务会计一般原则。

2. 计算损益的程度不同

税收法规中包含了修正一般收益概念的社会福利、公共政策和权益条款,强调应税所得与会计所得的不同。各国所得税法都明确规定法定收入项目、税法允许扣除项目及其金额的确认原则和方法。企业按税法规定确定两者金额后,其差额即为应纳税所得额。税务会计以此为法定依据,但在实际计算时,是在"会计所得"的基础上调整为应税所得。当财务会计的核算结果与税务会计不一致时,财务会计的核算应服从于税务会计的核算,使之符合税法的要求。

税务会计坚持历史成本,不考虑货币时间价值的变动,更重视可以预见的事项,而财务会计却可以有某些不同。各国都在力图缩小财务会计与税务会计的差异,但两者的差异不可能消失,因为两者目标不同。此外,承认税务会计与财务会计的区别,实际上是承认政府有权对纳税人的非营业收益等确认和征税的问题,抹杀两者的区别,可能对征纳双方都是无益的。因此,既不必要求对方适应自己,也不必自己削足适履去符合对方。应该各自遵循本身的规律和规范,在理论上不断发展自己,在方法上不断完善自己,更好地体现各自的具体目标,共同服务于企业的整体目标。

六、税务会计的模式

税务会计模式既受各国税法立法背景、程序的影响,又受各国会计规范方式、历史传统的影响,但基本上可以归为非立法会计(盎格鲁·撒克逊方式,社会公认型)、立法会计(大陆模式,法治型)和混合会计(准法制型)三种模式,也可分为立法与非立法两种模式,如表1.1所示。

表1.1 立法会计与非立法会计

项　　目	非 立 法 会 计	立 法 会 计
实施国家	英国、加拿大、澳大利亚、美国、荷兰	德国、法国、瑞士、大部分拉美国家
会计实务	公认会计原则指导	广泛立法规范
导　　向	投资人(股东)	税　　法

日本属于准法制型,即介于立法与非立法之间。如果按两大类划分,则可归入立法会计。

在法国、德国等立法会计的国家,其会计准则、会计制度从属于税法(特别是所得税法),即以税法为导向。因此,其会计所得与财务会计可以不必分开。而在非立法会计的国家和部分立法会计的国家,会计准则、制度独立于税法的要求,因此,其财务会计的账面所得不等于其应税所得,需要进行纳税调整,税务会计与财务会计应该分开。我国现行税法及新颁布的《企业会计准则》、《小企业会计制度》也遵循两者分离的原则。财务会计与税务会计属于不同会计领域,两者分离有利于形成具有独立意义、目标明确、科学规范的会计理论和方法体系,应是会计发展的主流方向。

由于各国税制结构体系不同,税务会计一般有以下三种类型:

1. 以所得税会计为主体的税务会计

采用这种税制模式的国家(如美国、英国、加拿大、丹麦等),其所得税收入占税收总收入的50%以上,这种税制模式必然要求构建以所得税会计为主体的税务会计模式。

2. 以流转税(商品税)会计为主体的税务会计

在一些发展中国家,流转税(商品税)收入是税收收入的主体,其所得税所占比重很小。在这种情况下,应建立以流转税会计为主体的税务会计模式。

3. 流转税与所得税并重的税务会计

在有些国家,实行的是流转税与所得税并重的复合税制,两者比重相差不大,共同构成国家的税收收入主体。如德国、荷兰、芬兰、意大利等。尽管我国的流转税,尤其是增值税、消费税占的比重很大,但从税制体系看,我国也是复合税制体系,从社会发展看,所得税所占比重应越来越大。因此,在这些国家,应建立以流转税会计与所得税会计并重的税务会计模式。

七、税务会计的作用

税务会计的职能制约着税务会计的作用,税务会计的作用又是税务会计的职能在一定的运行条件下的具体体现。税务会计的作用主要体现在以下几个方面:

(一)结合会计核算贯彻税法,有利于发挥税收的作用

税务会计是融税收法律法规和会计核算于一体的特殊专业会计,因此,通过对企业的税务活动所引起的资金运动进行会计核算,既可以促使企业按照税法规定,依法履行纳税义务,又可以分析纳税对企业单位的影响,促使企业改善经营管理,调整产品结构,从而充分发挥税收调节生产、调节消费、调节经济的作用。

(二)反映企业纳税义务的履行情况

税务会计依据税收法律法规,计算企业的各种应纳税款,并通过会计核算,准确、如实地记录税款形成和缴纳的情况,可以反映企业作为纳税人履行纳税义务的情况。对于负有纳税义务的企业而言,运用税务会计核算资料,可以随时了解本企业履行纳税义务的情况,并可从中发现未按规定计算缴纳税款的问题及原因,进而

采取有效措施,以正确履行纳税义务。

(三) 监督企业正确处理分配关系

税务会计能发挥会计监督和税务监督的双重作用,促进企业正确处理分配关系。根据会计监督的要求,税务会计有权拒绝有损任何一方利益的不合理的收益分配方案,有权向税务机关反映问题,并应按上级要求进行自查。根据税务监督的要求,税务机关通过税务稽查,根据税务会计提供的信息资料,检查纠正不符合国家税收法律法规的错误行为,以维护税法的严肃性,正确处理有关各方的收益分配关系。

(四) 维护国家利益和纳税人合法权益

税务机关可以通过分析一般纳税企业,尤其是有进出口退税业务以及享受减免税优惠待遇的企业提供的有关纳税情况的会计信息,结合自身的税收会计核算资料,对企业的纳税行为实施有效监督和控制,保证国家的财政收入及时、足额地解缴入库,保证出口退税业务以及减免税待遇的真实性,从而维护国家的经济利益。此外,国家在依法征税的同时,也要根据现行税法规定,明确维护纳税人依法进行纳税筹划以及充分享受包括减免税在内的税收优惠政策的合法权益。

(五) 促进企业改善经营管理,提高经济效益

税务会计作为企业内部的一种特殊的会计管理活动,其根本目的在于通过核算、监督和参与决策,以改善经营管理,提高企业经济效益。税收是企业外部环境中一个至关重要的因素,也是企业进行经营管理时不容忽视的客观条件。企业对税收方面情况的关注、了解和应用是通过税务会计来实现的。税务会计以税收法律法规、会计准则和会计制度为依据,全面、真实、连续、系统地记录和核算企业生产经营过程中的税务活动,监督税务行为,并参与涉税决策,从而能有效促使企业改善内部经营管理,提高经济效益。

第二节 税务会计对象与目标

一、税务会计对象

税务会计的对象是独立于会计系统之外的客体,是运用会计的特定程序和方

法对客体进行的分类和表述。在企业中，凡是能够用货币计量的涉税事项都是税务会计对象。因此，纳税人因税而引起的税款的形成、计算、缴纳、补退、罚款等经济活动以货币表现的资金运动就是税务会计对象。企业以货币表现的税务活动，主要包括：

（一）计税基础和计税依据

1. 流转额

企业在经营过程中的销售（购进）量、销售（购进）额、营业额等，是各种流转税的计税依据，又是所得税的计税基础和前提。

2. 成本、费用额

成本、费用是企业在生产经营过程中的耗费和支出。它包括生产过程的生产费用和流通过程的流通费用。成本、费用主要反映企业资金的垫支和耗费，是企业资金补偿的尺度。一定会计期间的成本、费用总额与同期经营收入总额相比，可以反映企业的生产经营成果。财务会计记录的成本、费用、支出额，按税法规定允许在税前扣除的部分是计算应纳税所得额的基础。

3. 利润额与收益额

财务会计核算的经营利润、投资收益，都需要按税法规定调整、确认为应税利润、应税收益，它是正确计税的基础。

4. 财产额（金额、数额）

对各种财产税，如房产税、土地税、契税、遗产与赠与税等，需要在财务会计对各类资产确认、计量、记录的基础上，按税法规定的税种，正确确认应税财产金额或数额。

5. 行为计税额

对行为税（如印花税），应以财务会计确认、记录的应税行为交易额或应税数额为课税依据。

（二）税款的计算和核算

按税法规定的应缴税种，和正确确认应税依据的基础上，正确计算各种应缴税金，并作相应的会计处理。

（三）税款的缴纳、退补与处理

由于各种税的计税依据和征收方法不同，同一种税收对不同行业、不同纳税人的会计处理也有所不同；因此，各种税款的缴纳方法也不尽一致。企业应按税法规定，根据企业会计制度，正确进行税款缴纳的会计处理。对企业多缴税款、按规定应该退回的税款或应该补缴的税款,要进行相应的会计处理。减税、免税是对某些纳税人的一些特殊情况、特殊事项的特殊规定,从而体现税收政策灵活性和税收杠杆的调节作用;对减、免税款,企业应正确进行会计处理。

(四)税收滞纳金与罚款、罚金

企业因逾期缴纳税款或违反税法规定而支付的各项税收滞纳金、罚款、罚金,也属税务会计对象,应该如实记录和反映。

二、税务会计的目标

税务会计的目标是在遵守税法和企业会计准则、履行法定纳税义务的前提下,为纳税人进行经营决策、投融资决策等提供涉税因素的会计信息,努力提高纳税人的经济利益,维护企业的正当权益、最大限度地争取企业的税收利益,具体内容包括:

(一)依法纳税,认真履行纳税人的权利和义务,保证财政收入的及时与稳定

依法纳税是每一个纳税人应尽的权利和义务。税务会计的运作是以国家税法为依据的,只有依法纳税才能保证国家财政收入的及时与稳定。这就要求每一个纳税人在财务会计所提供资料的基础上,依据税法规定正确进行有关税款计算、申报、缴纳,以保证财政收入的及时和稳定。

(二)正确纳税,协调好税法与财务会计的关系,保证财政收入的真实性

准确、足额地缴纳税款是每个纳税人必须履行的义务,但能否正确纳税,不仅取决于纳税人对税收法规能否正确理解,而且取决于税务会计能否正确核算。税务会计的正确核算除了要求税务会计能够提供计算税款的依据等因素外,更重要的是能够区分税务会计与财务会计的不同,协调好两者的关系,正确进行纳税调整,只有这样才能保证财政收入的真实性。

(三)科学纳税,合法公平地进行纳税筹划,保证企业税收负担的优化

优化企业税收负担是每个纳税人应有的权利。在市场经济条件下,没有一个政府不愿意多收税;不论税款多么合理,它总是对纳税人收入的扣除,因此没有一个纳税人愿意多缴税。在税收法规既定的前提下,实现企业的税收负担优化,就成

为每个纳税人的必然选择。

三、税务会计任务

税务会计的任务是税务会计目标的具体体现。税务会计作为会计的一个分支,既要以国家税收法律法规为依据,促使企业正确履行纳税义务,又要使企业在国家税法允许的范围内,追求企业纳税方面的经济效益。因此,其主要任务包括:

(1) 反映和监督企业对国家税收法令、制度的贯彻执行情况,认真履行纳税义务,正确处理企业与国家的关系;

(2) 按照国家现行税法所规定的税种、计税依据、纳税环节、税目、税率等,正确计算企业在纳税期内的各种应缴税款,并进行相应的会计处理;

(3) 按照税务机关的规定,及时、足额地缴纳各种税款,并进行相应的会计处理;

(4) 正确编制、及时报送会计报表和纳税申报表,认真执行税务机关的审查意见;

(5) 正确进行企业税务活动的财务分析,不断提高企业执行税法的自觉性,不断提高涉税核算和税务管理水平,降低纳税成本;

(6) 充分利用现行税法和有关法规、制度赋予企业的权利,积极进行纳税筹划,争取涉税零风险,尽可能降低企业的税收负担。

同时,企业也应当充分利用现行税法和有关政策、制度所赋予的各种权利,合理安排其筹资、投资、经营以及财务核算等行为,进行科学、合理、规范的经济决策,寻求纳税方面的经济利益,以充分发挥企业税务会计的作用,更好地完成税务会计的任务。

第三节 税务会计的基本前提和一般原则

一、税务会计的基本前提

税务会计的目的是提供有助于企业税务决策的信息,而企业错综复杂的经济业务会使企业会计实务存在种种不确定因素。因此,要保证税务会计信息的准确处理、正确确认和计量,必须要明确税务会计的基本前提(基本假定)。由于税务会计以财务会计为基础,财务会计中的基本前提有些也适用于税务会计,如会计分期、货币计量等,但因税务会计的法定性等特点,税务会计的基本前提也有其特殊性。

(一) 纳税主体(应税实体)假设

税法规定的直接负有纳税义务的实体包括单位和个人(法人和自然人),及"纳税权利人"。正确界定纳税主体,就是要求每个纳税主体应与其他纳税主体分开,保持单独的会计记录并报告其经营状况。国家规定各税种的不同纳税人,有利于体现税收政策中合理负担和区别对待的原则,协调国民经济各部门、各地区、各层次的关系。

纳税主体与财务会计中的"会计主体"(会计实体)有密切联系,但不一定等同。会计主体是财务会计为之服务的特定单位或组织,会计处理的数据和提供的财务信息,被严格限制在一个特定的独立的或相对独立的经营单位之内,典型的会计主体是企业。纳税主体必须是能够独立承担纳税义务的纳税人。在一般情况下,会计主体应是纳税主体。但在特殊或特定情况下,会计主体不一定就是纳税主体,纳税主体也不一定就是会计主体。在某些垂直领导的行业,如铁路、银行,由铁道部、各总行集中纳税,其基层单位是会计主体,但不是纳税主体。如对稿酬征纳个人所得税时,其纳税人(即稿酬收入者)并非会计主体,而作为扣缴义务人的出版社或杂志社则成为这一纳税事项的会计主体。纳税主体作为代扣(收)代缴义务人时,纳税人与负税人是分开的。作为税务会计的一项基本前提,应侧重从会计主体的角度来理解和应用纳税主体。

在美国等发达国家,与应税实体相对应的是管道实体。管道实体是没有纳税义务的实体。这类实体只记录其从事的交易活动,向政府报告其经营成果,但对其经营成果不缴税。在管道实体中,实体的税收属性(所得、抵免、扣除等)通过管道实体转给应税实体,由其纳税。

(二) 持续经营假设

持续经营前提意味着该企业个体将继续存在足够长的时间以实现其现在的承诺,如预期所得税在将来被继续课征。这是所得税递延、亏损前溯或后转以及暂时性差异能够存在并且能够使用纳税影响会计法进行所得税跨期摊配的理论依据。以折旧为例,它意味着,在缺乏相反证据的时候,人们总是假定该企业将在足够长的时间内为转回暂时性的纳税利益而经营并获得收益。

(三) 货币时间价值假设

货币(资金)在其运行过程中具有增值能力。即使不考虑通货膨胀因素,今天的1元钱比若干年后收到(或付出)1元钱的价值要大得多。这说明,同样一笔资金,不同时间具有不同的价值。随着时间的推移,投入周转使用的资金价值将会发生增值,这种增值的能力或数额就是货币的时间价值。这一基本前提已成为税收立法、税收征管的基点,因此,各个税种都明确规定纳税义务的确认原则、纳税期限、缴库期等。它深刻地解释了纳税人进行纳税筹划的目标之一——纳税最晚,也说明了所得税会计中采用纳税影响会计法进行纳税调整的必要性。

(四)纳税会计期间假设

纳税会计期间是指纳税人按照税法规定选定的纳税年度期间。因此,纳税会计期间亦称纳税年度。应税实体必须以年度为基础报告其经营成果,确定其纳税年度,即所有应税实体都必须选择一个年度会计期间,向政府报告其经营成果。我国纳税会计期间统一规定为日历年度,并非由纳税人自己选择。虽然税务会计也可将会计年度划分为月、季,但强调的是年度应税收益,尤其是所得税。纳税会计期间不等同于纳税期限,如增值税、消费税的纳税期限是日或月。如果纳税人在一个纳税年度的中间开业,或者由于改进、合并、破产、清算等原因,该纳税年度的实际经营期限不足12个月的,应当以其实际经营期限为一个纳税年度。纳税人清算时,应当以清算期间作为一个纳税年度。各国纳税年度规定的具体起止时间有所不同,一般有日历年度、非日历年度、财政年度或营业年度。纳税人可在税法规定的范围内选择、确定,但必须符合税法规定的采用和改变应纳税年度的办法,并且遵循税法中所作出的关于对不同企业组织形式、企业类型的各种限制性规定。

(五)年度会计核算假设

年度会计核算是税务会计最基本的前提,各国税制都是建立在年度会计核算的基础上,而不是建立在某一特定业务的基础上。课税只针对某一特定纳税期间里发生的全部事项的净结果,而不考虑当期事项在后续年度中的可能结果,后续事项将在其发生的年度内考虑。比如在"所得税跨期摊配"中应用递延法时,由于强调原始差异对税额的影响而不强调转回差异对税额的影响,因此,它与未来税率没有关联性。当暂时性差异后来转回时,按暂时性差异产生时递延的同一数额调整所得税费用,从而使税务会计数据具有更多的可稽核性,以解释税款分配的影响金额。

二、税务会计的一般原则

由于税务会计与财务会计密切相关,因此,财务会计中的会计信息质量特征原则以及会计要素的确认与计量原则,大部分或基本上也适用于税务会计。但又因税务会计与税法的特定联系,税收理论和立法中的税款支付能力原则、公平税务原则、程序优先于实体原则等,也会非常明显地影响税务会计。根据税务会计的特点,结合财务会计原则与税收原则,体现在税务会计上的特定原则可以归纳如下:

(一) 修正的应计制原则

收付实现制(简称实现制,亦称现金制)突出地反映了税务会计的重要原则——现金流动原则(具体化为公平负税和支付能力)。该原则是确保纳税人有支付应纳税款而使政府获取财政收入的基础。但由于收付实现制不符合财务会计准则的规定,一般不能用于财务会计报告目的(现行财务会计报表中的现金流量表则是将以应计制为基础的财务会计信息转换为以实现制为基础的会计信息),一般只适用于个人和小企业的纳税申报。如果税法规定可以采用收付实现制原则,税务会计则以实现收付现金为标准分别确认收入、费用(扣除项目)。但资本性支出还是要资本化,并且推定收入也确认为应税收入。推定收入是企业尚未收到但应归其所有的收入。它的金额是确知的,而且保证能收到(没有制约或限制条件)。

应计制原则广泛用于财务会计报告的目的。目前,大多数国家的税务当局都接受该项原则。当它被用于税务会计时,与财务会计的应计制存在某些差异:第一,必须考虑支付能力原则,使纳税人在最有能力支付时支付税款。第二,确定性的需要,使得收入和费用的实际实现具有确定性。例如,在收入的确认上,应计制的税务会计由于在一定程度上被支付能力原则所覆盖而包含着一定的收付实现制的方法,而在费用的扣除上,财务会计采用稳健原则列入的某些估计、预计费用,在税务会计中一般是不能够接受的,后者强调"该经济行为已经发生"的限制条件,从而起到保护政府税收收入的目的。第三,保护国家税收收入。

在税法和税务会计实务中,世界上大多数国家实际采用的是修正的权责发生制原则。在美国税制中,有一条著名的定律,即克拉尼斯基定律,它可以充分说明修正的权责发生制原则的"真谛":如果纳税人的财务会计方法致使收益立即得到确认,而费用永远得不到确认,税务当局可能会因所得税目而允许采用这种会计方法;如果纳税人的财务会计方法致使收益永远得不到确认,而费用立即得到确认,税务当局可能会因所得税目而不允许采用这种会计方法。在该原则下,如果纳税人采用实现制,其发生的一次性资产租金支出,税务当局不允许将其一次扣除,而要求企业将租金资本化,在租赁期内平均摊销。如果纳税人采用应计制,其取得的一次性资产租金收入,税务当局要求将租金收入全部计入当期的应税收入,而不允许在租赁期内分期确认应税收入。

（二）与财务会计日常核算方法相协调原则

由于税务会计与财务会计的密切关系,税务会计一般应遵循各项财务会计准则。只有当某一项按会计准则、制度在财务会计报告日确认后,才能确认该事项按税法规定确认的应课税款。依据会计准则、制度在财务报告日尚未确认的事项可能影响到当日已确认的其他事项的最终应课税款,但只有在根据会计准则、制度确认导致征税效应的事项之后,才能确认这些征税效应,这就是"与日常核算方法相一致"的原则,具体包含：

(1) 对于已在财务会计报表中确认的全部事项的当期或递延税款,应确认为当期或递延所得税负债或资产；

(2) 根据现行税法的规定计量某一事项的当期或递延应纳税款,以确定当期或未来年份应付或应退还的所得税金额；

(3) 为确认和计量递延所得税负债或资产,不预期未来年份赚取的收益或发生的费用的应纳税款或已颁布税法、税率变更的未来执行情况。

（三）划分营业收益与资本收益原则

营业收益与资本收益有不同的来源,担负着不同的纳税责任,在税务会计中应严格区分。营业收益是指企业通过其日常性的营业活动而获得的收入,通常表现为现金流入或其他资产的增加或负债的减少,其内容包括主营业务收入和其他业务收入两个部分,其税额的课征标准一般按照正常税率计征。

资本收益是指在出售或交换税法规定的资本资产时所得的利益(如投资收益、出售或交换有价证券的收益等)。资本资产一般包括纳税人应收款项、存货、经营中使用的地产和应折旧资产、某些政府债券,以及对文学和其他艺术作品的版权以外的资产。资本收益的课税标准具有许多不同于营业收益的特殊规定。因此,为了正确地计算所得税负债和所得税费用,就应该划分两种收益并制订具体的划分标准。这一原则在美、英等国的所得税会计中有非常详尽的规定,我国在这方面有待与税收国际惯例接轨。

（四）配比原则

配比原则是财务会计的一般规范,将其应用于所得税会计,便成为支持"所得税跨期摊配"的重要指导思想。采纳"所得税是一种费用"的观点意味着：如果所得税符合确认与计量两个标准,则应计会计对于费用就是适宜的。应用应计会计和与之相联系的配比原则,就意味着要根据该会计期间内为会计目的所报告的收入和费用来确定所得税费用,而不考虑为纳税目的所确认的收入和费用的时间性。

也就是说，所得税费用是与导致纳税义务的税前会计收益相配比的（在同期报告），而不管税款支付的时间性。这样，由于所得税费用随同相关的会计收益在同一期间确认，从配比原则的两个特征——时间一致性和因果性来看，所得税的跨期摊配方法也符合收入与费用的配比原则。

（五）确定性原则

确定性原则是指在所得税会计处理过程中，按所得税法的规定，在纳税收入和费用的实际实现上应具有确定性的特点，这一原则具体体现在"递延法"的处理中。在递延法下，当初的所得税率是可确认的，递延所得税是产生暂时性差异的历史交易事项造成的结果。按当初税率报告递延所得税，符合会计是以历史成本基础报告绝大部分经济事项的特点，提高了会计信息的可信性。这一原则也适用于所得税的税前扣除，凡税前扣除的费用，其金额必须是确定的。

（六）可预知性原则

可预知性原则是支持并规范负债法的原则。负债法关于递延所得税资产或负债的确认模式，是基于这样的前提：根据会计准则编制的资产负债表，所报告的资产和负债金额将分别收回或清偿。因此，未来年份应税收益只在逆转差异的限度内才能被认可，即未来年份的应税收益仅仅受本年暂时性差异的影响，而不预期未来年份赚取的收益或发生的费用。将可预知性原则应用于所得税会计处理，可提高对企业未来现金流量、流动性和财务弹性的预测价值。因此，在该原则下，支持并规范的负债法被越来越广泛地采用。

（七）税款支付能力原则

税款支付能力与纳税能力有所不同。纳税能力是指纳税人应以合理的标准确定计税基数。有同等计税基数的纳税人应负担同一税种的同等税款。因此，纳税能力体现的是合理负税原理。与企业的其他费用支出有所不同，税款支付全部是现金流出，因此，在考虑纳税能力的同时，更应考虑税款的支付能力。税务会计在确认、计量、记录收入、收益、成本、费用时，应选择保证税款支付能力的会计方法。

第四节　税务会计要素

一、税制要素

税制要素是税收制度的构成要素，每一个税种都要明确对谁征税、对什么征税、征多少税及征税的环节和期限等。税制要素一般包括纳税人、征税对象、税率、纳税环节、纳税期限、纳税地点、减税免税等。其中纳税人、征税对象、税率是构成税收制度的三个基本要素。

（一）纳税人

纳税人是税法规定的直接负有纳税义务的单位和个人，也称纳税主体，它规定了税款的法律承担者。纳税人可以是自然人，也可以是法人。

自然人是对能够独立享受法律规定的民事权利，承担相应的民事义务的普通人的总称。凡是在我国居住，可享受民事权利并承担民事义务的中国人、外国人或无国籍人，以及虽不在我国居住，但受我国法律管辖的中国人或外国人，都属于负有纳税义务的自然人。

法人，是指依照法定程序成立，有一定的组织机构和法律地位，能以自己的名义独立支配属于自己的财产、收入，承担法律义务，行使法律规定的权利的社会组织。如企业、事业单位、国家机关、社会团体、学校等都属于法人。法人若有税法规定的应税财产、收入和特定行为，就对国家负有纳税义务。

为了加强对税收源泉的控制，确保国家的财政收入，有的税种会规定扣缴义务人。扣缴义务人是指按照税法规定负有扣缴税款义务的单位和个人。扣缴义务人不是纳税主体，而是纳税人和税务机关的中介。

与纳税人相关的还有负税人，负税人是最终负担税款的单位和个人。如果说纳税人是法律上的纳税主体，负税人则是经济上的纳税主体。由于税负转嫁的存在，纳税人在向国家缴纳税款之后，税款可能由纳税人直接负担，也可能通过税负转嫁由他人负担。在税务实体法中，只规定由谁负责缴纳税款，即纳税人；并不规定税款最终由谁负担，即负税人。

（二）征税对象

征税对象又称课税对象，是税法规定的征税的目的物，法律术语称为课税客体。征税对象是一个税种区别于另一个税种的主要标志,是税收制度的基本要素之一。每一种税都必须明确规定对什么征税,体现着税收范围的广度。一般来说,不同的税种有着不同的征税对象,不同的征税对象决定着税种所应有的不同性质。国家为了筹措财政资金和调节经济的需要,可以根据客观经济状况选择征税对象。正确选择征税对象,是实现税制优化的关键。

税目是征税对象的具体项目。设置税目的目的一是为了体现公平原则,根据不同项目的利润水平和国家经济政策,通过设置不同的税率进行税收调控;二是为了体现简便原则,对性质相同、利润水平相同且国家经济政策调控方向也相同的项目进行分类,以便按照项目类别设置税率。有些税种不分征税对象的性质,一律按照课税对象的应税数额采用同一税率计征税款,因此没有必要设置税目,如企业所得税。有些税种具体征税对象复杂,需要规定税目,如消费税、营业税,一般都规定有不同的税目。

(三)税率

税率是应纳税额与征税对象之间的比例,是计算应纳税额的尺度,它体现了征税的深度。税率的设计,直接反映着国家的有关经济政策,直接关系着国家的财政收入的多少和纳税人税收负担的高低,是税收制度的中心环节。

我国现行税率大致可分为3种:

1. 比例税率

实行比例税率,对同一征税对象不论数额大小,都按同一比例征税。比例税率的优点表现在:同一课税对象的不同纳税人税收负担相同,能够鼓励先进,鞭策落后,有利于公平竞争;计算简便,有利于税收的征收管理。但是,比例税率不能体现能力大者多征、能力小者少征的"公平"原则。

在具体运用上,比例税率分为单一比率税率、差别比例税率和幅度比例税率。差别比例税率又具体分为行业差别比例税率、产品差别比例税率和地区差别比例税率。幅度比例税率即中央只规定一个幅度税率,各地可在此幅度内,根据本地区实际情况,选择、确定一个比例作为本地适用税率。

2. 定额税率

定额税率是税率的一种特殊形式。它不是按照征税对象规定征收比例,而是按照征税对象的计量单位规定固定税额,所以又称为固定税额,一般适用于从量计征的税种。定额税率的优点是:从量计征,有利于鼓励纳税人提高产品质量和改进包装;计算简便。但是,由于税额的规定同价格的变化情况脱离,在价格提高时,不能使国家财政收入随国民收入的增长而同步增长,在价格下降时,则会限制纳税人的生产经营积极性。

税额在具体运用上又分为地区差别税额、幅度税额和分类分级税额。分类分级税额即把课税对象划分为若干个类别和等级,对各类各级由低到高规定相应的税额,等级高的税额高,等级低的税额低,具有累进税的性质。

3. 累进税率

累进税率是指按征税对象数额的大小,从低到高分别规定逐级递增的税率。征税对象数额越大,税率就越高;相反就越低。累进税率的基本特点是税率等级与征税对象的数额等级同方向变动。这一特点使其能够按纳税人的不同负担能力设计不同的税率,因此较比例税率更符合税收"公平"的要求。它对调节纳税人的利润和收入有明显的作用,因此更适宜于对所得的征税。累进税率因计算方法和依据的不同,又分以下几种:

(1) 全额累进税率。即对纳税对象的全部数额都按照与之相适应的等级税率征税。同一征税对象只适用于一个税率,在纳税对象提高到一个新的级距时,对其全额都提高到一级新的与之相适应的税率计算纳税。

(2) 全率累进税率。它与全额累进税率的原理相同,只是税率累进的依据不同。全额累进税率的依据是征税对象的数额,而全率累进税率的依据是征税对象的某种比率,如销售利润率、资金利润率等。

(3) 超额累进税率。是指不同等级征税对象的数额每超过一个级距的部分按照与之相适应的税率分别计算税额。其特点是同一个征税对象同时适用几个等级的税率,每超过一级,超过部分则按提高一级的税率征收,这样分别计算各级税额,各等级应纳税额之和,就是纳税人的应纳税额。

(4) 超率累进税率。它与超额累进税率的原理相同,只是税率累进的依据不是征税对象的数额,而是征税对象的某种比率。

在以上几种不同形式的税率中,全额累进税率和全率累进税率的优点是计算简便,但在两个级距的临界点税负不合理。超额累进税率和超率累进税率的计算比较复杂,但累进程度缓和,税收负担较为合理。

(四) 纳税环节

纳税环节是指按税法规定对处于不断运动中的纳税对象选定应当征税的环节。从具体税种来说,每个税种都有特定的纳税环节,不同税种因涉及的纳税环节不同,就形成了不同的课征制。凡只在一个环节征税的称为一次课征制,如我国的资源税只在开采环节征税;凡在两个环节征税的称为两次课征制;凡在两个以上的环节征税的称为多次课征制,如我国的增值税对商品的生产、批发和零售均征税。

(五) 纳税地点

纳税地点是指纳税人依据税法规定向征税机关申报纳税的具体地点。税法上规定的纳税地点主要有机构所在地、经济活动所在地、财产所在地、报关地等。

（六）纳税期限

纳税期限是指纳税义务发生后，纳税人按照税法规定缴纳税款的期限。它是税收的强制性、固定性在时间上的体现。任何纳税人都必须如期纳税，否则就是违反税法，将会受到法律制裁。纳税人的具体纳税期限，由主管税务机关根据纳税人应纳税额的大小分别核定，不能按照固定期限纳税的，可以按次纳税。

（七）减税免税

减税免税是对某些纳税人或征税对象的鼓励或照顾措施。减税是对应纳税额少征一部分税款，而免税是对应税额全部免征税款。减税免税是税率的重要补充，它的最大优点就在于把税法的普遍性与特殊性、统一性与灵活性结合起来，可以对不同类型的纳税人和征税对象实行不同层次的减免，有利于全面地、因地制宜地贯彻国家社会经济政策。

减税免税可以分为税基式减免、税率式减免和税额式减免三种形式。

二、税务会计要素

从影响税务会计的会计环境分析，凡是能够用货币表现的纳税事项都是税务会计的核算内容，构成税务会计的对象。税务会计要素是对税务会计对象的进一步分类，其分类既要服从于税务会计目标，又受到税务会计环境的影响。税务会计环境决定纳税会计主体的具体涉税事项和特点，按涉税事项特点和税务会计信息使用者的要求进行的分类，即形成税务会计要素；税务会计要素是税制构成要素在财务会计中的具体体现，同时也是税务会计报表要素。税务会计要素一般分为计税依据、应税收入、扣除项目、应税所得（或亏损）和应纳税额等。

（一）计税依据

计税依据是指税法中规定的计算应纳税额的根据，在税收理论中称为税基。纳税人的各种应缴税款是根据各税的计税依据与其适用税率相乘来计算的。税种不同其计税依据也不同，计税依据主要有收入额、销售（营业）额（量）、增值额、所得额等。

（二）应税收入

应税收入是企业因销售商品、提供劳务等应税行为所取得的收入，即税法所认定的收入,因此,也可称为法定收入。应税收入与财务会计收入(简称"会计收入")有密切联系,但不一定等同。确认应税收入的原则有两项:一是与应税行为密切联系,即发生应税行为才能产生应税收入;换言之,如果纳税人发生非应税行为或免税行为,其所得的收入就不是应税收入,而只是会计收入。二是与某一具体税种相关。纳税人取得一项收入,如果是应税收入,那必然与某一具体税种相关,即为某一特定税种的应税收入,而非其他税种的应税收入。

(三) 扣除费用

扣除费用是企业因发生应税收入而必须支付的相关成本、费用、税金、损失,即税法所认可的允许在计税时扣除项目的金额,因此,亦称法定扣除项目金额。属于扣除项目的成本、费用、税金、损失是在财务会计确认、计量、记录的基础上,分不同情况确认:一是按其与应税收入的发生是否为因果关系,如为因果关系,可按比例扣除;二是收益期内,按税法允许的会计方法进行折旧、摊销;三是对财务会计中已经确认、计量、记录的某些项目,凡超过税法规定扣除标准的,一律按税法规定的限额作为"扣除费用"。由此可见,财务会计确认、计量、记录的成本、费用、支出与法定扣除项目金额虽然有密切关系,但两者并不等同。

(四) 应税所得(或亏损)

在经济学、财务会计学和税务会计学中,关于"所得"的含义有所不同。财务会计中的"所得"就是账面利润或会计利润。税务会计中的"所得"即指应税所得,或称应纳税所得,它是应税收入与法定扣除项目金额(扣除费用)的差额,也是所得税的计税依据。在税务会计实务中,企业是在财务会计提供的账面利润的基础上,按现行税法与财务会计的差异及其选定的所得税会计方法,确认应税所得,进而计算应纳税额。

如果"应税所得"是负数,则为"应税亏损"。如果财务会计提供的账面利润是负数,即为账面亏损。在账面亏损的基础上,按现行税法进行调整,如果调整后仍是负数,即为应税亏损。对应税亏损,可按税法规定进行税前弥补。对企业有意虚列亏损,则视同偷税行为。

(五) 应纳税额

应纳税额亦称应缴税款。它是计税依据与其适用税率或(和)单位税额之乘积。应纳税额是税务会计特有的一个会计要素,其他会计没有这个要素。影响应纳税额的因素有计税依据、税率、单位税额和减免税规定。计税依据体现征税的广度,每个税种都要明确规定其计税依据,除附加税外,各个税种均有独立的计税依据。税率体现征税的深度,各个税种一般都有其特定的税率。如果是对税基的减免,减免税则体现在计税依据中;如果是对应纳税额的减免,减免税则是一个单独的因素。

此外,免退税、退补税、滞纳金、罚款、罚金也可以作为税务会计的一项会计要素,但不是主要会计要素。

三、税务会计要素的平衡关系

在我国财务会计的六项会计要素中,资产、负债和所有者权益构成资产负债表,称为资产负债表要素;收入、费用和利润构成利润表,称为利润表要素。这两张主要的会计报表分别体现了静态、动态会计要素之间的关系。六项会计要素构成财务会计的两个基本平衡公式:

资产＝所有者权益＋负债

利润＝收入－费用

税务会计要素是税制构成要素在税务会计中的具体体现,它们之间也有两个会计等式:

应税收入－扣除费用＝应税所得

计税依据×适用税率(或单位税额)＝应纳税额

前者仅适用于所得税,后者适用于所有税种。

复习与思考

一、思考题

1. 试述税务会计与财务会计的区别与联系。
2. 简述税务会计要素及各要素之间的关系。
3. 简述税务会计的目标与对象。
4. 简述税务会计的基本前提及一般原则。
5. 简述税务会计的作用。

二、讨论题

1. 纳税主体、会计主体及法律主体之间的关系。
2. 纳税义务人、扣缴义务人及负税人之间的关系。

第二章 增值税会计

学习目标

了解增值税的相关知识；
明确增值税纳税申报的有关规定；
掌握增值税应纳税额的计算；
重点掌握增值税会计处理方法。

第一节 增值税概述

增值税是对在我国境内销售货物或者提供加工、修理修配业务，以及进口货物的单位和个人，就其取得的货物或应税劳务销售额，以及进口货物金额计算税款，并实行税款抵扣制的一种流转税。纳税人应纳增值税额采用税款抵扣方法计算，即根据本期销售货物或提供应税劳务销售额，按规定的税率计算应纳税款（即销项税额），扣除本期购入货物或接受应税劳务已纳增值税款（即进项税额），余额就是纳税人应缴纳的增值税款。

流转税是以货物和劳务的流转额为纳税对象，它可以分为增值税、营业税和消费税。货物包括有形动产、无形资产和不动产，销售有形动产征收增值税，销售无形资产和不动产征收营业税；劳务分为加工、修理、修配和其他劳务，提供加工、修理、修配劳务征收增值税，提供其他劳务征收营业税。消费税是对部分特定消费品征收的一种流转税，与增值税形成交叉征收。

一、增值税的征税范围

根据《增值税暂行条例》的规定，增值税的征税范围是指在我国境内销售货物、提供加工、修理修配劳务以及进口货物。

(一) 增值税纳税范围一般规定

1. 销售货物

增值税中的货物是指有形动产,即能够自由移动且不损害其经济价值和外部形态的财产,包括电力、热力和气体等。

2. 提供加工、修理修配劳务

提供加工、修理修配劳务是指有偿提供加工、修理修配劳务。单位或者个体工商户聘用的员工为本单位或者雇主提供加工、修理修配劳务,不包括在内。

(1) 加工是指受托加工货物,即委托方提供原料及主要材料,受托方按照委托方的要求,制造货物并收取加工费的业务。受托方在提供加工劳务时,只提供一些辅助材料,应该按加工费计缴增值税;如果主要材料由受托方提供,就不是受托加工货物,而是销售自产货物,应该按货物销售额计缴增值税。

(2) 修理修配是指受托方对损伤和丧失功能的货物进行修复,使其恢复原状和功能的业务。修理修配的对象只有有形动产,不动产的修理修配属于营业税的纳税范围。

3. 进口货物

报关进入我国境内的货物于进口环节缴纳增值税。

(二) 增值税纳税范围的其他规定

(1) 货物期货(包括商品期货和贵金属期货),在期货实物交割时缴纳增值税;

(2) 银行销售金银业务,应该缴纳增值税;

(3) 典当业的死当物品与寄售业受托代售物品的销售业务,均应缴纳增值税;

(4) 集邮商品的生产、调拨,邮政部门以外的其他单位和个人销售的,应该缴纳增值税;

(5) 只销售无线寻呼机、移动电话等但不提供有关的电信服务的,应该缴纳增值税。

(三) 属于增值税纳税范围的特殊销售行为

1. 视同销售货物行为

单位或者个体工商户的下列行为,视同销售货物:

(1) 将货物交付其他单位或者个人代销;

(2) 销售代销货物;

(3) 设有两个以上机构并实行统一核算的纳税人,将货物从一个机构移送其

他机构用于销售,但相关机构设在同一县(市)的除外;

(4) 将自产或者委托加工的货物用于非增值税应税项目;

(5) 将自产、委托加工的货物用于集体福利或者个人消费;

(6) 将自产、委托加工或者购进的货物作为投资,提供给其他单位或者个体工商户;

(7) 将自产、委托加工或者购进的货物分配给股东或者投资者;

(8) 将自产、委托加工或者购进的货物无偿赠送给其他单位或者个人。

上述销售行为在计缴增值税时,货物销售额应全额缴税。

2. 混合销售行为

一项销售行为如果既涉及货物又涉及非增值税应税劳务,为混合销售行为。非增值税应税劳务,是指属于应缴营业税的交通运输业、建筑业、金融保险业、邮电通信业、文化体育业、娱乐业、服务业税目征收范围的劳务。混合销售行为首先应是一项销售行为,即一项销售行为既销售货物又提供非增值税应税劳务;其次,销售货物与提供非增值税应税劳务之间有密切的从属关系。

对混合销售行为的税务处理方法是:根据纳税人所从事的主业分别征税,从事货物的生产、批发或者零售的企业、企业性单位和个体工商户(包括以从事货物的生产、批发或者零售为主,并兼营非增值税应税劳务的单位和个体工商户在内)的混合销售行为,视为销售货物,应当缴纳增值税;其他单位和个人的混合销售行为,视为销售非增值税应税劳务,不缴纳增值税,交纳营业税。

纳税人的下列混合销售行为,应当分别核算货物的销售额和非增值税应税劳务的营业额,并根据其销售货物的销售额计算缴纳增值税,非增值税应税劳务的营业额不缴纳增值税;未分别核算的,由主管税务机关核定其货物的销售额:

(1) 销售自产货物并同时提供建筑业劳务的行为;

(2) 财政部、国家税务总局规定的其他情形。

3. 兼营非增值税应税劳务

纳税人在销售货物和提供应税劳务的同时,还提供非增值税应税劳务。它与混合销售行为区别在于:销售货物与提供非增值税应税劳务不仅针对的销售对象不同,而且销售货物与提供非增值税应税劳务两者之间没有直接联系。

纳税人兼营非增值税应税项目的,应分别核算货物或应税劳务的销售额和非增值税应税项目的营业额,对货物或应税劳务的销售额按各自适用的税率征收增值税,对非增值税应税项目的营业额按适用的税率征收营业税;未分别核算或不能准确核算货物或应税劳务的销售额和非增值税应税项目的营业额的,非增值税应税项目与货物、应税劳务一并征收增值税。

二、纳税义务人

增值税的纳税义务人是指在我国境内销售货物或者提供加工、修理修配业务以及进口货物的单位和个人。主要包括：

1. 单位

凡是销售货物或者提供加工、修理修配业务以及进口货物的企业、行政单位、事业单位、军事单位、社会团体及其他单位都是增值税的纳税义务人中的单位。

2. 个人

增值税纳税义务人中的个人是指个体工商户和其他个人。

3. 承租人或者承包人

单位租赁或承包给其他单位或个人经营的，以承租人或承包人为纳税人。

4. 外商投资企业和外国企业

5. 扣缴义务人

境外单位或个人在我国境内未设经营机构但发生增值税纳税义务，其应纳税款以代理人为扣缴义务人；没有代理人的，以购买人为扣缴义务人。

三、纳税人的认定

为了加强增值税的征收管理，国家对增值税的纳税人进行了分类管理，按其经营规模及会计核算是否健全把纳税人划分为一般纳税人和小规模纳税人，分别采取不同方法向纳税人征收增值税。

（一）小规模纳税人的认定

增值税纳税人符合下列条件之一，应该认定为增值税税法所规定的小规模纳税人。

（1）从事货物生产或者提供应税劳务的纳税人，以及以从事货物生产或者提供应税劳务为主，并兼营货物批发或者零售的纳税人，年应征增值税销售额在50万元以下（含本数）的；

（2）前述以外的纳税人，年应税销售额在80万元以下的。

其中，以从事货物生产或者提供应税劳务为主，是指纳税人的年货物生产或者提供应税劳务的销售额占年应税销售额的比重在50%以上。

对个体工商户以外的其他个人、非企业性单位、不经常发生应税行为的企业三类纳税人不办理一般纳税人资格认定，可选择按小规模纳税人纳税。

（二）一般纳税人的认定

增值税纳税人年应税销售额超过财政部、国家税务总局规定的小规模纳税人标准的，应当向主管税务机关申请一般纳税人资格认定，按一般纳税人相关规定缴纳增值税。除国家税务总局另有规定外，纳税人一经认定为一般纳税人后，不得转为小规模纳税人。

年应税销售额未超过财政部、国家税务总局规定的小规模纳税人标准以及新开业的纳税人，可以向主管税务机关申请一般纳税人资格认定。对提出申请并且同时符合下列条件的纳税人，主管税务机关应当为其办理一般纳税人资格认定：

（1）有固定的生产经营场所；
（2）能够按照国家统一的会计制度规定设置账簿，根据合法、有效凭证核算，能够提供准确税务资料。

四、税率和征收率

（一）一般纳税人的税率

增值税有两档税率，分别是17%的基本税率和13%的低税率。纳税人销售或进口货物，提供加工、修理修配劳务，多数情况下适用17%的税率。但纳税人销售或进口下列货物，税率为13%：

（1）粮食、食用植物油；
（2）自来水、暖气、冷气、热水、煤气、石油液化气、天然气、沼气、居民用煤炭制品；
（3）图书、报纸、杂志；
（4）饲料、化肥、农药、农机、农膜；
（5）国务院规定的其他货物。

纳税人出口货物，税率为零；但是，国务院另有规定的除外。

（二）小规模纳税人的征收率

小规模纳税人销售货物或应税劳务适用增值税征收率为3%。

（三）纳税人兼营不同税率

纳税人兼营不同税率的货物或者应税劳务，应当分别核算不同税率货物或应税劳务的销售额；未分别核算销售额的，从高适用税率。

第二节 应纳增值税的计算与申报

一、应纳增值税额的基本计算方法

根据增值税法相关规定,应纳增值税额的基本计算公式为:
应纳增值税额＝当期销项税额－当期准予扣除进项税额

（一）销项税额

当期销项税额＝当期销售额×增值税税率

当期销售额为不含增值税的销售额,在增值税专用发票上销售额和增值税税额以价款和税额分别反映。如果销售额为含税销售额,则在计算本期销项税额时,必须将含税销售额换算成不含税销售额。计算公式为:

不含税销售额＝含税销售额÷（1＋增值税税率）

1. 普通销售方式下销售额的确定

销售额是指纳税人销售货物或提供应税劳务向购买方收取的全部价款和价外费用,但不包括向购货方收取的增值税销项税额。价外费用又叫价外收入,包括价外向购买方收取的手续费、补贴、基金、集资费、返还利润、奖励费、违约金、滞纳金、延期付款利息、赔偿金、代收款项、代垫款项、包装费、包装物租金、储备费、优质费、运输装卸费以及其他各种性质的价外收费。但下列项目不包括在内:

（1）向购买方收取的销项税额。

（2）受托加工应征消费税的消费品所代收代缴的消费税。

（3）同时符合以下条件的代垫运输费用:承运部门的运输费用发票开具给购买方的,纳税人将该项发票转交给购买方的。

（4）同时符合以下条件代为收取的政府性基金或者行政事业性收费:由国务院或财政部批准设立的政府性基金,由国务院或省级人民政府及其财政、价格主管部门批准设立的行政事业性收费;收取时开具省级以上财政部门印制的财政票据;所收款项全额上缴财政。

（5）销售货物的同时代办保险等而向购买方收取的保险费,以及向购买方收取的代购买方缴纳的车辆购置税、车辆牌照费。

2. 特殊销售方式下销售额的确定

（1）采取折扣、折让方式销售

企业如果采取价格折扣方式销售商品,商品销售额与折扣额在同一张发票上分别注明,可以按折扣后的余额计缴增值税。销售商品时赠送其他商品,应按全部售出的货物计算销售额。企业为了鼓励购货方尽早支付购货款而给予的现金折扣,不得从销售额中扣除。销售折让在符合税法相关规定的情况下,可以按折让后的货款计算销售额。

(2) 采取以旧换新方式销售

按新货物的同期销售价格确定销售额,旧货的收购价格不得从中扣除。

(3) 采取还本销售方式销售

按商品的销售价格确定销售额,企业还本支出不得从中扣除。

(4) 采取以物易物方式销售

交易双方都要作购销处理,按发出货物的销售价格作各自销售额,计算销项税额;以收到货物的金额计算购货成本,确定增值税进项税额。

(5) 包装物押金

纳税人为销售货物而出租、出借包装物收取的押金,单独记账核算,不并入销售额征税。但企业按合同约定收取一年以上的押金,逾期未收回包装物没收的押金以及销售除啤酒、黄酒外的其他酒类产品而收取的押金,均应并入销售额并按所包装的货物适用税率纳税。

3. 特殊销售行为下销售额的确定

(1) 视同销售货物行为销售额的确定

国家税法规定企业发生视同销售货物行为而无销售额者,按下列顺序确定销售额:

① 按纳税人最近时期同类货物的平均销售价格确定;
② 按其他纳税人最近时期同类货物的平均销售价格确定;
③ 按组成计税价格确定。组成计税价格的公式为:

$$组成计税价格 = 成本 \times (1 + 成本利润率)$$

属于应征消费税的货物,即该货物既征增值税,又征消费税。其组成计税价格中应加计消费税额。组成计税价格的公式为:

$$组成计税价格 = 成本 \times (1 + 成本利润率) \div (1 - 消费税税率)$$

公式中的成本是指:销售自产货物的为实际生产成本;销售外购货物的为实际采购成本。公式中的成本利润率由国家税务总局确定。

(2) 混合销售行为销售额的确定

混合销售行为依照税法规定应当缴纳增值税的,其销售额为货物与非应税劳务的销售额的合计,该混合销售行为所涉及的非增值税应税劳务所用的购进货物的进项税额,只要符合税法规定的抵扣条件,准予从销项税额中扣除。

(3) 兼营行为销售额的确定

纳税人兼营非增值税应税项目的,应分别核算货物或者应税劳务的销售额和非增值税应税项目的营业额;未分别核算的,由主管税务机关核定货物或者应税劳务的销售额。即销售额为货物或应税劳务的销售额与非应税劳务的销售额的合计;该兼营销售行为所涉及的非增值税应税劳务所用的购进货物的进项税额,在符合税法规定的条件下,准予从增值税销项税额中抵扣。

(二)进项税额

1. 准予从销项税额中抵扣的进项税额

进项税额是指纳税人购进货物或接受应税劳务时所支付或负担的增值税额。符合条件的进项税额准予从销项税额中抵扣,具体规定如下:

(1)凭专用扣税凭证从销项税额中抵扣

① 从销售方取得的增值税专用发票上注明的增值税额;

② 从海关取得的海关进口增值税专用缴款书上注明的增值税额。

③ 企业取得机动车销售统一发票上注明依法可抵扣的增值税额。

(2)按法定扣除率计算扣除

① 向农业生产者购进农产品,按照农产品收购发票或销售发票上注明的农产品买价和13%的扣除率计算的进项税额。

进项税额计算公式为:

$$进项税额 = 买价 \times 扣除率$$

公式中的买价包括纳税人购进农产品时在农产品收购发票或销售发票上注明的价款和按规定缴纳的烟叶税。

② 购进或销售货物以及在生产经营过程中支付运输费用的,按照运输费用结算单据上注明的运输费用金额和7%的扣除率计算的进项税额。

进项税额计算公式为:

$$进项税额 = 运输费用金额 \times 扣除率$$

公式中的运输费用金额,是指运输费用结算单据上注明的运输费用(包括铁路临管线及铁路专线运输费用)、建设基金,不包括装卸费、保险费等其他杂费。

上述准予抵扣的项目在计算扣除时也必须依据合法凭证。如果纳税人购进货物或应税劳务,取得的增值税扣税凭证不符合法律、行政法规或国务院税务主管部门有关规定,其进项税额不得从销项税额中抵扣。上述扣税凭证还必须在税法规定时限内,按规定申报抵扣。

2. 不得从销项税额中抵扣的进项税额

根据税法规定,下列项目的进项税额不得从销项税额中抵扣:

(1) 用于非增值税应税项目、免征增值税项目、集体福利或个人消费的购进货物或应税劳务；

(2) 非正常损失的购进货物及相关的应税劳务；

(3) 非正常损失的在产品、产成品上所耗用的购进货物或应税劳务；

(4) 国务院财政、税务主管部门规定的纳税人自用消费品；

(5) 取得(1)~(4)项规定的货物发生的运输费用和销售免税货物的运输费用；

(6) 纳税人购进货物或应税劳务，取得的增值税扣税凭证不符合法律、行政法规或国务院税务主管部门有关规定的，其进项税额不得从销项税额中抵扣。

上述规定中的非正常损失是指因管理不善造成被盗、丢失、霉烂变质的损失。

3. 免征增值税项目

(1) 农业生产者销售的自产农产品；

(2) 避孕药品和用具；

(3) 古旧图书；

(4) 直接用于科学研究、科学试验和教学的进口仪器、设备；

(5) 外国政府、国际组织无偿援助的进口物资和设备；

(6) 由残疾人组织直接进口供残疾人专用的物品；

(7) 销售自己使用过的物品。是指其他个人(不包括个体工商户)自己使用过的物品。

除上述这些规定项目外，增值税的免税项目由国务院规定。任何地区、部门均不得规定免税项目。

(三) 增值税计算时间的确定

增值税计算公式中的进项税额、销项税额都是指增值税业务发生的当期，因此，正确界定纳税义务的发生时间对计算应纳增值税税额非常重要。

1. 销项税额发生时间

企业销售货物或应税劳务，增值税纳税义务发生时间为收讫销售款项或取得索取销售款项凭据的当天；进口货物，为报关进口的当天。增值税扣缴义务发生时间为纳税人增值税纳税义务发生的当天。一般纳税人销售货物或应税劳务可以采用不同的结算方式，其纳税义务发生时间也各不相同。具体规定如下：

(1) 采取直接收款方式销售货物，不论货物是否发出，均为收到销售款或取得索取销售款凭据的当天；

(2) 采取托收承付和委托银行收款方式销售货物，为发出货物并办妥托收手续的当天；

(3) 采取赊销和分期收款方式销售货物,为书面合同约定的收款日期的当天;无书面合同或书面合同没有约定收款日期的,为货物发出的当天;

(4) 采取预收货款方式销售货物,为货物发出的当天;但生产工期超过 12 个月的大型机械设备、船舶、飞机等货物,为收到预收款或书面合同约定收款日期的当天;

(5) 委托其他纳税人代销货物,为收到代销单位的代销清单或收到全部或部分货款的当天。未收到代销清单及货款的,为发出代销货物满 180 天的当天;

(6) 销售应税劳务,为提供劳务同时收讫销售款或取得索取销售款凭据的当天;

(7) 纳税人发生视同销售货物行为,为货物移送的当天。

2. 进项税额申报抵扣的时间

一般纳税人增值税计算公式中的进项税额申报抵扣的时间,税法也是有限制的。具体规定如下:

(1) 工业生产企业购进货物(包括外购货物所支付的运输费用),必须在购进货物已验收入库后,方可申报抵扣。否则,不得作为纳税人当期进项税额予以抵扣;

(2) 商业企业购进货物(包括外购货物所支付的运输费用),必须在购进货物付款后(分期付款的,全部付清),才可以申报抵扣进项税额。商业企业接受捐赠、投资或分配的货物,以收到增值税专用发票的时间申报抵扣进项税额,并提供相应的证据;

(3) 一般纳税人购进应税劳务,必须在支付劳务费用后,才可以申报抵扣进项税额。否则,不得申报抵扣。

【例 2.1】 某工厂为增值税一般纳税人,适用的增值税率为 17%,某月发生下列业务:

(1) 外购材料,取得增值税专用发票注明价款为 40 000 元,税款为 6 800 元,货款已用银行存款支付,材料已验收入库;

(2) 外购机器一台,增值税专用发票注明价款为 30 000 元,税款为 5 100 元,货款已用银行存款支付,机器已安装完毕交付使用;

(3) 销售商品一批,价税合计 117 000 元,货款已存入银行,开出增值税专用发票,货物已经发出;

(4) 以自产的产品与甲企业的原材料互换,产品不含税价为 20 000 元,货物已发出并开具增值税专用发票,换入的原材料尚未收到。

该企业当月应纳增值税额计算如下:

(1) 当期进项税额=6 800+5 100=11 900(元)

(2) 当期销项税额=[117 000÷(1+17%)+20 000]×17%=20 400（元）

(3) 当月应纳增值税额=20 400-11 900=8 500（元）

二、应纳增值税额的简易计算方法

小规模纳税人销售货物或应税劳务以及纳税人销售特定货物按简易方法计算应纳税额，并且，不得在销项税额中抵扣进项税额。计算公式如下：

应纳增值税额=销售额×征收率

其销售额比照一般纳税人确定，即纳税人收取的全部价款和价外费用。小规模纳税人的销售额也不包括其应纳增值税税额。小规模纳税人销售货物或者应税劳务采用销售额和应纳税额合并定价方法的，按下列公式计算销售额：

销售额=含税销售额÷(1+征收率)

小规模纳税人增值税征收率为3%。征收率的调整，由国务院决定。

小规模纳税人因销售货物退回或者折让退还给购买方的销售额，应从发生销售货物退回或折让当期的销售额中扣减。

【例2.2】 某增值税小规模纳税人5月取得含税销售额54 500元，当期发生退货额3 000元，计算该纳税人（适用的增值税征收率为3%）当期应纳增值税额。

销售额=(54 500-3 000)÷(1+3%)=50 000（元）

应纳增值税额=50 000×3%=1 500（元）

三、进口货物应纳增值税额的计算方法

纳税人进口货物，按照组成计税价格和适用的税率计算应纳税额，不得抵扣任何税额。组成计税价格和应纳税额计算公式如下：

组成计税价格=关税完税价格+关税+消费税

应纳税额=组成计税价格×适用税率

【例2.3】 某企业8月从国外进口货物一批，关税完税价格为人民币500万元，该货物适用的关税税率为40%，增值税率为17%，计算该企业应纳增值税额。

(1) 组成计税价格=500+500×40%=700（万元）。

(2) 应纳增值税额=700×17%=119（万元）。

四、增值税专用发票的管理

我国增值税实行凭票抵扣制度,增值税专用发票不仅是企业商品销售的凭证,也是计算增值税销项税额以及购货方抵扣增值税进项税额的法定凭证。因此,增值税专用发票管理对增值税法的正确实施有着十分重要的意义。

增值税专用发票统一规定为四联,第一联为存根联,由销货方留存备查;第二联为发票联,购货方作付款凭证;第三联为税款抵扣联,购货方作扣税凭证;第四联为记账联,销货方作销售记账凭证。税法规定只有增值税一般纳税人才可以领购使用增值税专用发票,其他人不得领购使用。增值税专用发票开具也有特别的规定。纳税人销售货物或者应税劳务,应当向索取增值税专用发票的购买方开具增值税专用发票,并在增值税专用发票上分别注明销售额和销项税额。属于下列情形之一的,不得开具增值税专用发票:

(1) 向消费者个人销售货物或应税劳务;
(2) 销售货物或应税劳务适用免税规定;
(3) 小规模纳税人销售货物或者应税劳务;
(4) 销售报关出口的货物、在境外销售应税劳务;
(5) 将货物用于非应税项目、集体福利或个人消费。

五、增值税的申报与缴纳

(一) 增值税纳税义务发生时间

(1) 销售货物或者应税劳务,为收讫销售款项或取得索取销售款项凭据的当天;先开具发票的,为开具发票的当天。
(2) 进口货物,为报关进口的当天。
(3) 增值税扣缴义务发生时间为纳税人增值税纳税义务发生的当天。

(二) 纳税地点

1. 固定业户

固定业户应当向其机构所在地的主管税务机关申报纳税。总机构和分支机构不在同一县(市)的,应当分别向各自所在地的主管税务机关申报纳税;经依法授权机关批准,可以由总机构汇总向总机构所在地的主管税务机关申报纳税。

2. 固定业户外出经营

固定业户到外县(市)销售货物或应税劳务,应当向其机构所在地的主管税务机关申请开具外出经营活动税收管理证明,并向其机构所在地的主管税务机关申报纳税;未开具证明的,应当向销售地或劳务发生地的主管税务机关申报纳税;未向销售地或劳务发生地的主管税务机关申报纳税的,由其机构所在地的主管税务机关补征税款。

3. 非固定业户

非固定业户销售货物或应税劳务,应当向销售地或劳务发生地的主管税务机关申报纳税;未向销售地或劳务发生地的主管税务机关申报纳税的,由其机构所在地或居住地的主管税务机关补征税款。

4. 进口货物

应当向报关地海关申报纳税。

5. 代扣代缴增值税

扣缴义务人应当向其机构所在地或居住地的主管税务机关申报缴纳其扣缴的税款。

（三）纳税期限

1. 纳税期限

增值税的纳税期限分别为 1 日、3 日、5 日、10 日、15 日、1 个月或者 1 个季度。纳税人的具体纳税期限,由主管税务机关根据纳税人应纳税额的大小分别核定;不能按照固定期限纳税的,可以按次纳税。

2. 按月纳税

纳税人以 1 个月或者 1 个季度为 1 个纳税期的,自期满之日起 15 日内申报纳税。

3. 按日纳税

以 1 日、3 日、5 日、10 日或者 15 日为 1 个纳税期的,自期满之日起 5 日内预缴税款,于次月 1 日起 15 日内申报纳税并结清上月应纳税款。

4. 代扣代缴增值税

扣缴义务人解缴税款的期限,比照其他纳税人规定执行。

（四）增值税一般纳税人纳税申报表

一般纳税人增值税纳税申报表如表 2.1 所示。

表 2.1 增值税纳税申报表

（适用于增值税一般纳税人）

根据《中华人民共和国增值税暂行条例》第二十二和二十三条规定制定本表。纳税人不论有无销售额，均应按主管税务机关核定的纳税期限按期填报本表，并于次月一日起十五日内，向当地税务机关申报。

税款所属时间：自 年 月 日至 年 月 日 填表日期： 年 月 日 金额单位：元

纳税人登记账号									所属行业：	
纳税人名称		法定代表人名称			注册地址			营业地址		
开户银行及账号				企业登记注册类型				电话号码		

	项 目	栏次	一般货物及劳务		即征即退货物及劳务	
			本月数	本年累计	本月数	本年累计
销售额	（一）按适用税率征税货物及劳务销售额	1				
	其中:应税货物销售额	2				
	应税劳务销售额	3				
	纳税检查调整的销售额	4				
	（二）按简易征收办法征税货物销售额	5				
	其中:纳税检查调整的销售额	6				
	（三）免、抵、退办法出口货物销售额	7				
	（四）免税货物及劳务销售额	8				
	其中:免税货物销售额	9				
	免税劳务销售额	10				
税款计算	销项税额	11				
	进项税额	12				
	上期留抵税额	13				
	进项税额转出	14				
	免、抵、退货物应退税额	15				
	按适用税率计算的纳税检查应补缴税额	16				
	应抵扣税额合计	17＝12＋13－14－15＋16				
	实际抵扣税额	18(17＜11,则17,否则11)				
	应纳税额	19＝11－18				

续表

<table>
<tr><td rowspan="19">税款缴纳</td><td>期末留抵税额</td><td>20＝17－18</td><td></td><td></td><td></td><td></td></tr>
<tr><td>按简易征收办法计算的应纳税额</td><td>21</td><td></td><td></td><td></td><td></td></tr>
<tr><td>按简易征收办法计算的纳税检查应补缴税额</td><td>22</td><td></td><td></td><td></td><td></td></tr>
<tr><td>应纳税额减征额</td><td>23</td><td></td><td></td><td></td><td></td></tr>
<tr><td>应纳税额合计</td><td>24＝19＋21－23</td><td></td><td></td><td></td><td></td></tr>
<tr><td>期初未缴税额（多数为负数）</td><td>25</td><td></td><td></td><td></td><td></td></tr>
<tr><td>实收出口开具专用缴款书退税额</td><td>26</td><td></td><td></td><td></td><td></td></tr>
<tr><td>本期已缴税额</td><td>27＝28＋29＋30＋31</td><td></td><td></td><td></td><td></td></tr>
<tr><td>①分次预缴税额</td><td>28</td><td></td><td></td><td></td><td></td></tr>
<tr><td>②出口开具专用缴款书预缴税额</td><td>29</td><td></td><td></td><td></td><td></td></tr>
<tr><td>③本期缴纳上期应纳税额</td><td>30</td><td></td><td></td><td></td><td></td></tr>
<tr><td>④本期缴纳欠缴税额</td><td>31</td><td></td><td></td><td></td><td></td></tr>
<tr><td>期末未缴税额（多数为负数）</td><td>32＝24＋25＋26－27</td><td></td><td></td><td></td><td></td></tr>
<tr><td>其中:欠缴税额（≥0）</td><td>33＝25＋26－27</td><td></td><td></td><td></td><td></td></tr>
<tr><td>本期应补(退)税额</td><td>34＝24－28－29</td><td></td><td></td><td></td><td></td></tr>
<tr><td>即征即退实际退税额</td><td>35</td><td></td><td></td><td></td><td></td></tr>
<tr><td>期初未缴查补税额</td><td>36</td><td></td><td></td><td></td><td></td></tr>
<tr><td>本期入库查补税额</td><td>37</td><td></td><td></td><td></td><td></td></tr>
<tr><td>期末未缴查补税额</td><td>38＝16＋22＋36－37</td><td></td><td></td><td></td><td></td></tr>
<tr><td colspan="2">授权声明</td><td colspan="2">如果你已委托代理人申报,请填写下列资料：
为代理一切税务事宜,现授权（地址）　　　　　　为本纳税人的代理申报人,任何与本申报表有关的往来文件,都可寄与此人。
授权人签字：</td><td>申报人声明</td><td colspan="2">此纳税申报表是根据《中华人民共和国增值税暂行条例》的规定填报的,我相信它是真实的、可靠的、完整的。

声明人签字：</td></tr>
</table>

以下由税务机关填写：

收到日期：　　　　　　　　　　接收人：　　　　　　　　　　主管税务机关盖章：

第三节 一般纳税人增值税的会计处理

一、一般纳税人增值税会计账户的设置

根据现行企业会计制度相关规定,一般纳税人进行增值税会计处理,应在"应交税费"账户下设置"应交税费——应交增值税"明细账户,分别按"进项税额"、"已交税金"、"销项税额"、"出口抵减内销产品应纳税额"、"进项税额转出"、"转出未交增值税"、"转出多交增值税"和"出口退税"等设置专栏。

(1)"进项税额"专栏,记录企业购进货物、接受应税劳务而支付的,准予从销项税额中抵扣的进项税额。如果当期发生购货退回或折让,应以红字登记。

(2)"已交税金"专栏,记录企业上交的本月应交的增值税额。

(3)"销项税额"专栏,反映企业销售货物、提供应税劳务应收取的增值税额。如果发生销售退回或折让,应在发生当期用红字登记。

(4)"出口抵减内销产品应纳税额"专栏,记录企业采用"免、抵、退"计算出口退税时的免抵退税额。

(5)"进项税额转出"专栏,记录企业购进货物、接受应税劳务时已经记入了"进项税额"专栏因特殊原因不得从销项税额中抵扣,按规定转出的进项税额。

(6)"出口退税"专栏,反映企业出口货物后,按规定程序申报可收到的出口退税额和被内销货物销项税额抵减的出口退税额。

(7)"转出未交增值税"专栏,登记月末转出的应纳税额,结转后,本账户月末余额不再包括当期应交而未交的增值税额。

(8)"转出多交增值税"专栏,记录月末转出多缴的增值税额,转出后,"应交税费——应交增值税"账户也不再包含当月多交的增值税额。

"应交税费——应交增值税"账户期末如果有余额,应为借方余额,反映企业当月尚未抵扣的增值税额。

企业还要设置"应交税费——未交增值税"明细账户,用来登记月末从"应交税费——应交增值税"账户转入当月多交或未交增值税额。月末,"应交税费——未交增值税"账户如果有借方余额,表示当月多交了增值税款,出现贷方余额则是当月应交未交的增值税款。

"应交税费——应交增值税"明细账户所采用账页格式视企业规模而有所不

同。经营范围广、业务全面的大型企业可以采用多栏式账页；中小型企业只涉及几个常用的专栏，可以采用三栏式账页进行增值税会计核算。

二、进项税额的会计处理

（一）国内货物采购的增值税会计处理

根据增值税法的规定，准予抵扣的增值税进项税额必须符合两个条件：① 取得合法凭证，如增值税专用发票、主管税务机关批准使用的农产品收购凭证、运费普通发票等。② 符合税法"进项税额申报抵扣时限"的规定。工业企业购进的物资（包括外购物资所支付的运费）必须验收入库后，所购货物的进项税额才能申报抵扣。商业企业购进的货物（包括外购货物所支付的运费）必须付款后，购进货物的进项税额方准予申报抵扣。根据税法的上述规定，国内货物采购进项税额的会计处理分为以下几种情况：

1. 货物验收入库，根据增值税专用发票等凭证付清货款

在这种情况下，工业企业和商业企业的会计处理基本相同。按增值税专用发票上记载的价款金额，借记"原材料"、"库存商品"、"材料采购"等账户，按发票上注明的增值税额，借记"应交税费——应交增值税（进项税额）"账户，按实际支付的金额，贷记"银行存款"等账户。

【例2.4】 东方实业股份有限公司6月5日购入材料一批，增值税专用发票上注明价款为40 000元，增值税款为6 800元，货款以银行存款支付，材料已验收入库。其账务处理如下：

借：原材料　　　　　　　　　　　　　　　　　　　　40 000
　　应交税费——应交增值税（进项税额）　　　　　　 6 800
　　贷：银行存款　　　　　　　　　　　　　　　　　46 800

【例2.5】 南湖百货商场5月10日购入电视机300台，取得的增值税专用发票上注明价款为200 000元，增值税额34 000元，货物验收入库，货款已经全部支付。根据相关凭证，其会计分录如下：

借：库存商品　　　　　　　　　　　　　　　　　　 200 000
　　应交税费——应交增值税（进项税额）　　　　　　34 000
　　贷：银行存款　　　　　　　　　　　　　　　　 234 000

2. 企业收到商品与专用发票，货物已验收入库，货款尚未支付

（1）工业企业

工业企业增值税进项税额符合税法规定的抵扣条件的，纳税人可以根据增值税专用发票上注明的不含税价款金额,借记"原材料"、"材料采购"等账户,根据专用发票上注明的税额,借记"应交税费——应交增值税(进项税额)"账户,按应付款项金额,贷记"应付账款"、"应付票据"等账户。

【例2.6】 东方实业股份有限公司6月7日购入材料一批,增值税专用发票上注明价款为30 000元,增值税额为5 100元,材料已验收入库,货款尚未支付。其账务处理如下：

借:原材料　　　　　　　　　　　　　　　　　　30 000
　　应交税费——应交增值税(进项税额)　　　　　5 100
　　贷:应付账款　　　　　　　　　　　　　　　　　35 100

(2) 商业企业

在货款尚未全部付清的情况下,虽然货物已验收入库并取得了增值税专用发票,但商业企业的进项税额因不符合税法规定的条件不得申报抵扣。企业可通过增设如"待扣税金"这样的过渡性账户,用于核算已经取得增值税专用发票但未达到抵扣时限要求的进项税额。货物验收入库时,根据增值税专用发票上的税额和价款,借记"待扣税金"、"库存商品"等账户,贷记"应付账款"、"应付票据"等账户。等到支付货款时结转待扣税金,借记"应交税费——应交增值税(进项税额)"账户,贷记"待扣税金"账户。

企业也可以将增值税专用发票注明的增值税额直接记入"应交税费——应交增值税(进项税额)"账户。货款没有支付时,当月申报增值税时对这类进项税额不申请进行抵扣。货物验收入库时,根据增值税专用发票上注明的不含税价款金额,借记"库存商品"等账户,根据专用发票上注明的税额,借记"应交税费——应交增值税(进项税额)"账户,按应付款项金额,贷记"应付账款"、"应付票据"等账户。月末申报增值税时,对这类不符合抵扣条件的进项税额不要申报进行抵扣。

3. 取得了专用发票并付清货款,货物尚未验收入库

(1) 工业企业

工业企业的这种增值税进项税额不符合抵扣条件,无法申请抵扣。企业也可以增设"待扣税金"账户,用以反映已经取得专用发票但未达到抵扣要求的进项税额。根据增值税专用发票上注明的不含税价款,借记"在途物资"、"材料采购"等账户,根据增值税专用发票上注明的税额,借记"待扣税金"账户,按实际支付的款项,贷记"银行存款"等账户。材料入库时,借记"原材料"等账户,贷记"在途物资"、"材料采购"等账户;同时,结转待扣增值税税金,借记"应交税费——应交增值税(进项税额)"账户,贷记"待扣税金"账户。

【例2.7】 东方实业股份有限公司6月5日购入材料一批,取得增值税专用发票上注明价款10 000元,增值税额1 700万元,货物尚未到达,货款通过银行付清。

根据上述资料其会计分录如下：

① 根据增值税专用发票支付货款时：

借：在途物资　　　　　　　　　　　　　　　　10 000
　　待扣税金　　　　　　　　　　　　　　　　 1 700
　　　贷：银行存款　　　　　　　　　　　　　　　　11 700

② 材料验收入库时：

借：原材料　　　　　　　　　　　　　　　　　10 000
　　　贷：在途物资　　　　　　　　　　　　　　　　10 000

同时：

借：应交税费——应交增值税（进项税额）　　　 1 700
　　　贷：待扣税金　　　　　　　　　　　　　　　　 1 700

（2）商业企业

在收到增值税专用发票并且货款已经付清的情况下，虽然货物没有验收入库，但企业的进项税额符合税法规定的抵扣要求。企业应根据增值税专用发票上注明的价款，借记"在途物资"等账户，根据专用发票上注明的税额，借记"应交税费——应交增值税（进项税额）"账户，按实际支付的款项金额，贷记"银行存款"等账户。货物验收入库时，按货物采购的实际成本，借记"库存商品"账户，贷记"在途物资"等账户。

【例 2.8】 南湖百货商场 5 月 6 日购入日用小家电 300 台，取得增值税专用发票上注明价款为 15 000 元，增值税额 2 550 元，货物尚未收到，货款已经全部支付。根据相关资料其会计分录如下：

① 根据增值税专用发票支付货款时：

借：在途物资　　　　　　　　　　　　　　　　15 000
　　应交税费——应交增值税（进项税额）　　　 2 550
　　　贷：银行存款　　　　　　　　　　　　　　　　17 550

② 货物验收入库时：

借：库存商品　　　　　　　　　　　　　　　　15 000
　　　贷：在途物资　　　　　　　　　　　　　　　　15 000

4. 货物入库，付清货款，只取得普通发票

一般纳税人如果从小规模纳税人处购进货物，只能取得小规模纳税人开给的普通销售发票。即使符合增值税进项税额申报抵扣时限的要求，但没有合法的抵扣票据——增值税专用发票，仍然不准申请抵扣增值税。一般纳税人应将进项税额计入所购货物的采购成本中。按购入货物支付的金额，借记"原材料"、"库存商品"、"材料采购"等账户，贷记"银行存款"等账户。

【例2.9】 东方实业股份有限公司6月15日从小规模纳税人处购入材料一批,取得普通发票,注明价款100 000元,增值税额17 000元,货物到达并验收入库,货款已经全部支付。根据有关凭证其会计处理如下:

借:原材料　　　　　　　　　　　　　　　　　117 000
　　贷:银行存款　　　　　　　　　　　　　　　　117 000

5. 购进货物,因未收到增值税专用发票等凭证未付货款

企业如果已经收到购进货物,由于没有收到发票账单等未进行货款结算,平时,可以不进行账务处理,月度终了时,如果仍然没有收到发票等结算单据,应先按购货合同金额或计划成本暂估入账,借记"原材料"、"库存商品"等账户,贷记"应付账款——暂估应付账款"账户。次月初,做同样的红字分录冲销上述记录。实际收到增值税专用发票等结算凭证时,借记"原材料"、"库存商品"、"材料采购"、"应交税费——应交增值税(进项税额)"等账户,贷记"银行存款"、"应付账款"等账户。

6. 采用预付款方式购进货物

纳税人按照购货合同预付购货款项时,借记"预付账款",贷记"银行存款"等账户。收到所购货物时,根据增值税专用发票上的价款金额,借记"材料采购"、"原材料"、"库存商品"等账户,按专用发票上注明的增值税额,借记"应交税费——应交增值税(进项税额)"账户,按价税金额合计,贷记"预付账款"账户。补付款项时,借记"预付账款"账户,贷记"银行存款"账户;收到退回的多付款项时,借记"银行存款"账户,贷记"预付账款"账户。

【例2.10】 东方实业股份有限公司从甲公司购入材料一批,合同总额为300 000元,双方约定购货方预付货款后,甲公司发货。东方实业股份有限公司6月15日预付货款300 000元。25日货物到达并验收入库,取得甲公司开出的增值税专用发票,注明价款金额240 000元,增值税额40 800元,甲企业退回剩余款项。东方公司根据有关资料做如下会计分录:

(1) 15日,预付货款时:

借:预付账款　　　　　　　　　　　　　　　　300 000
　　贷:银行存款　　　　　　　　　　　　　　　　300 000

(2) 25日,材料验收入库时:

借:原材料　　　　　　　　　　　　　　　　　240 000
　　应交税费——应交增值税(进项税额)　　　　 40 800
　　贷:预付账款　　　　　　　　　　　　　　　　280 800

(3) 收到多付的款项时:

借:银行存款　　　　　　　　　　　　　　　　 19 200
　　贷:预付账款　　　　　　　　　　　　　　　　 19 200

(二) 接受投资人用存货进行投资的增值税会计处理

纳税人接受投资人投资所收到的存货,按收到货物增值税专用发票上注明的增值税额,借记"应交税费——应交增值税(进项税额)",按双方协议确定的存货价值,借记"原材料"、"库存商品"等账户,按投资人所占注册资本份额,贷记"实收资本"或"股本"账户,按其差额贷记"资本公积"账户。

【例2.11】 东方实业股份有限公司接受乙公司用来投资的一批原材料,取得增值税专用发票,双方协议确认该批材料价值180 000元,增值税额30 600元。按协议价确认投资额。根据有关资料做会计分录如下:

借:原材料 180 000
　　应交税费——应交增值税(进项税额) 30 600
　贷:实收资本 210 600

(三) 接受捐赠货物的增值税会计处理

纳税人接受货物捐赠时,根据有关规定确定捐赠货物的成本,借记"原材料"、"库存商品"等,按可抵扣的增值税额借记"应交税费——应交增值税(进项税额)"账户,按捐赠货物的实际价值,贷记"营业外收入"账户,按应支付的相关税费,贷记"银行存款"等账户。

【例2.12】 东方实业股份有限公司某月接受H公司捐赠原材料一批,取得增值税专用发票,注明货物价值100 000元,增值税额17 000元。捐赠过程中东方实业股份有限公司支付杂费2 000元。根据有关资料做如下会计分录:

借:原材料 102 000
　　应交税费——应交增值税(进项税额) 17 000
　贷:营业外收入 117 000
　　　银行存款 2 000

(四) 以非货币性资产交换、债务重组取得存货的增值税会计处理

企业以非货币性资产交换取得的货物,如果以公允价值为基础进行计量,在没有发生补价的情况下,按换出资产的公允价值加上应支付的相关税费,减去可抵扣的增值税进项税额,作为换入存货的入账价值;或者按换入资产的公允价值加上应支付的相关税费,作为换入存货的入账价值。换出资产的公允价值与账面价值之间的差额,应作为资产处置损益处理。

【例2.13】 东方实业股份有限公司以长期股权投资换入甲公司的一批材料,

支付相关费用1 500元,换出股权投资账面余额220 000元,已计提长期股权投资减值准备20 000元,公允价值为187 200元,换入材料的公允价值160 000元,进项税额为27 200元。

换入材料的入账价值＝187 200＋1 500－27 200＝161 500（元）

换出资产的公允价值与账面价值之差＝187 200－（220 000－20 000）
＝－12 800（元）

借：原材料　　　　　　　　　　　　　　　161 500
　　应交税费——应交增值税（进项税额）　　27 200
　　投资收益　　　　　　　　　　　　　　　12 800
　　长期股权投资减值准备　　　　　　　　　20 000
　贷：长期股权投资　　　　　　　　　　　　220 000
　　　银行存款　　　　　　　　　　　　　　　1 500

　　企业以非货币性资产交换取得的货物,如果不能以公允价值进行计量,应以换出资产的账面价值加上应支付的相关税费,减去可抵扣的增值税进项税额,作为换入存货的入账价值。借记"原材料"、"库存商品"等账户,按专用发票上注明的增值税进项税额,借记"应交税费——应交增值税（进项税额）"账户,按应支付的相关税费,贷记"银行存款"等账户。涉及补价的,应根据收取补价和支付补价两种情况分别进行处理。

　　纳税人通过债务重组取得的存货,应当按照受让存货的公允价值作为入账价值。重组债权的账面价值与受让存货的公允价值及可抵扣的增值税进项税额之间的差额,应当作为债务重组损失,计入营业外支出。如果重组债权计提了减值准备,也要从中冲减。收到存货时,按其公允价值,借记"原材料"、"库存商品"等账户,按专用发票上注明的增值税进项税额,借记"应交税费——应交增值税（进项税额）"账户,按该项债权已计提的坏账准备,借记"坏账准备"账户,按应收债权的账面余额,贷记"应收账款"等账户,按应支付的相关税费,贷记"银行存款"等账户,按其借方差额,借记"营业外支出——债务重组损失"账户,或者按其贷方差额,贷记"资产减值损失"账户。

　　【例2.14】　东方实业股份有限公司应收丁公司货款750 000元,已经挂账一年,经双方协商,东方实业股份有限公司同意丁公司用一批元器件来抵偿债务,东方实业股份有限公司支付装卸费用2 000元,收到的元器件作为原材料入库,该批材料公允价值为600 000元,增值税额为102 000元。根据有关凭证,公司做如下会计处理：

　　（1）如果东方实业股份有限公司未计提坏账准备：

借:原材料 602 000
　　应交税费——应交增值税(进项税额) 102 000
　　营业外支出——债务重组损失 48 000
　　　贷:应收账款 750 000
　　　　银行存款 2 000

(2) 假设东方实业股份有限公司计提了 20 000 元坏账准备:
借:原材料 602 000
　　应交税费——应交增值税(进项税额) 102 000
　　营业外支出——债务重组损失 28 000
　　坏账准备 20 000
　　　贷:应收账款 750 000
　　　　银行存款 2 000

(3) 假设东方实业股份有限公司计提了 60 000 元坏账准备:
借:原材料 602 000
　　应交税费——应交增值税(进项税额) 102 000
　　坏账准备 60 000
　　　贷:应收账款 750 000
　　　　银行存款 2 000
　　　　资产减值损失 12 000

(五)运输费用的增值税会计处理

一般纳税人外购货物以及销售货物所支付的运输费用,企业应根据运费结算单据(普通发票)所列运费金额(货票上注明的运费和建设基金,但随同运费支付的装卸费、保险费等其他杂费不得计算扣除),符合抵扣条件的,按 7% 的扣除率计算准予扣除的进项税额。

工业企业购进货物时支付的运费,按 7% 的扣除率计算准予扣除的进项税额,借记"应交税费——应交增值税(进项税额)"账户,运费余额计入采购成本,借记"原材料"、"库存商品"、"周转材料"等账户,按实际支付的运费总额,贷记"银行存款"等账户。

【例 2.15】 东方实业股份有限公司 7 月 5 日从异地购入材料一批,取得增值税专用发票注明价款 25 000 元,增值税额 4 250 元,支付购货运费 2 000 元,取得普通发票。货物已经验收入库,材料货款尚未支付。根据有关凭证,该公司做会计分录如下:

可以抵扣的进项税额 = 4 250 + 2 000 × 7% = 4 390 (元)

借:原材料	26 860
应交税费——应交增值税(进项税额)	4 390
贷:银行存款	2 000
应付账款	29 250

商业企业购进货物所支付的运费按税法规定计算出可抵扣的增值税进项税额,借记"应交税费——应交增值税(进项税额)"账户,运费余额与购入商品抵达仓库前发生的包装费、保险费等其他采购费用一起计入当期费用,借记"销售费用"账户,按应支付的运费总额,贷记"应付账款"等账户。

【例2.16】 南湖百货商场6月6日从异地企业购入商品一批,取得增值税专用发票注明价款35 000元,增值税额5 950元,支付购货运费1 000元,取得普通发票。货物已经验收入库,货款全部用银行存款支付。

　　可以抵扣的进项税额=5 950+1 000×7%=6 020(元)

借:库存商品	35 000
销售费用	930
应交税费——应交增值税(进项税额)	6 020
贷:银行存款	41 950

纳税人在销售商品过程中支付的运费,按其支付的金额及税法规定的扣除率计算准予扣除的增值税进项税额,借记"应交税费——应交增值税(进项税额)"账户,运费减去可抵扣的增值税进项税额后的差额,直接计入当期费用,借记"销售费用"账户,按实际支付的运费总额,贷记"银行存款"等账户。

【例2.17】 东方实业股份有限公司7月15日销售产品一批,支付销货运费6 000元,取得普通发票。运费已经用银行存款支付。

　　可以抵扣的进项税额=6 000×7%=420(元)

借:销售费用	5 580
应交税费——应交增值税(进项税额)	420
贷:银行存款	6 000

(六)接受应税劳务的增值税会计处理

一般纳税人接受应税劳务时,应当根据增值税专用发票上注明的增值税额,借记"应交税费——应交增值税(进项税额)"账户,按专用发票上记载的劳务费用的金额,借记"生产成本"、"委托加工物资"、"制造费用"、"管理费用"等账户,按实际支付或应该支付的金额,贷记"银行存款"、"应付账款"等账户。

【例2.18】 东方实业股份有限公司8月5日将76 000元的铝锭运往某加工厂加工成铝板。加工完毕收回时,取得加工厂开具的增值税专用发票,加工费

15 000元,增值税额 2 550 元。铝板作为材料已经验收入库,加工费已通过银行转账支付。

(1) 发出原料时:

借:委托加工物资	76 000
贷:原材料——铝锭	76 000

(2) 收到加工费专用发票时:

借:委托加工物资	15 000
应交税费——应交增值税(进项税额)	2 550
贷:银行存款	17 550

(3) 加工结束,铝板验收入库时:

借:原材料——铝板	91 000
贷:委托加工物资	91 000

(七) 进口货物的增值税会计处理

企业从国外进口货物时,按海关开具的完税凭证上注明的增值税额,借记"应交税费——应交增值税(进项税额)"账户,按进口物资价款金额,借记"材料采购"、"原材料"、"库存商品"等账户,按实际支付或应该支付的金额,贷记"银行存款"、"应付账款"等账户。

【例 2.19】 东方实业股份有限公司为增值税一般纳税人,从甲国进口货物一批,关税完税价格折合人民币 2 000 000 元,该货物适用的关税税率为 50%,增值税税率为 17%,货物已经验收入库,款项已支付。

增值税组成计税价格 = 2 000 000 + 2 000 000 × 50% = 3 000 000 (元)

应纳增值税额 = 3 000 000 × 17% = 510 000 (元)

借:原材料	3 000 000
应交税费——应交增值税(进项税额)	510 000
贷:银行存款	3 510 000

三、进项税额转出的会计处理

根据增值税法的规定,购进货物或者接受应税劳务只有用于增值税应税项目,纳税人支付的进项税额才准予从销项税额中抵扣。如果购进货物或者接受应税劳务用于非应税项目,由于它不能形成销项税额,按税法规定相应的进项税额不得从销项税额中抵扣。由于货物和劳务购进时准备用于增值税应税项目,其进项税额已抵扣了当期的销项税额,当改变其原有用途时,就不可能形成相应的销项税额。

为了保证进项税额与销项税额能正确地进行配比,增值税会计处理时需要将原已计入"应交税费——应交增值税"账户借方的进项税额从该账户的贷方转出。借记有关成本、费用账户,贷记"应交税费——应交增值税(进项税额转出)"账户。

(一)购进货物改变用途

纳税人为生产、销售产品而购进的货物,其进项税额记入"应交税费——应交增值税(进项税额)"账户。企业如果将购进物资用于非应税项目、集体福利或个人消费,相应的增值税进项税额应转入其他有关账户。借记"应付职工薪酬"等账户,贷记"应交税费——应交增值税(进项税额转出)"账户。

【例2.20】 南湖百货商场5月26日购进100箱食用油,取得增值税专用发票注明价款48 000元,增值税额8 160元,已经验收入库,款项已经支付。6月初,将其中的30箱作为福利发给职工。

(1)5月26日购入时:

借:库存商品　　　　　　　　　　　　　　　　　　48 000
　　应交税费——应交增值税(进项税额)　　　　　 8 160
　　贷:银行存款　　　　　　　　　　　　　　　　　　56 160

(2)6月份发给职工:

应转出的进项税额=8 160÷100×30=2 448(元)

借:应付职工薪酬　　　　　　　　　　　　　　　　16 848
　　贷:库存商品　　　　　　　　　　　　　　　　　　14 400
　　　　应交税费——应交增值税(进项税额转出)　　 2 448

(二)购进货物用于免税项目

纳税人购进货物,用于免税项目,相应的进项税额不得抵扣,应计入货物的采购成本。如果纳税人购进的货物既用于应税项目又用于免税项目,并且进项税额没有分别核算时,月末应按免税项目销售额占全部销售额的比重计算出不予抵扣的进项税额,借记"主营业务成本"等账户,贷记"应交税费——应交增值税(进项税额转出)"账户。

【例2.21】 东方实业股份有限公司为增值税一般纳税人,7月份增值税进项税额为21 000元,销售总额为700 000元,其中免税产品销售额100 000元。

不得抵扣的进项税额=21 000÷700 000×100 000=3 000(元)

借:主营业务成本　　　　　　　　　　　　　　　　 3 000
　　贷:应交税费——应交增值税(进项税额转出)　　 3 000

（三）非常损失货物

根据税法规定，企业因管理不善造成货物被盗窃、发生霉烂变质等损失或因自然灾害给货物造成的损失均属于非常损失。发生非常损失的物资可能是购进货物，也可能是在制品或产成品。依税法规定，与非正常损失货物所对应的进项税额不得抵扣。在非常损失发生时，企业应将该存货的进项税额与其成本一道转出。借记"待处理财产损益"账户，贷记"原材料"、"生产成本"、"库存商品"、"应交税费——应交增值税（进项税额转出）"等账户。

【例 2.22】 东方实业股份有限公司 7 月因遭受火灾，存放在仓库中的甲材料部分受损。受损材料实际成本为 30 000 元，增值税税率为 17%。

不得抵扣的进项税额 = 30 000 × 17% = 5 100（元）

借：待处理财产损益	35 100
贷：原材料	30 000
应交税费——应交增值税（进项税额转出）	5 100

四、销项税额的会计处理

（一）一般销售业务的增值税会计处理

1. 采用直接收款方式销售

采用直接收款方式销售商品，不论货物是否发出，纳税义务发生时间为收到销售款或取得索取销售款的凭据，并将提货单交给买方的当天。企业按实际收到的货款，借记"银行存款"等账户，按实现的销售额和应收取的增值税额，贷记"主营业务收入"、"应交税费——应交增值税（销项税额）"账户。

【例 2.23】 东方实业股份有限公司 7 月 10 日采取直接收款方式销售产品一批，增值税专用发票上注明价款为 100 000 元，增值税额为 17 000 元，货款已存入银行，提货单已交给购货方。其账务处理如下：

借：银行存款	117 000
贷：主营业务收入	100 000
应交税费——应交增值税（销项税额）	17 000

2. 采用预收货款方式销售

企业向购货单位预收货款时，借记"银行存款"，贷记"预收账款"。发出商品时，按应收取的增值税额和实现的营业收入，分别贷记"应交税费——应交增值税（销项税额）"、"主营业务收入"账户，同时，借记"预收账款"账户。购货单位补付款项时,借记"银行存款"账户,贷记"预收账款"账户;退回多收的款项时,借记"预收账款"账户,贷记"银行存款"账户。

【例2.24】 东方实业股份有限公司7月向乙公司销售产品一批,双方约定乙公司先支付40 000元货款,乙公司收到货物后支付余款。当月7日东方公司收到乙公司的预付货款,9日东方公司将产品发出,开出的增值税专用发票上注明不含税销售额110 000元,增值税额18 700元。12日乙公司收到货物和发票后补付了余下的款项。

公司根据有关凭证,做如下会计处理:
(1) 7日,收到预付款项:
借:银行存款   40 000
　　贷:预收账款   40 000
(2) 9日,发出货物:
借:预收账款   128 700
　　贷:主营业务收入   110 000
　　　　应交税费——应交增值税(销项税额)   18 700
(3) 12日,收到乙公司补付的余款:
借:银行存款   88 700
　　贷:预收账款   88 700

3. 采用托收承付、委托银行收款结算方式销售货物

纳税人采取托收承付、委托银行收款结算方式销售货物,纳税义务发生时间为发出货物并办妥托收手续的当天。企业按应收销货款金额,借记"应收账款"账户,按实现的销售额贷记"主营业务收入"账户,按应收取的增值税额贷记"应交税费——应交增值税(销项税额)"账户。

【例2.25】 东方实业股份有限公司7月8日向异地乙公司销售货物一批,不含税销售额为88 000元,增值税额14 960元,另外,用银行存款为乙公司代垫运杂费3 000元,货物已经发出并办妥托收手续。会计处理如下:
借:应收账款   105 960
　　贷:主营业务收入   88 000
　　　　应交税费——应交增值税(销项税额)   14 960
　　　　银行存款   3 000

4. 采用分期收款结算方式销售商品

企业采用分期收款结算方式销售商品,纳税义务发生时间为合同约定的收款日期的当天。企业采用该种方式销售货物时,按应收的货款金额借记"应收账款"、"银行存款"等账户,按实现的销售额贷记"主营业务收入"账户,按应收取的增值税额贷记"应交税费——应交增值税(销项税额)"账户。结转商品销售成本时,借记"主营业务成本",贷记"库存商品"账户。

【例2.26】 东方实业股份有限公司7月1日采用分期收款结算方式销售货物一批,该批货物生产成本为550 000元。按合同规定,开出的增值税专用发票上注明不含税销售额为700 000元,增值税额119 000元,本日收款159 000元,余款分3个月收取。

(1) 1日销售货物时:

借:应收账款　　　　　　　　　　　　　　　　660 000
　　银行存款　　　　　　　　　　　　　　　　159 000
　　贷:主营业务收入　　　　　　　　　　　　　700 000
　　　　应交税费——应交增值税(销项税额)　　 119 000

(2) 同时结转成本时:

借:主营业务成本　　　　　　　　　　　　　　550 000
　　贷:库存商品　　　　　　　　　　　　　　　550 000

(3) 以后各月收款时:

借:银行存款　　　　　　　　　　　　　　　　220 000
　　贷:应收账款　　　　　　　　　　　　　　　220 000

5. 销售退回和折让

(1) 购货方货款未付,退回商品与发票

企业收到购货方退回的货物和专用发票后,如果记账联未作账务处理,可以将相关联次别在一起,注明"作废"字样予以注销;如果记账联已作账务处理,应开具与退票相同内容的红字专用发票,冲销退货当期的销售额和销项税额,用红字借记"应收账款"账户,贷记"主营业务收入"、"应交税费——应交增值税(销项税额)"等账户。如果是部分退货或销售折让的,销售方应将原发票作废,再按实际销售额或折让后销货金额重开增值税专用发票。用蓝字借记"应收账款"账户,贷记"主营业务收入"、"应交税费——应交增值税(销项税额)"账户。

【例2.27】 南湖百货商场8月26日向丙商场销售电视机100台,每台售价为2 000元,增值税专用发票注明销售额200 000元,增值税额34 000元,商品已经发出,货款尚未收到。因质量问题南湖商场同意给予丙商场10%的折让。丙商场退回原专用发票。

① 26日发出商品时:

借:应收账款　　　　　　　　　　　　　　　　234 000
　　贷:主营业务收入　　　　　　　　　　　　　200 000
　　　　应交税费——应交增值税(销项税额)　　　34 000

② 收到退回的发票时，编红字分录并入账：
借：应收账款   234 000
    贷：主营业务收入   200 000
        应交税费——应交增值税（销项税额）   34 000
③ 按折让后的货款重新开票并入账：
借：应收账款   210 600
    贷：主营业务收入   180 000
        应交税费——应交增值税（销项税额）   30 600

（2）购货方已付货款，或货款未付但已作账务处理

在发生退货或折让时，购货方无法退还原发票。购货方必须取得其主管税务机关开具的进货退出或索取折让证明单（以下简称证明单）送交销售方，销售方可以根据证明单开具红字专用发票，否则，销售方不得开具红字发票。销货方收到证明单后，根据新的销售情况向购买方开具红字专用发票。用红字借记"应收账款"、"银行存款"等账户，贷记"主营业务收入"、"应交税费——应交增值税（销项税额）"账户，将账面上的退货金额或折让金额予以冲销。

（二）特殊销售业务的增值税会计处理

1. 折扣销售的增值税会计处理

折扣销售是销货方在销售货物或提供应税劳务时，为推销商品或及时收回货款而给予购货方的让利优惠。企业采用商业折扣方式销售产品时，如果销售额和折扣额在同一张发票上分别注明，按税法规定可以将折扣后的余额作为销售额计算增值税额，否则，必须全额纳税。一般纳税人按应收销货金额借记"应收账款"等账户，按折扣后的余额贷记"主营业务收入"账户，按应收取的增值税额贷记"应交税费——应交增值税（销项税额）"账户。

【例2.28】 南湖百货商场8月12日向F商场销售电视机100台，每台售价为2 000元，增值税专用发票注明销售额200 000元，增值税额34 000元，商品已经发出，货款已收到。南湖商场同意给予F商场5%的商业折扣。并按折扣后的款项开出专用发票，货物已经发出。

借：银行存款   222 300
    贷：主营业务收入   190 000
        应交税费——应交增值税（销项税额）   32 300

现金折扣是销货方在销售货物或应税劳务后，为了鼓励购货方及早偿还货款而给予购货方的一种折扣优惠。现金折扣对增值税会计处理不产生影响。

2. 以旧换新的会计处理

企业采取以旧换新方式销售货物的,税法规定应按新货物的同期销售价格确定销售额,计算增值税销项税额时不得从新货销售额中扣除旧货的收购成本,回收的旧货作商品采购处理。按实际收到的价款金额借记"银行存款"等账户,按收回旧货的价值借记"库存商品"、"原材料"等账户,按新货销售金额贷记"主营业务收入"账户,按新货不含税销售额计算的增值税额贷记"应交税费——应交增值税(销项税额)"账户。

【例2.29】 南湖百货商场8月采用以旧换新方式销售商品一批,不含税销售额42 000元,增值税额7 140元,同类旧商品作价6 000元,并已入库,款项已收到。

借:库存现金		43 140
库存商品		6 000
贷:主营业务收入		42 000
应交税费——应交增值税(销项税额)		7 140

3. 以物易物的会计处理

在以物易物交易活动中,双方企业都应作商品购进与销售两种会计处理,以各自发出的货物确定销售额,计算增值税销项税额;以各自收到的货物核算购货成本,计算确定增值税进项税额。企业按收到商品的增值税发票上注明的价款和增值税额,借记"原材料"、"库存商品"、"应交税费——应交增值税(进项税额)"等账户,按发出货物的销售额与增值税额,贷记"主营业务收入"、"应交税费——应交增值税(销项税额)"等账户,按应支付的相关税费,贷记"银行存款"等账户。

【例2.30】 东方实业股份有限公司7月10日以库存商品换入B公司的一批原材料。该库存商品公允价值为65 000元,增值税额为11 050元,原材料的不含税售价为70 000元,增值税额11 900元。以银行存款支付差价5 850元。

借:原材料	70 000
应交税费——应交增值税(进项税额)	11 900
贷:主营业务收入	65 000
应交税费——应交增值税(销项税额)	11 050
银行存款	5 850

(三)视同销售行为的增值税会计处理

视同销售行为就其经济实质而言并不是真正的销售,因而,在会计处理上并不都作为收入确认和计量,有的只需要按商品的成本转账。但增值税法规定,对有些行为应当按销售来处理,即按照税法规定确定销售额并计算增值税销项税额。

1. 委托代销的会计处理

税法规定委托代销商品时,委托方和受托方都应作视同销售处理,即将货物交付他人代销和销售代销货物都要按销售进行税务处理。

在收取手续费代销方式下,委托方发出货物时,按发出商品的实际成本借记"委托代销商品",贷记"库存商品"。收到受托单位的代销清单时,按应收或实际收到的价款,借记"应收账款"、"银行存款"等账户,贷记"主营业务收入"、"应交税费——应交增值税(销项税额)"账户,同时,结转商品销售成本。按应支付的代销手续费,借记"销售费用"账户,贷记"应收账款"等账户。

受托方收到代销商品时,按受托代销商品的价值借记"受托代销商品"账户,贷记"受托代销商品款"账户。售出受托代销商品时,按代销商品的销售情况借记"银行存款"、"应收账款"等账户,贷记"应交税费——应交增值税(销项税额)"、"应付账款"等账户。从委托方取得增值税专用发票时,按发票上注明的增值税额,借记"应交税费——应交增值税(进项税额)"账户,贷记"应付账款"账户,同时,借记"受托代销商品款"账户,贷记"受托代销商品"账户。结清代销款时,按应支付代销款借记"应付账款"账户,按应收取的手续费贷记"主营业务收入"、"其他业务收入"等账户,按其差额贷记"银行存款"账户。

2. 将自产或委托加工的货物用于非应税项目的增值税会计处理

企业将自产或委托加工的货物用于非应税项目时,应按自产或委托加工货物的成本与该货物应纳增值税额,借记"应付职工薪酬"等账户,按货物实际成本或公允价值,贷记"库存商品"、"主营业务收入"等账户,按货物应纳增值税额,贷记"应交税费——应交增值税(销项税额)"账户。

3. 将自产、委托加工或购买的货物对外投资的增值税会计处理

纳税人将自产、委托加工或购买的货物对外进行投资,在货物移送时,借记"长期股权投资"等账户,贷记"主营业务收入"、"应交税费——应交增值税(销项税额)"等账户。

【例2.31】 东方实业股份有限公司用本企业生产的产品对西海公司进行投资,双方协商按公允价值作价。该批产品的成本为400 000元,市场价格为500 000元,增值税税率为17%。其账务处理如下:

借:长期股权投资　　　　　　　　　　　　　585 000
　　贷:主营业务收入　　　　　　　　　　　　　500 000
　　　　应交税费——应交增值税(销项税额)　　 85 000

4. 将自产、委托加工或购买的货物无偿赠送他人的增值税会计处理

一般纳税人将自产、委托加工或购买的货物无偿赠送他人的,应按视同销售计算销项税额。移送时,按货物的全部价值借记"营业外支出"账户,按货物的成本、增值税额贷记"库存商品"、"应交税费——应交增值税(销项税额)"等账户。

【例2.32】 东方实业股份有限公司用本企业生产的产品作为礼物送给客户,

该产品市场价为 8 800 元,增值税率为 17%,生产成本为 7 800 元,会计处理如下:

借:营业外支出　　　　　　　　　　　　　　　　9 296
　　贷:库存商品　　　　　　　　　　　　　　　　7 800
　　　　应交税费——应交增值税(销项税额)　　　1 496

5. 将自产、委托加工或购买的货物分配给投资人的会计处理

一般纳税人将自产、委托加工或购买的货物分配给股东也应视同销售。在分配给股东时,按货物的全部价值借记"应付股利"等账户,按货物核定的销售额、增值税额分别贷记"主营业务收入"、"应交税费——应交增值税(销项税额)"等账户。

【例 2.33】 东方实业股份有限公司用本企业生产的产品作为利润分配给投资人,该批产品的实际成本为 130 000 元,不含税售价为 170 000 元,会计处理如下:

借:应付股利　　　　　　　　　　　　　　　　198 900
　　贷:主营业务收入　　　　　　　　　　　　　170 000
　　　　应交税费——应交增值税(销项税额)　　 28 900

五、一般纳税人增值税上缴的会计处理

在多栏式账页格式下,一般纳税人的增值税业务的会计处理主要通过"应交税费——应交增值税"明细账的各专栏来完成。月末,企业将多交或未交增值税额从"应交税费——应交增值税"账户转入"应交税费——未交增值税"账户。一般纳税人因纳税期限不同,增值税上缴业务会计处理也会有所不同。

(一) 以月为纳税期限

平时,企业在"应交税费——应交增值税"多栏式明细分类账户中核算增值税业务,月末,结出借贷方合计金额和差额。由于按月纳税的企业不存在当月预交当月增值税税款的情况,因此,不存在企业月末多交增值税税款的问题。如果"应交税费——应交增值税"账户为借方余额,表示月末企业有尚未抵扣的进项税额;若为贷方余额,表示月末企业有应交而未交的增值税额,应从"应交税费——应交增值税"账户中转出。

借:应交税费——应交增值税(转出未交增值税)
　　贷:应交税费——未交增值税

月末结转后,"应交税费——应交增值税"账户无余额,只有"应交税费——未交增值税"账户有贷方余额,表示月末企业未交的增值税额。"应交税费——未交增值税"账户不会出现借方余额。

（二）以日为纳税期限

按日纳税的企业自期满之日起5日内预缴税款,在"应交税费——应交增值税（已交税金）"账户中登记增值税预缴情况。

平时,预缴当月增值税额时：

借：应交税费——应交增值税（已交税金）
　　贷：银行存款

月末,结出"应交税费——应交增值税"账户借贷方合计和差额。如果"应交税费——应交增值税"账户为贷方余额,表示当月有应交而未交增值税额,应从"应交税费——应交增值税"账户中转出。

借：应交税费——应交增值税（转出未交增值税）
　　贷：应交税费——未交增值税

此时,只有"应交税费——未交增值税"账户有贷方余额,为月末企业未交的增值税额。

若"应交税费——应交增值税"账户为借方余额,由于当月发生了预缴增值税税款的情况,因此,该借方余额既可能是尚未抵扣的进项税额,也可能是企业多交的增值税额。"应交税费——应交增值税"账户期末借方余额具体表现为以下三种情况：

（1）当"应交税费——应交增值税"明细分类账户借方余额大于该账户"已交税金"专栏合计数时,则已交税金都是当月多交的增值税额,账户中的借方余额与已交税金之间的差额为当月尚未抵扣的进项税额。

【例2.34】 东方实业股份有限公司8月份"应交税费——应交增值税"账户资料如表2.2所示：

表2.2　东方实业股份有限公司8月份"应交税费——应交增值税"账户

借　方			贷　方		借或贷	余　额
进项税额	已交税金	合计	销项税额	合计		
2 500	1 000	3 500	1 800	1 800	借	1 700

表中的借方余额1 700元中包括两部分：已交税金1 000元为8月份多交的增值税税款,700元为留待以后月份抵扣的进项税额（2 500－1 800＝700）。

转出多交的增值税税款：

借：应交税费——未交增值税　　　　　　　　　　　　　　　1 000
　　贷：应交税费——应交增值税（转出多交增值税）　　　　　　　1 000

此时,"应交税费——应交增值税"明细分类账户借方余额700元为月末尚未抵扣的进项税额,"应交税费——未交增值税"明细分类账户借方余额1 000元是当月多交增值税。

(2) 当"应交税费——应交增值税"明细分类账户借方余额与该账户的"已交税金"专栏合计数相等时,表明已交税金都是当月多交的增值税额,本月没有尚未抵扣的进项税额。

【例2.35】 东方实业股份有限公司8月份"应交税费——应交增值税"账户资料如表2.3所示。

表中的借方余额1 000元等于已交税金1 000元,说明已交税金1 000元都是当月多交的增值税税额,而8月份销项税额与进项税额相等,都是2 500元,因此,月末没有尚未抵扣的进项税额。月末如上例一样转出多交的增值税税款,则"应交税费——应交增值税"明细分类账户无月末余额,而"应交税费——未交增值税"明细分类账户有借方余额1 000元,为当月多交的增值税。

表2.3 东方实业股份有限公司8月份"应交税费——应交增值税"账户

借 方			贷 方		借或贷	余 额
进项税额	已交税金	合计	销项税额	合计		
2 500	1 000	3 500	2 500	2 500	借	1 000

(3) 当"应交税费——应交增值税"明细分类账户借方余额小于该账户的"已交税金"专栏合计数时,表明已交税金中一部分是当月应交税额,另外一部分是企业多交的增值税税额,而借方余额就是企业当月多交的增值税税额。

【例2.36】 东方实业股份有限公司8月份"应交税费——应交增值税"账户资料如表2.4所示:

表2.4 东方实业股份有限公司8月份"应交税费——应交增值税"账户

借 方			贷 方		借或贷	余 额
进项税额	已交税金	合计	销项税额	合计		
2 500	1 000	3 500	2 800	2 800	借	700

表中的借方余额700元小于已交税额1 000元,说明当月多交了增值税税额。其中,当月应交的增值税额为300元(当期销项税额2 800元-当期进项税额2 500元),700(1 000-300)元是当月多交的增值税额,月末没有尚未抵扣的进项税额。

转出多交的增值税税款:

借:应交税费——未交增值税　　　　　　　　　700
　　贷:应交税费——应交增值税(转出多交增值税)　700

此时,"应交税费——应交增值税"明细分类账户没有月末余额,"应交税费——未交增值税"明细分类账户借方余额700元是当月多交的增值税。

纳税人无论是按月纳税还是按日纳税，次月1日起15日内都要申报交清上月未缴纳的增值税税款。次月实际交纳时，按实际上缴的增值税额借记"应交税费——未交增值税"账户，贷记"银行存款"账户。

六、出口退税的会计处理

国家为了鼓励企业将生产的商品出口到国外，增强企业产品在国际市场上的竞争力，税法规定出口产品实行零税率。出口国外的产品不仅在出口环节不必交纳增值税，而且，出口以前环节已经缴纳的增值税额还可以退还。即"出口退税"。我国的出口货物退税政策分为三种形式：

（一）出口不免税也不退税

出口不免税是指对国家限制或禁止出口的某些货物的出口环节视同内销环节，照常征收增值税；出口不退税是指对这些货物出口不退还其出口前所负担的税款。这个规定主要适用于限制或禁止出口的货物，如天然牛黄、麝香、白银等。出口时按货物实现的销售额和应收取的增值税额借记"应收账款"、"应收票据"、"银行存款"等账户，贷记"主营业务收入"、"应交税费——应交增值税（销项税额）"账户。

【例2.37】 某外贸企业经批准出口白银一批，价款为人民币2 000 000元，货款已收到。会计处理如下：

借：银行存款　　　　　　　　　　　　　　2 340 000
　贷：主营业务收入　　　　　　　　　　　2 000 000
　　　应交税费——应交增值税（销项税额）　340 000

（二）出口免税不退税

出口免税是指对货物在出口销售环节不征增值税、消费税。出口不退税是指适用这个政策的出口货物因在前一道生产、销售环节或进口环节是免税的，因此，出口时该货物的价格中本身就不含税，也就不需要退税。适用这条政策的商品有：来料加工复出口的货物、避孕药品和用具、古旧图书、出口卷烟、农业生产者销售的自产农业产品、农膜等。出口免税的货物，其耗用的购进货物所支付的进项税额，包括准予抵扣的运输费用所含的进项税额，不予退税，购进时应计入货物的采购成本。借记"材料采购"、"原材料""库存商品"等账户，贷记"银行存款"、"应付账款"等账户，或进项税额按国内货物采购正常记账，在出口后按规定自内销货物的进项税额中转出,借记"主营业务成本"账户,贷记"应交税费——应交增值税(进项税额转出)"账户;出口时,根据销售额借记"应收账款"等账户,贷记"主营业务收入"账户。

【例2.38】 某外贸企业收购免税农膜一批用于出口,农膜的购进金额为300 000元,货款尚未支付。出口价款为人民币410 000元,款项已存入银行。会计处理如下:

(1) 购进农膜时:

借:库存商品　　　　　　　　　　　　　　300 000
　　贷:应付账款　　　　　　　　　　　　　　　300 000

(2) 出口商品时:

借:银行存款　　　　　　　　　　　　　　410 000
　　贷:主营业务收入　　　　　　　　　　　　　410 000

同时,结转出口商品成本:

借:主营业务成本　　　　　　　　　　　　300 000
　　贷:库存商品　　　　　　　　　　　　　　　300 000

(三) 出口免税并退税

出口免税是指对货物在出口销售环节不征增值税、消费税。出口退税是指对货物在出口前实际承担的增值税额,按规定的退税率计算后予以退还。税法规定下列企业出口的货物,一般给予免税并退税。

(1) 生产企业自营出口或委托外贸企业代理出口的自产货物。

(2) 有出口经营权的外贸企业收购后直接出口或委托其他外贸企业代理出口的货物。

(3) 下列特定出口的货物:

① 对外承包工程公司运出境外用于对外承包项目的货物;

② 对外承接修理修配业务的企业用于对外修理修配的货物;

③ 外轮供应公司、远洋运输供应公司销售给外轮、而收取外汇的货物;

④ 企业在国内采购并运往境外作为在国外投资的货物;

⑤ 对中国港、澳、台贸易的货物等。

上述货物出口免征出口环节增值税,出口商品所耗用购进货物的进项税额可以按国家规定的退税率部分或全部退还企业,借记"银行存款"、"其他应收款"等账户,贷记"应交税费——应交增值税(出口退税)"账户。对于不予抵扣或退税的税额可以按出口商品所耗用购进货物的增值税率与退税率之差乘以出口货物离岸价折合人民币金额计算,借记"主营业务成本"账户,贷记"应交税费——应交增值税(进项税额转出)"账户。

【例 2.39】 某外贸企业拥有进出口经营权,购进商品一批,增值税专用发票注明价款为 400 000 元,增值税额 68 000 元,货款用商业承兑汇票抵付。当月,该商品全部用于出口,销货款折合人民币为 500 000 元,出口退税率为 9%,货款尚未收到。有关会计处理如下:

(1) 购进货物时:

借:库存商品　　　　　　　　　　　　　　　　　400 000
　　应交税费——应交增值税(进项税额)　　　　 68 000
　　贷:应付票据　　　　　　　　　　　　　　　　　468 000

(2) 货物出口时:

借:应收账款　　　　　　　　　　　　　　　　　500 000
　　贷:主营业务收入　　　　　　　　　　　　　　　500 000

同时,结转出口商品成本:

借:主营业务成本　　　　　　　　　　　　　　　400 000
　　贷:库存商品　　　　　　　　　　　　　　　　　400 000

(3) 计算出口退税额:

退税额 = 500 000 × 9% = 45 000 (元)

借:其他应收款　　　　　　　　　　　　　　　　45 000
　　贷:应交税费——应交增值税(出口退税)　　　 45 000

(4) 计算不予退税或抵扣的增值税额:

不予退税或抵扣的增值税额 = 68 000 − 45 000 = 23 000 (元)

借:主营业务成本　　　　　　　　　　　　　　　23 000
　　贷:应交税费——应交增值税(进项税额转出)　 23 000

实行"免、抵、退"办法的生产性企业,按规定计算当期出口物资不予免征、抵扣和退税的税额,计入出口商品成本,借记"主营业务成本"账户,贷记"应交税金——应交增值税(进项税额转出)"账户。按规定计算的当期应予以抵扣的税额,借记"应交税金——应交增值税(出口抵减内销产品应纳税额)"账户,贷记"应交税金——应交增值税(出口退税)"账户。应抵扣的税额大于内销商品应纳税额无法抵扣部分,按国家规定应退回的税款,借记"其他应收款"账户,贷记"应交税金——应交增值税(出口退税)"账户;收到退回的税款,借记"银行存款"账户,贷记"其他应收款"账户。

【例 2.40】 东方实业股份有限公司属于实行"免、抵、退"办法的生产性企业,其产品适用的出口退税率为 9%,7月购进材料一批,不含税价款 300 000 元,增值税额 51 000 元,货款已支付,生产产品 500 台,生产成本为 360 000 元,其中 200 台出口国外,价款折合人民币 210 000 元,货款尚未收到,内销 300 台,不含税价款为

250 000 元,货款已收到。会计处理如下:

(1) 购进货物时:

借:原材料 300 000
　　应交税费——应交增值税(进项税额) 51 000
　　贷:银行存款 351 000

(2) 内销产品时:

借:银行存款 292 500
　　贷:主营业务收入 250 000
　　　　应交税费——应交增值税(销项税额) 42 500

(3) 货物出口时:

借:应收账款 210 000
　　贷:主营业务收入 210 000

(4) 结转售出产品成本:

借:主营业务成本 360 000
　　贷:库存商品 360 000

(5) 结转当期不得退税或抵扣税额:

当期不得退税或抵扣税额 = 210 000 × (17% − 9%) = 16 800 (元)

借:主营业务成本 16 800
　　贷:应交税费——应交增值税(进项税额转出) 16 800

(6) 结转出口抵减内销产品应纳税额:

出口产品应退税额 = 210 000 × 9% = 18 900 (元)

内销产品应纳增值税额 = 42 500 − (51 000 − 16 800) = 8 300 (元)

实际应退增值税额 = 18 900 − 8 300 = 10 600 (元)

借:应交税费——应交增值税(出口抵减内销产品应纳税额) 8 300
　　其他应收款 10 600
　　贷:应交税费——应交增值税(出口退税) 18 900

(7) 实际收到退税款:

借:银行存款 10 600
　　贷:其他应收款 10 600

第四节 小规模纳税人的会计处理

一、小规模纳税人的账户设置

税法对小规模纳税人在增值税会计处理上有别于一般纳税人。小规模纳税人增值税应纳税额按简易方法计算,增值税进项税额也不得在销项税额中抵扣。为了核算增值税缴纳情况,小规模纳税人应在"应交税费"科目下设置"应交增值税"明细科目。小规模纳税人可以采用三栏式明细账进行明细核算。借方登记增值税上缴情况,贷方记录当期销售货物或提供劳务应纳增值税额。期末余额一般在贷方,表示当期应交而未交的增值税额。

二、小规模纳税人增值税会计处理

(一)小规模纳税人购进货物的会计处理

小规模纳税人购进货物时所支付的增值税进项税额由于不得从当期销项税额中抵扣,因此,小规模纳税人购进货物或接受应税劳务时不论取得什么发票都不得作为增值税扣除依据。增值税会计处理过程中不需要核算进项税额。购进货物时按实际发生的全部成本借记"材料采购"、"原材料"、"库存商品"等账户,贷记"银行存款"、"应付账款"、"应付票据"等账户。

【例2.41】 东方工厂为小规模纳税人,从一般纳税人企业购进材料,增值税专用发票注明价款为10 000元,增值税税额为1 700元。材料已验收入库,货款尚未支付。其账务处理如下:

借:原材料　　　　　　　　　　　　　　　　　　　11 700
　　贷:应付账款　　　　　　　　　　　　　　　　　　11 700

(二)小规模纳税人销售货物的会计处理

小规模纳税人销售货物或提供劳务时,按取得的销售货款金额借记"银行存款"、"应收账款"、"应收票据"等账户,按实现的销售收入贷记"主营业务收入"、"其他业务收入"等账户,按应收取的增值税额贷记"应交税费——应交增值税"账户。

【例2.42】 东方工厂为小规模纳税人,销售产品一批,含税货款为20 600元,货款已收到并存入银行,假设增值税的征收率为3%。

首先,计算不含税销售额:20 600÷(1+3%)=20 000(元)。

其次,计算应纳增值税额:20 000×3%=600(元)。

其账务处理如下:

借:银行存款   20 600
　　贷:主营业务收入   20 000
　　　　应交税费——应交增值税   600

(三)小规模纳税人上缴税款的会计处理

月末,小规模纳税人应按税法规定计算当期应纳增值税额。次月,按税法规定的期限交清上月应交而未交增值税款。实际上缴时,借记"应交税费——应交增值税"账户,贷记"银行存款"、"库存现金"等账户。

【例2.43】 东方工厂为小规模纳税人,用现金交纳上月未交的增值税款600元。

借:应交税费——应交增值税   600
　　贷:库存现金   600

复习与思考

一、思考题

1. 什么是混合销售行为,对混合销售行为如何进行税务处理?
2. 什么是兼营销售行为,对兼营销售行为如何进行税务处理?
3. 什么是进项税额、销项税额、如何计算不同纳税人的应纳增值税额?
4. 一般纳税人增值税进项税额、销项税额如何进行核算?
5. 小规模纳税人增值税如何进行核算?

二、计算题

1. 某公司为增值税一般纳税人,主要生产销售各种食品,向农民购进小麦1 000 000元,按规定开具收购凭证,支付运费20 000元,计算该公司增值税进项税额是多少?

2. 某公司为增值税一般纳税人,主要生产销售各种家用电器,适用的增值税税率为17%,销售电器产品一批,取得含增值税销售金额468 000元,支付装卸费3 000元,公司在建办公楼领用自产电器产品一批,生产成本为82 000,计税价格为100 000元,计算公司增值税销项税额是多少?

3. 甲厂为增值税一般纳税人,主要生产销售 A 产品,适用的增值税税率为 17%,某年 6 月发生如下业务:① 本月销售 A 产品取得不含税收入 400 000 元;② 本月收回 5 月委托乙公司加工的 A 产品一批,应付加工费 5 000 元(不含税),产品已入库,收到乙公司开来的增值税专用发票。加工费已支付;③ 购买丙材料一批,增值税专用发票注明销售额为 200 000 元,税额为 34 000 元。支付搬运公司装卸费 1 000 元,收到了装卸费发票;④ 因管理不善,仓库库存丙材料霉烂变质,经清点损失 10 000 元。部分 A 产品被盗,价值 30 000 元,根据企业成本计算资料测算出已抵扣的外购项目金额占生产成本的比例为 40%。要求:根据上述资料,计算甲厂 6 月应纳增值税税额。

三、业务题

某工业企业为增值税一般纳税人,其生产的产品适用增值税税率为 17%,某年 3 月发生以下经济业务:

(1) 购买原材料一批,增值税专用发票注明价款为 100 000 元,税额为 17 000 元,运费发票注明运费为 3 000 元,上述款项已用存款支付。

(2) 购买不需要安装设备一台,增值税专用发票注明价税合计 58 500 元,运费 2 000 元,款项已支付。

(3) 本月销售产品一批,不含税销售额 300 000 元,价税均未收到。支付销售运费 4 000 元,运费发票已收到。

(4) 将自产产品一批用于厂房建设,成本为 12 000 元,计税价格为 15 000 元。

要求:根据上述资料做出会计分录。

四、讨论题

小王是一家新开业公司的会计,在公司里负责税务方面工作。平时喜欢收集整理与税法有关的资料。他发现公司纳税申报时需要进行纳税人资格认证。一般纳税人与小规模纳税人办理纳税相关业务是不同的。如果不依法申报,办理纳税相关业务还会受到限制。小王这些发现有道理吗?

第三章 消费税会计

学习目标

了解消费税的相关知识;
明确消费税纳税申报的有关规定;
掌握消费税应纳税额的计算方法;
重点掌握消费税会计处理方法。

第一节 消费税概述

一、消费税的概念

消费税是对在我国境内从事生产、委托加工及进口应税消费品的单位和个人,就其销售额或销售量而征收的一种税,国家为了加强宏观经济管理,利用税收工具调节消费结构,引导人们合理消费。通过开征消费税,既可以限制不合理的消费需求,又可以增加财政收入。

消费税是以特定的消费品为课税对象征收的一种流转税,与其他流转税相比具有以下特点:

1. 消费税的征税对象具有选择性

消费税并不是对所有的消费品征收的一种税,而是针对某些特殊的消费品征税。在课税对象上具有一定的选择性,主要对奢侈品、高耗能产品、不可再生的稀缺资源消费品以及一些税基广、消费普遍、征税对人们生活影响不大,但又具有一定财政意义的普通消费品征收消费税。

2. 消费税采用单一环节征收

我国消费税除金银首饰外都是在生产环节征收的,商品进入流通领域不再征消费税,这样既可以保证税源不流失,又可以避免重复征税。因此,消费税在征收环节上具有单一性的特点。

3. 消费税采用产品差别税率征收

消费税按照产品设置税目,通过制定不同的税率或税额来调节应税消费品的消耗。消费税作为价格的一个组成部分,与商品价格一道发挥调节经济的杠杆作用。

4. 消费税一般没有减免税

消费税主要是对需求弹性较大的特殊商品征收的一种税,纳税人一般有相应的消费能力,不需要采取减免税收的方法来刺激消费需求,因此,为了确保国家财政收入,充分发挥税收调节消费的作用,除出口应税商品外,纳税人销售应税消费品时国家一般不减免消费税。

二、纳税人

在我国境内生产、委托加工和进口应税消费品的单位和个人,以及国务院确定的销售应税消费品的其他单位和个人,为消费税的纳税人。其中,单位是指企业、行政单位、事业单位、军事单位、社会团体及其他单位。个人是指个体工商户及其他个人。在中华人民共和国境内,是指生产、委托加工和进口属于应当缴纳消费税的消费品的起运地或者所在地在我国境内。

委托加工的应税消费品,由受托方于交货时向委托方代收代缴消费税,受托方为扣缴义务人,但受托方是个人的除外。

三、纳税范围

消费税纳税范围是指在我国境内生产、委托加工和进口的应税消费品。现行税法规定消费税征收范围包括:烟、酒及酒精、化妆品、贵重首饰及珠宝玉石、鞭炮、焰火、高尔夫球及球具、高档手表等十四个税目,这些应税消费品大致可以分为五大类:

(1) 过度消费会对人们的身体健康、社会秩序、自然环境等产生危害的特殊消费品,如烟、酒及酒精、鞭炮、焰火等;

(2) 奢侈品、非生活必需品,如化妆品、贵重首饰及珠宝玉石等;

(3) 高能耗及高档消费品,如高尔夫球及球具、高档手表、游艇、小汽车、摩托车等;

(4) 使用不可再生和替代的稀缺资源的消费品,如木制一次性筷子、成品油、实木地板等；

(5) 消费普遍，征税后对人们日常生活没有影响的消费品，如汽车轮胎。

四、消费税的税率

我国税法规定的消费税税率有比例税率和定额税率两种形式。在消费税税率表中不同的税目采用的税率形式有所不同。啤酒、黄酒、成品油等采用定额税率形式，鞭炮、焰火、高档手表、游艇等适用比例税率，卷烟、白酒同时适用比例税率和定额税率两种形式。具体规定见表3.1。

表3.1 消费税税目税率(税额)表

税 目	税 率
一、烟	
1. 卷烟：	
工业	
(1) 甲类卷烟	
(调拨价70元(不含增值税)/条以上(含70元))	56%加0.003元/支
(2) 乙类卷烟	
(调拨价70元(不含增值税)/条以下)	36%加0.003元/支
商业批发	5%
2. 雪茄	36%
3. 烟丝	30%
二、酒及酒精	
1. 白酒	20%加0.5元/500克(或者500毫升)
2. 黄酒	240元/吨
3. 啤酒	
(1) 甲类啤酒	250元/吨
(2) 乙类啤酒	220元/吨
4. 其他酒	10%
5. 酒精	5%
三、化妆品	30%

续表

税　目	税　率
四、贵重首饰及珠宝玉石	
1. 金银首饰、铂金首饰和钻石及钻石饰品	5%
2. 其他贵重首饰和珠宝玉石	10%
五、鞭炮、焰火	15%
六、成品油	
1. 汽油	
(1) 含铅汽油	1.4元/升
(2) 无铅汽油	1.0元/升
2. 柴油	0.8元/升
3. 航空煤油	0.8元/升
4. 石脑油	1.0元/升
5. 溶剂油	1.0元/升
6. 润滑油	1.0元/升
7. 燃料油	0.8元/升
七、汽车轮胎	3%
八、摩托车	
1. 气缸容量(排气量,下同)在250毫升(含250毫升)以下的	3%
2. 气缸容量在250毫升以上的	10%
九、小汽车	
1. 乘用车	
(1) 气缸容量(排气量,下同)在1.0升(含1.0升)以下的	1%
(2) 气缸容量在1.0升以上至1.5升(含1.5升)的	3%
(3) 气缸容量在1.5升以上至2.0升(含2.0升)的	5%
(4) 气缸容量在2.0升以上至2.5升(含2.5升)的	9%
(5) 气缸容量在2.5升以上至3.0升(含3.0升)的	12%
(6) 气缸容量在3.0升以上至4.0升(含4.0升)的	25%
(7) 气缸容量在4.0升以上的	40%

续表

税　目	税　率
2. 中轻型商用客车	5%
十、高尔夫球及球具	10%
十一、高档手表	20%
十二、游艇	10%
十三、木制一次性筷子	5%
十四、实木地板	5%

表3.1中烟与成品油两个税目国家进行了较大幅度调整,所列示税率均为调整后消费税税率。按《国务院关于实施成品油价格和税费改革的通知》(国发[2008]37号)要求,财政部、国家税务总局决定自2009年1月1日起提高成品油消费税税率,同时,对此前按车辆征收的养路费停止征收。2009年5月26日,财政部、国家税务总局在《关于调整烟产品消费税政策通知》(财税[2009]84号)中对烟产品消费税税率、征收环节进行了调整。卷烟消费税分别在生产和批发两个环节征收。与原有规定相比,烟产品消费税征收多了一个批发环节。卷烟、雪茄产品进口环节消费税比照生产环节消费税相关规定征收。批发企业在计算纳税时不得扣除已含的生产环节的消费税税款。该规定自2009年5月1日起执行。

企业在确定消费税税率时,应根据实际经营情况正确申报。如果纳税人兼营不同税率的应当缴纳消费税的消费品,应当分别核算不同税率应税消费品的销售额、销售数量;未分别核算销售额、销售数量,或者将不同税率的应税消费品组成成套消费品销售的,从高适用税率。

五、消费税的纳税环节与纳税期限

(一)纳税环节

消费税的纳税环节是指纳税人经营的应税消费品在流转过程中应当交纳消费税的环节。我国的消费税实行单环节征收,即应税消费品在生产、委托加工等环节交纳了消费税,已纳消费税构成了商品价格的一个部分,在以后的批发零售环节中,不再需要交纳消费税。这样既可以控制税源,又可以降低征收费用。消费税的纳税环节规定如下:

1. 生产销售环节

纳税人生产应税消费品用于销售的,应于销售环节纳税;自产自用应税消费品的,于移送使用环节纳税。

2. 委托加工环节

委托方提供原料或主要材料,受托方负责加工的应税消费品,由受托方代收代缴消费税。委托个人加工的应税消费品,由委托方收回后缴纳消费税。

3. 进口环节

纳税人进口应税消费品于报关进口时由海关代征消费税。

4. 零售环节

从1995年1月1日起,金银首饰由生产环节改为零售环节征税;钻石及钻石饰品于2002年1月1日起由生产环节改为零售环节征税。

(二)纳税义务发生时间

1. 销售应税消费品

纳税人销售应税消费品的,纳税义务发生时间按不同的销售结算方式分别为:

(1)采取赊销和分期收款结算方式的,纳税义务发生时间为书面合同约定的收款日期的当天,书面合同没有约定收款日期或者无书面合同的,为发出应税消费品的当天;

(2)采取预收货款结算方式的,纳税义务发生时间为发出应税消费品的当天;

(3)采取托收承付和委托银行收款方式的,纳税义务发生时间为发出应税消费品并办妥托收手续的当天;

(4)采取其他结算方式的,纳税义务发生时间为收讫销售款或者取得索取销售款凭据的当天。

2. 自产自用应税消费品

纳税人自产自用应税消费品的,纳税义务发生时间为移送使用的当天。

3. 委托加工应税消费品

纳税人委托加工应税消费品的,纳税义务发生时间为纳税人提货的当天。

4. 进口应税消费品

纳税人进口应税消费品的,纳税义务发生时间为报关进口的当天。

(三)纳税期限

纳税人在境内生产、委托加工应税消费品的消费税的纳税期限分别为1日、3日、5日、10日、15日、1个月或者1个季度。纳税人的具体纳税期限,由主管税务机关根据纳税人应纳税额的大小分别核定;不能按照固定期限纳税的,可以按次纳税。

纳税人以1个月或者1个季度为1个纳税期的,自期满之日起15日内申报纳税;以1日、3日、5日、10日或者15日为1个纳税期的,自期满之日起5日内预缴税款,于次月1日起15日内申报纳税并结清上月应纳税款。

纳税人进口应税消费品,应当自海关填发海关进口消费税专用缴款书之日起15日内缴纳税款。

(四) 纳税地点

纳税人销售的应税消费品,以及自产自用的应税消费品,除国务院财政、税务主管部门另有规定外,应当向纳税人机构所在地或者居住地的主管税务机关申报纳税。

纳税人到外县(市)销售或者委托外县(市)代销自产应税消费品的,于应税消费品销售后,向机构所在地或者居住地主管税务机关申报纳税。

纳税人的总机构与分支机构不在同一县(市)的,应当分别向各自机构所在地的主管税务机关申报纳税;经财政部、国家税务总局或其授权的财政、税务机关批准,可以由总机构汇总向总机构所在地的主管税务机关申报纳税。

委托加工的应税消费品,由受托方向机构所在地或居住地的主管税务机关解缴消费税税款;受托方为个人的,由委托方收回后向其机构所在地或居住地的主管税务机关申报纳税。

进口的应税消费品,由进口人或其代理人向报关地海关申报纳税。个人携带或邮寄进境的应税消费品的消费税,连同关税一并计征。

(五) 纳税申报

消费税纳税人应按税法有关规定及时办理消费税纳税申报,如实填写"消费税纳税申报表"。表格见表 3.2。

表 3.2 消费税纳税申报表

填表日期: 年 月 日

纳税编码:
纳税人识别号:
纳税人名称: 地址:
税款所属期: 年 月 日至 年 月 日 联系电话:

应税消费品名称	适用税目	应税销售额(数量)	适用税率(单位税额)	当期准予扣除应税消费品买价(数量)				外购应税消费品适用税率(单位税额)
				合计	期初库存外购应税消费品买价(数量)	当期购进外购应税消费品买价(数量)	期末库存外购应税消费品买价(数量)	
1	2	3	4	5=6+7−8	6	7	8	9
合计								

续表

应纳消费税		当期准予扣除外购应税消费品已纳税款	当期准予扣除委托加工应税消费品已纳税额			
本期	累计		合计	期初库存委托加工应税消费品已纳税款	当期收回委托加工应税消费品已纳税款	期末库存委托加工应税消费品已纳税款
15＝3×4－10 或 3×4－11 或 3×4－10－11	16	10＝5×9 或 10＝5×9×（1－征减幅度）	11＝12＋13－14	12	13	14

已纳消费税		本期应补(退)税金额			
本期	累计	合计	上期结算税额	补交本年度欠税	补交以前年度欠税
17	18	19＝15－26－27	20	21	22

截止上年底累计欠税额	本年度新增欠税额		减免税额	预缴税款	多缴税款
	本期	累计			
23	24	25	26＝3×4×征减幅度	27	28

如纳税人填报,由纳税人填写以下各栏		如委托代理人填报,由代理人填写以下各栏		备注
会计主管（签章）	纳税人（公章）	代理人名称	代理人（公章）	
		代理人地址		
		经办人	电话	
以下由税务机关填写				
收到申报表日期		接收人		

第二节　应纳消费税额的计算

一、计税依据

根据消费税法的规定,消费税应纳税额可以采用从价定率和从量定额方法计算。前者计税依据是应税消费品的销售额,后者的计税依据是应税消费品的销售数量。

(一)销售额的确定

采用从价定率方法计算消费税额时,应纳消费税额的计算公式如下:

应纳消费税额＝销售额×适用的消费税税率

上述公式中的销售额是指纳税人销售应税消费品向购买方收取的全部价款和价外费用。在确定纳税人应税消费品的销售额时应注意以下问题:

1. 纳税人销售的应税消费品,以人民币计算销售额

纳税人销售的应税消费品如果是以人民币以外的货币结算销售额的,应当折合成人民币计算。销售额的人民币折合率可以选择销售额发生的当天或者当月1日的人民币汇率中间价。纳税人应该事先确定采用何种折合率,确定后1年内不得变更。

2. 销售额不包括应向购货方收取的增值税税款

如果纳税人应税消费品的销售额中未扣除增值税税款或者因不得开具增值税专用发票而发生价款和增值税税款合并收取的,在计算消费税时,应当换算为不含增值税税款的销售额。其换算公式为:

应税消费品的销售额＝含增值税的销售额÷(1＋增值税税率或征收率)

在对含增值税销售额进行换算时,公式中的增值税税率或征收率要根据纳税人销售的应税消费品适用的增值税税率或征收率来选择。

3. 包装物

应税消费品连同包装物销售的,无论包装物是否单独计价以及在会计上如何核算,均应并入应税消费品的销售额中缴纳消费税。

4. 包装物押金

如果包装物不作价随同产品销售,而是收取押金,此项押金则不应并入应税消费品的销售额中征税。但对因逾期未收回的包装物不再退还的或者已收取的时间超过12个月的押金,应并入应税消费品的销售额,按照应税消费品的适用税率缴纳消费税。

对既作价随同应税消费品销售,又另外收取押金的包装物的押金,凡纳税人在规定的期限内没有退还的,均应并入应税消费品的销售额,按照应税消费品的适用税率缴纳消费税。

5. 价外费用

价外费用是指价外向购买方收取的手续费、补贴、基金、集资费、返还利润、奖励费、违约金、滞纳金、延期付款利息、赔偿金、代收款项、代垫款项、包装费、包装物租金、储备费、优质费、运输装卸费以及其他各种性质的价外收费。但下列项目不包括在内:

(1) 同时符合以下条件的代垫运输费用:

① 承运部门的运输费用发票开具给购买方的;

② 纳税人将该项发票转交给购买方的。

(2) 同时符合以下条件代为收取的政府性基金或者行政事业性收费:

① 由国务院或者财政部批准设立的政府性基金,由国务院或者省级人民政府及其财政、价格主管部门批准设立的行政事业性收费;

② 收取时开具了省级以上财政部门印制的财政票据;

③ 所收款项全额上缴财政。

(二) 销售数量的确定

实行从量定额办法计算消费税应纳税额时,计算公式如下:

消费税应纳税额=销售数量×定额税率

公式中的销售数量是指纳税人生产、委托加工和进口应税消费品的数量。具体规定为:

(1) 销售应税消费品的,为应税消费品的销售数量;

(2) 自产自用应税消费品的,为应税消费品的移送使用数量;

(3) 委托加工应税消费品的,为纳税人收回的应税消费品数量;

(4) 进口应税消费品的,为海关核定的应税消费品进口征税数量。

采用从量定额办法计算应纳税额的应税消费品,在实际工作中采用的计量标准与税法定额税率中的计量标准有时可能不同,征税时需要对计量标准进行换算。税法对计量单位的换算标准规定如下:

黄酒 1 吨=962 升　　啤酒 1 吨=988 升　　汽油 1 吨=1 388 升

柴油 1 吨=1 176 升　　航空煤油 1 吨=1 246 升　　石脑油 1 吨=1 385 升

溶剂油 1 吨＝1 282 升　　润滑油 1 吨＝1 126 升　　燃料油 1 吨＝1 015 升

（三）特殊情况下销售额和销售数量的确定

(1) 自设非独立核算门市部销售的应税消费品，应当按照门市部对外销售额或销售数量交纳消费税。

(2) 纳税人用于换取生产资料和消费资料、投资入股、抵偿债务等方面的应税消费品，应以纳税人同类应税消费品的最高销售价格作为计税依据计算缴纳消费税。

二、生产环节应纳消费税额的计算

（一）生产应税消费品直接销售

消费税有从价定率、从量定额和复合计税三种计算方法，纳税人可以根据其应税消费品所适用的计算方法直接计算出当期应纳消费税额。

【例3.1】 某企业5月生产销售白酒10吨，每吨不含增值税的销售额为30 000元，生产销售黄酒20吨，每吨不含增值税的销售额为4 000元，生产销售保健酒5吨，每吨不含增值税的销售额为12 000元，白酒适用的消费税税率20%，另0.5元/500克，黄酒适用的消费税税额240元/吨，保健酒适用的消费税税率10%，货款尚未收到。该企业当月应纳消费税额计算如下：

(1) 白酒应纳消费税额＝30 000×10×20%＋0.5×2×1 000×10
　　　　　　　　　　＝60 000＋10 000＝70 000（元）。

(2) 黄酒应纳消费税额＝20×240＝4 800（元）。

(3) 保健酒应纳消费税额＝5×12 000×10%＝6 000（元）。

(4) 该企业当月应纳消费税额＝70 000＋4 800＋6 000＝80 800（元）。

（二）外购已税消费品继续生产应税产品，完工后销售

消费税在征收时是不重复课税的，如果生产应税消费品使用了外购已税消费品，由于该产品销售时需要缴纳消费税，就会产生重复征税。因此，消费税法规定：用外购已税消费品连续生产出来的应税消费品计算征收消费税时，按当期生产领用数量计算准予扣除的外购的应税消费品已纳的消费税款。

税法对准予扣除已纳消费税款的消费品范围有严格的规定。只有使用税法规定的已税消费品为原料生产的应税消费品的，计税时才准予扣除。具体限制情况如下：

(1) 以外购的已税烟丝生产的卷烟;
(2) 以外购的已税化妆品生产的化妆品;
(3) 以外购的已税珠宝玉石生产的贵重首饰及珠宝玉石;
(4) 以外购的已税鞭炮焰火生产的鞭炮焰火;
(5) 以外购的已税汽车轮胎(内胎、外胎)生产的汽车轮胎;
(6) 以外购的已税摩托车生产的摩托车;
(7) 以外购的已税杆头、杆身和握把为原料生产的高尔夫球杆;
(8) 以外购的已税木制一次性筷子为原料生产的木制一次性筷子;
(9) 以外购的已税实木地板为原料生产的实木地板;
(10) 以外购的已税石脑油为原料生产的应税消费品;
(11) 以外购的已税润滑油为原料生产的润滑油。

当期准予扣除外购应税消费品已纳消费税款的计算公式如下:

当期准予扣除外购应税消费品已纳的消费税款＝当期准予扣除外购应税消费品买价×外购应税消费品的适用税率

当期准予扣除外购应税消费品买价＝期初库存的外购应税消费品买价＋当期购进的外购应税消费品买价－期末库存外购应税消费品买价

外购已纳消费税的消费品买价是指购货发票上注明的不含增值税的销售额。税法准予扣除已纳的消费税款外购应税消费品必须是从工业企业购进的,从境内商业企业购进的应税消费品一律不得扣除;在零售环节缴纳消费税的金银首饰(镶嵌首饰)使用了外购的已税珠宝玉石,其已纳消费税款也不得扣除。

【例3.2】 某企业6月生产销售卷烟100箱,每标准箱250条,共5 000 000支,不含增值税销售额3 500 000元,该批卷烟耗用外购已税烟丝234 000元(含增值税)。该企业卷烟、烟丝适用消费税率分别为56%、30%。应纳消费税额计算如下:

(1) 外购烟丝不含增值税的买价＝234 000÷(1＋17%)＝200 000(元)。
(2) 准予扣除外购烟丝已纳的消费税款＝200 000×30%＝60 000(元)。
(3) 应纳消费税额＝3 500 000×56%＋5 000 000×0.003－60 000
　　　　　　　＝1 960 000＋15 000－60 000＝1 915 000(元)。

(三) 自产自用应税消费品

1. 纳税人将自产应税消费品用于连续生产应税消费品

税法规定纳税人生产的应税消费品对外销售时缴纳消费税。纳税人自产的应税消费品用于连续生产应税消费品时,不需要缴纳消费税。用于连续生产应税消费品是指纳税人将自产自用的应税消费品作为直接材料生产最终应税消费品,自产自用应税消费品构成最终应税消费品实体的一部分。例如,卷烟厂用外购烟叶自己生产烟丝,烟丝属于应税消费品,企业将烟丝移送至下一个车间继续加工卷烟,对烟丝不征消费税,加工完成后,于销售时对卷烟征收消费税。

2. 用于其他方面

用于其他方面,是指纳税人将自产自用应税消费品用于生产非应税消费品、在建工程、管理部门、非生产机构、提供劳务、馈赠、赞助、集资、广告、样品、职工福利、奖励等方面。税法规定企业将自产的应税消费品用于其他方面,按视同销售处理,于移送使用时缴纳消费税。纳税人自产自用的应税消费品按视同销售处理,其计税依据按下列方法确定:

(1) 按纳税人或者代收代缴义务人当月销售的同类消费品的销售价格计算,如果当月同类消费品各期销售价格高低不同,应按销售数量加权平均计算。但销售的应税消费品有下列情况之一的,不得列入加权平均计算:

① 销售价格明显偏低并无正当理由的;

② 无销售价格的。

(2) 如果当月无销售或者当月未完结,应按照同类消费品上月或者最近月份的销售价格计算纳税。

(3) 没有同类消费品销售价格的,按照组成计税价格计算纳税。

实行从价定率办法计算纳税的组成计税价格的计算公式为:

组成计税价格=(成本+利润)÷(1-比例税率)

应纳消费税额=组成计税价格×适用消费税税率

实行复合计税办法计算纳税的组成计税价格的计算公式为:

组成计税价格=(成本+利润+自产自用数量×定额税率)
÷(1-比例税率)

应纳消费税额=组成计税价格×适用消费税税率+移送使用数量
×单位税额

上述公式中的成本是指应税消费品的产品生产成本;利润是指根据应税消费品的全国平均成本利润率计算的利润。应税消费品全国平均成本利润率由国家税务总局确定。

【例3.3】 某企业8月生产白酒20吨,其中10吨用于继续生产保健酒25吨,全部售出,每吨售价4 000元,其余10吨白酒用于其他方面,没有同类产品的销售价格,每吨白酒的生产成本为6 000元,成本利润率为10%,白酒的消费税税率为20%,保健酒消费税税率为10%,计算该企业8月份应纳消费税额。

(1) 该企业生产白酒10吨用于继续生产保健酒不需要交纳消费税,另外10吨白酒用于其他方面,于移送使用时缴纳消费税。

组成计税价格=[6 000×10×(1+10%)+0.5×1 000×2×10]÷(1−20%)
　　　　　　=95 000（元）

应纳消费税额=95 000×20%+0.5×1 000×2×10=29 000（元）

(2) 保健酒应纳消费税额=4 000×25×10%=10 000（元）。

(3) 该企业8月应纳消费税额=29 000+10 000=39 000（元）。

三、委托加工环节应纳消费税额的计算

（一）委托加工应税消费品的含义

委托加工应税消费品是指由委托方提供原料和主要材料，受托方只收取加工费和代垫部分辅助材料加工的应税消费品。税法规定：受托方在委托方收回应税消费品时代收代缴消费税；委托个人加工的应税消费品，由委托方收回后缴纳消费税。对于由受托方提供原材料生产的应税消费品，或者受托方先将原材料卖给委托方，然后再接受加工的应税消费品，以及由受托方以委托方名义购进原材料生产的应税消费品，不论在财务上是否作销售处理，都不得作为委托加工应税消费品，而应当按照销售自制应税消费品缴纳消费税。

（二）代收代缴消费税的计税依据

受托方代收代缴消费税的计税依据按下列顺序确定：

(1) 按照受托方的同类消费品的销售价格计算纳税；

(2) 受托方没有同类消费品销售价格的，按照组成计税价格计算纳税。计算公式如下：

① 实行从价定率办法计算纳税的组成计税价格的计算公式为：

组成计税价格=(材料成本+加工费)÷(1−比例税率)

应纳消费税额=组成计税价格×消费税比例税率

② 实行复合计税办法计算纳税的组成计税价格的计算公式为：

组成计税价格=(材料成本+加工费+委托加工数量×定额税率)
　　　　　　÷(1−比例税率)

应纳消费税额=组成计税价格×消费税比例税率
　　　　　　+委托加工数量×定额税率

上述公式中的材料成本是指委托方所提供加工材料的实际成本。委托加工收回的应税消费品的纳税人，必须在委托加工合同上如实注明（或者以其他方式提示）材料成本，凡未提供材料成本的，受托方主管税务机关有权核定其材料成本；加

工费是指受托方加工应税消费品向委托方所收取的全部费用(包括代垫辅助材料的实际成本),但不包括应该收取的增值税。

(三)委托方收回应税消费品后的税务处理

(1)收回委托加工的应税消费品直接出售的,不再缴纳消费税。

(2)收回委托加工的应税消费品用于连续生产应税消费品,其已纳消费税准予从连续生产应税消费品应纳消费税税额中抵扣。税法对允许抵扣的已税应税消费品规定如下:

① 以委托加工收回的已税烟丝生产的卷烟;
② 以委托加工收回的已税化妆品生产的化妆品;
③ 以委托加工收回的已税珠宝玉石生产的贵重首饰及珠宝玉石;
④ 以委托加工收回的已税鞭炮焰火生产的鞭炮焰火;
⑤ 以委托加工收回的已税汽车轮胎(内胎、外胎)生产的汽车轮胎;
⑥ 以委托加工收回的已税摩托车生产的摩托车;
⑦ 以委托加工收回的已税杆头、杆身和握把为原料生产的高尔夫球杆;
⑧ 以委托加工收回的已税木制一次性筷子为原料生产的木制一次性筷子;
⑨ 以委托加工收回的已税实木地板为原料生产的实木地板;
⑩ 以委托加工收回的已税石脑油、已税润滑油为原料生产的应税消费品。

上述当期准予扣除委托加工收回的应税消费品已纳消费税款的计算公式为:

当期准予扣除委托加工收回的应税消费品已纳消费税款=期初库存的委托加工应税消费品已纳消费税款+当期收回的委托加工应税消费品已纳消费税款-期末库存的委托加工应税消费品已纳消费税款

在零售环节缴纳消费税的金银首饰(镶嵌首饰)使用了委托加工收回的已税珠宝玉石,其已纳消费税款不得扣除。

【例3.4】 某企业9月受托加工一批应税消费品,委托方提供的材料实际成本为32 000元,委托方支付加工费(不含增值税)4 000元,消费税税率10%。受托方代收代缴消费税额计算如下:

组成计税价格=(32 000+4 000)÷(1-10%)=40 000(元)
代收代缴消费税额=40 000×10%=4 000(元)

四、进口环节应纳消费税额的计算

进口的应税消费品,于报关进口时交纳消费税。其应纳消费税额按照组成计税价格计算。计算公式如下:

(1) 实行从价定率办法的计算公式：
组成计税价格＝(关税完税价格＋关税)÷(1－消费税比例税率)
应纳消费税额＝组成计税价格×消费税比例税率

(2) 实行从量定额办法的计算公式：
应纳消费税额＝海关核定的应税消费品进口数量×消费税单位税额

(3) 实行复合计税办法的计算公式：
组成计税价格＝(关税完税价格＋关税＋进口数量×消费税定额税率)
　　　　　　÷(1－消费税比例税率)
应纳消费税额＝组成计税价格×消费税比例税率
　　　　　　＋海关核定的应税消费品进口数量×消费税单位税额

【例 3.5】 某外贸企业 2008 年 5 月从国外进口一批应税消费品，海关核定的关税完税价格为 1 000 000 元，关税税率为 100％，消费税税率为 20％。应纳消费税额计算如下：

组成计税价格＝(1 000 000＋1 000 000×100％)÷(1－20％)
　　　　　　＝2 500 000（元）
应纳消费税额＝2 500 000×20％＝500 000（元）

第三节 消费税的会计处理

一、账户设置

为了核算消费税的应交、已交等情况，纳税人应设置"应交税费——应交消费税"明细分类账户。该账户借方登记企业实际交纳的消费税额或待扣的消费税额，贷方登记企业按规定计算应交纳的消费税额，期末借方余额反映企业多交的消费税额，贷方余额反映企业应交未交的消费税额。会计处理中与该账户相对应的主要有"营业税金及附加"、"委托加工物资"、"应付职工薪酬"、"销售费用"等账户。

二、生产环节的消费税会计处理

（一）应税消费品销售的会计处理

企业销售其生产的应税消费品，按税法规定计算其应交消费税额，借记"营业税金及附加"账户,贷记"应交税费——应交消费税"账户。实际缴纳消费税时,借记"应交税费——应交消费税"账户,贷记"银行存款"账户。

【例3.6】 资料见例3.1,根据上述资料做出相应的会计分录。

(1) 产品售出时:

借:应收账款	514 800
贷:主营业务收入	440 000
应交税费——应交增值税(销项税额)	74 800

(2) 结转应纳消费税额:

借:营业税金及附加	80 800
贷:应交税费——应交消费税	80 800

(3) 实际上交消费税时:

借:应交税费——应交消费税	80 800
贷:银行存款	80 800

(二) 应税消费品视同销售的会计处理

企业以生产的应税消费品用于在建工程、广告、职工福利、赞助、馈赠等方面时,应于移送使用时,根据有关规定确定的金额借记"在建工程"、"销售费用"、"应付职工薪酬"、"营业外支出"等账户,贷记"库存商品"、"主营业务收入"等账户。同时,按照消费税法规定计算"视同销售"情况下的应纳消费税额,借记"在建工程"、"销售费用"、"应付职工薪酬"、"营业外支出"等账户,贷记"应交税费——应交消费税"账户。

【例3.7】 某烟厂为了推销商品,试制一批雪茄烟送给有关客户,该批雪茄烟的实际生产成本为5 120元,没有同类商品的销售价格,假设雪茄烟的成本利润率为10%,雪茄烟消费税税率为36%。其相应的会计分录如下:

组成计税价格=5 120×(1+10%)÷(1−36%)=8 800(元)

应纳消费税额=8 800×36%=3 168(元)

增值税销项税额=8 800×17%=1 496(元)

借:营业外支出	9 784
贷:库存商品	5 120
应交税费——应交增值税(销项税额)	1 496
应交税费——应交消费税	3 168

(三) 应税消费品包装物的会计处理

1. 随同商品出售但单独计价的包装物

随同商品出售但单独计价的包装物,按其销售额借记"银行存款"、"应收账款"

等账户,贷记"其他业务收入"账户,按应收取的增值税额贷记"应交税费——应交增值税(销项税额)"账户。按规定应交纳的消费税,借记"营业税金及附加"账户,贷记"应交税费——应交消费税"账户。

【例3.8】 某卷烟厂9月生产销售烟丝一批,随同烟丝销售但单独计价的包装物取得不含税收入4 000元,货款尚未收到。烟丝消费税税率为30%。根据资料做出相应的会计处理。

包装物应纳消费税额=4 000×30%=1 200(元)

包装物的增值税销项税额=4 000×17%=680(元)

(1) 取得收入时:

借:应收账款　　　　　　　　　　　　　　　　　　　4 680
　　贷:其他业务收入　　　　　　　　　　　　　　　　4 000
　　　　应交税费——应交增值税(销项税额)　　　　　680

(2) 结算应纳消费税时:

借:营业税金及附加　　　　　　　　　　　　　　　　1 200
　　贷:应交税费——应交消费税　　　　　　　　　　1 200

2. 随同商品出售不单独计价的包装物

随同商品出售不单独计价的包装物,其销售收入与应税产品一起计入"主营业务收入",售出包装物应纳的消费税也与应税产品一道计入"营业税金及附加"账户。

3. 出租、出借包装物逾期的押金

出租、出借包装物逾期收不回来而将押金没收时,按其应交的消费税额,借记"营业税金及附加"账户,贷记"应交税费——应交消费税"账户。

【例3.9】 某卷烟厂生产加工卷烟与烟丝,销售烟丝时,出借包装物收取押金35 100元,该包装物逾期未归还,企业决定没收租借方事前交来的押金,烟丝消费税税率为30%。根据上述资料做出相应的会计处理。

包装物不含增值税销售额=35 100÷(1+17%)=30 000(元)

包装物押金应纳消费税额=30 000×30%=9 000(元)

包装物押金的增值税销项税额=30 000×17%=5 100(元)

根据有关凭证,做如下会计分录:

(1) 没收押金时:

借:其他应付款　　　　　　　　　　　　　　　　　　35 100
　　贷:其他业务收入　　　　　　　　　　　　　　　30 000
　　　　应交税费——应交增值税(销项税额)　　　　5 100

(2) 结算应纳消费税时:

借:营业税金及附加 9 000
　　贷:应交税费——应交消费税 9 000

三、委托加工环节消费税的会计处理

(一)受托方的消费税会计处理

受托方于委托方提货时代收代缴的消费税,按应代收代缴的消费税款、加工费等借记"应收账款"、"银行存款"等账户,贷记"应交税费——应交消费税"、"主营业务收入"、"应交税费——应交增值税(销项税额)"等账户。实际上缴时,借记"应交税费——应交消费税"账户,贷记"银行存款"账户。

【例3.10】 资料见例3.4,根据资料做出受托方的会计处理。
(1)收到加工费、增值税和代收代缴的消费税时:
借:银行存款 8 680
　　贷:主营业务收入 4 000
　　　　应交税费——应交增值税(销项税额) 680
　　　　应交税费——应交消费税 4 000
(2)交纳代收代缴的消费税时:
借:应交税费——应交消费税 4 000
　　贷:银行存款 4 000

(二)委托方的消费税会计处理

1. 委托方将收回的委托加工消费品直接售出

委托加工应税消费品被委托方收回后直接卖给购货方,纳税人应将受托方代收代缴的消费税计入委托加工消费品的成本。企业支付或结算加工费及消费税时,借记"委托加工物资"账户,贷记"应付账款"、"银行存款"等账户。

【例3.11】 资料见例3.4,根据资料做出委托方的会计处理。
(1)企业发出原材料时:
借:委托加工物资 32 000
　　贷:原材料 32 000
(2)支付加工费时:
借:委托加工物资 4 000
　　应交税费——应交增值税(进项税额) 680
　　贷:银行存款 4 680

(3) 支付代收代缴的消费税时：
借：委托加工物资　　　　　　　　　　　　　　　　4 000
　　贷：银行存款　　　　　　　　　　　　　　　　　　　4 000
(4) 加工收回应税消费品时：
借：库存商品　　　　　　　　　　　　　　　　　　40 000
　　贷：委托加工物资　　　　　　　　　　　　　　　　　40 000

2. 委托方将收回的委托加工消费品用于连续生产应税消费品

委托方用收回的委托加工消费品继续生产应税消费品，按税法规定，委托加工时受托方代收代缴的消费税额准予抵扣。纳税人结算代收代缴的消费税时，借记"应交税费——应交消费税"账户，贷记"应付账款"、"银行存款"等账户。

【例3.12】 甲企业为增值税一般纳税人，5月1日，将价值30 000元的烟叶运往某烟厂加工烟丝，完工收回烟丝时，烟厂开具的增值税专用发票上注明加工费5 000元，增值税额850元，该烟厂没有同类烟丝的销售价格。加工费、增值税和代收代缴的消费税暂欠。甲企业5月18日将收回的烟丝全部用于生产卷烟。本月销售卷烟30箱，不含税售价25万元，货款尚未收到。月初库存委托加工收回烟丝已纳消费税款20 000元，月末库存委托加工收回烟丝已纳消费税款18 000元。烟丝的消费税税率为30%，卷烟适用消费税率为56%。甲企业会计处理如下：

(1) 发出原料时：
借：委托加工物资　　　　　　　　　　　　　　　　30 000
　　贷：原材料　　　　　　　　　　　　　　　　　　　　30 000
(2) 结算加工费时：
借：委托加工物资　　　　　　　　　　　　　　　　 5 000
　　应交税金——应交增值税(进项税额)　　　　　　　 850
　　贷：应付账款　　　　　　　　　　　　　　　　　　　 5 850
(3) 结算代收代缴的消费税额时：
　　代收代缴的消费税＝(30 000＋5 000)÷(1－30%)×30%
　　　　　　　　　　＝15 000（元）
借：应交税费——应交消费税　　　　　　　　　　　15 000
　　贷：应付账款　　　　　　　　　　　　　　　　　　　15 000
(4) 委托加工收回的烟丝入库时：
借：原材料　　　　　　　　　　　　　　　　　　　35 000
　　贷：委托加工物资　　　　　　　　　　　　　　　　　35 000
(5) 取得卷烟销售收入时：
　　增值税销项税额＝250 000×17%＝42 500（元）

借：应收账款　　　　　　　　　　　　　　　292 500
　　贷：主营业务收入　　　　　　　　　　　　250 000
　　　　应交税费——应交增值税(销项税额)　42 500

(6) 结算消费税额时：
　　　应纳消费税额=250 000×56%+0.003×250×200×30=144 500（元）
借：营业税金及附加　　　　　　　　　　　　　144 500
　　贷：应交税费——应交消费税　　　　　　　144 500

(7) 当月准予抵扣的消费税款：
　　　准予抵扣的消费税=20 000+15 000-18 000=17 000（元）

(8) 下月缴纳消费税款时：
借：应交税费——应交消费税　　　　　　　　　127 500
　　贷：银行存款　　　　　　　　　　　　　　127 500

四、进口环节消费税的会计处理

进口应税消费品于报关进口时，由海关代征进口应税消费品应纳的消费税额，纳税人将交纳的消费税计入应税消费品的实际成本中，借记"固定资产"、"材料采购"、"库存商品"等账户，贷记"银行存款"、"应付账款"等账户。

【例3.13】　资料见例3.5，根据资料做出进口应税消费品的会计处理。
　　　组成计税价格=(1 000 000+1 000 000×100%)÷(1-20%)
　　　　　　　　=2 500 000（元）
　　　应纳消费税额=2 500 000×20%=500 000（元）
　　　应纳增值税额=(1 000 000+1 000 000+500 000)×17%
　　　　　　　　=425 000（元）
借：库存商品　　　　　　　　　　　　　　　2 500 000
　　应交税费——应交增值税(进项税额)　　　　425 000
　　贷：银行存款　　　　　　　　　　　　　2 925 000

复习与思考

一、思考题

1. 消费税的纳税范围是如何规定的？
2. 消费税不同计算方法下的计税依据是如何确定的？
3. 如何计算不同征税环节的应纳消费税额？

4. 生产环节应税消费品消费税会计如何进行核算？
5. 委托加工应税消费品消费税会计如何进行核算？

二、计算题

1. 某公司用现款从国外进口 130 辆乘用车，每辆车进口完税价格 100 000 元，关税税率为 200%，消费税税率为 12%，该公司应交消费税税额是多少？

2. 某卷烟厂销售卷烟时出借包装物，向购买方收取了 35 100 元押金，期满时买方未退回包装物，没收购货方押金，计算该烟厂没收押金应纳消费税税额是多少（假定适用消费税税率为 56%）？

3. 甲厂为增值税一般纳税人，主要生产销售应税化妆品，适用的消费税税率为 30%，某年 9 月发生如下业务：① 本月销售化妆品取得不含税收入 1 000 000 元；② 用本月外购原材料委托乙公司加工化妆品一批，支付代扣代缴消费税 80 000 元，收到加工费增值税发票，月初库存委托加工原材料已纳消费税税款 60 000 元，月末库存委托加工原材料已纳消费税税款 30 000 元；③ 购买已税化妆品一批，增值税专用发票注明销售额为 50 000 元，税额为 8 500 元；支付运费 1 200 元，该已税化妆品期初库存 40 000 元，期末库存 30 000 元；④ 购进材料一批，不含税价款 300 000 元，增值税税额 51 000 元。要求：根据上述资料，计算甲厂 9 月应纳消费税税额。

三、业务题

1. 某酒厂从农业生产者手中收购粮食 880 000 元，款已支付。委托异地一家公司将这批收购的粮食加工成保健酒，不含税加工费 200 000 元，保健酒收回时直接对外销售，产品收回时，取得了该公司开具的增值税发票，价税已支付。加工的保健酒当地没有同类产品市场价格。当月售出保健酒一批，取得不含税销售额 3 000 000 元，货款收到了 2 000 000 元，余款尚未收到；保健酒属于其他酒。要求：根据资料做出相关的会计分录。

2. 根据计算题 1、计算题 2 的资料，编制相关会计分录。

四、讨论题

新华公司是一家生产保健酒企业，以粮食白酒为原料生产各种保健酒。作为原料的粮食白酒可以自己生产，也可以委托他人加工。公司经理认为只要能保障公司正常生产，粮食白酒自己生产与委托其他企业加工对公司缴纳增值税、消费税税额没有什么影响。该经理的看法是否正确？为什么？

第四章 营业税会计

学习目标

了解营业税的相关知识；
明确营业税纳税申报的有关规定；
掌握营业税的计税依据及应纳税额的计算；
重点掌握营业税的会计处理方法。

第一节 营业税概述

营业税是对在我国境内提供应税劳务、转让无形资产或销售不动产的单位和个人，就其所取得的营业额征收的一种税。营业税属于流转税制中的一个主要税种。

营业税与其他税种相比较，有征税范围广、税源普遍、税率低、税负均衡、计算方法简便等特点。营业税是价内税，为了保证物价的基本稳定、比价合理，营业税坚持了低税率政策。营业税分行业划分税目、设计税率，保证纳税人能在大体平衡的税负条件下平等竞争。

一、营业税的纳税义务人

营业税的纳税义务人是指在我国境内提供应税劳务、转让无形资产或销售不动产的单位和个人。单位是指国有企业、集体企业、私有企业、股份制企业、其他企业和行政单位、事业单位、军事单位、社会团体及其他单位；个人是指个体工商户及其他有经营行为的个人。

(一)构成营业税的纳税义务人应同时具备以下三个条件

(1)提供应税劳务、转让无形资产或销售不动产的行为,必须发生在中华人民共和国境内。

(2)提供劳务、转让无形资产或销售不动产的行为,必须属于营业税征税范围。

(3)必须是有偿或视同有偿提供应税劳务、转让无形资产的所有权或使用权、转让不动产的所有权。

只有同时具备上述条件的单位和个人,才构成营业税的纳税义务人,否则就不构成营业税的纳税义务人。

(二)营业税纳税义务人的特殊规定

(1)铁路运营业务的纳税人具体为:中央铁路运营业务的纳税人为铁道部;合资铁路运营业务的纳税人为合资铁路公司;地方铁路运营业务的纳税人为地方铁路管理机构;基建临管线铁路运营业务的纳税人为基建临管线管理机构。

(2)从事水路运输、航空运输、管道运输或其他陆路运输业务并负有营业税纳税义务的单位,为从事运输业务并计算盈亏的单位。从事运输业务并计算盈亏的单位是指具备以下条件的单位:一是利用运输工具、从事运输业务、取得运输收入;二是在银行开设有结算账户;三是在财务上计算营业收入、营业支出、经营利润。

(3)企业租赁或承包给他人经营的,以承租人或承包人为纳税人。

(4)单位和个体户的员工、雇工在为本单位或雇主提供劳务时,不是纳税人。

(5)买卖基金差价收入不缴营业税。

(6)转让企业产权的行为,不属于营业税的应税行为。

二、营业税扣缴义务人

在一些不确定因素下,为了加强对税收的源泉控制,保证税款的征收,营业税规定了扣缴义务人。主要有以下几种情况:

(1)委托金融机构发放贷款的,其应纳税款以受托发放贷款的金融机构为扣缴义务人;金融机构接受其他单位或个人的委托,为其办理委托贷款业务时,如果将委托方的资金转给经办机构,由经办机构将资金贷给使用单位或个人,由最终将贷款发放给使用单位或个人并取得贷款利息的经办机构代扣委托方应纳的营业税。

(2)建筑安装业务实行分包或者转包的,其应纳税款以总承包人为扣缴义务人。

(3) 境外单位或个人在境内发生应税行为而在境内未设机构的,其应纳税款以代理人为扣缴义务人;没有代理人的,以受让者或购买者为扣缴义务人。

(4) 单位或个人进行演出。由他人售票的,其应纳税款以售票者为扣缴义务人;演出经济人为个人的,其办理演出业务的应纳税款也以售票者为扣缴义务人。

(5) 保险业务,其应纳税款以初保人为扣缴义务人。

(6) 个人转让专利权、非专利技术、商标权、著作权、商誉的,其应纳税款以受让者为扣缴义务人。

(7) 财政部规定的其他扣缴义务人。

三、营业税税目

营业税的税目按照行业、类别的不同分别设置,现行营业税共设置了9个税目。

(一) 交通运输业

交通运输业包括陆路运输、水路运输、航空运输、管道运输和装卸搬运5大类。

(1) 陆路运输是指通过陆路(地上或地下)运送货物或旅客的运输业务,包括铁路运输、公路运输、缆车运输、索道运输及其他陆路运输。

(2) 水路运输是指通过江、河、湖、川等天然、人工水道或海洋航道运送货物或旅客的运输业务。打捞也可以比照水路运输的办法征税。

(3) 航空运输是指通过空中航线运送货物或旅客的运输业务。与航空直接有关的通用航空业务、航空地面服务业务也按照航空运输业务征税。

(4) 管道运输是指通过管道设施输送气体、液体、固体物资的运输业务。

(5) 装卸搬运是指使用装卸搬运工具或人力、畜力将货物在运输工具之间、装卸现场之间或运输工具与装卸现场之间进行装卸和搬运的业务。

(二) 建筑业

建筑业是指建筑安装工程作业等,包括建筑、安装、修缮、装饰和其他工程作业5项内容。

(三) 邮电通信业

邮电通信业是指专门办理信息传递的业务,包括邮政、电信。

(1) 邮政是指传递实物信息的业务,包括传递函件或包件、邮汇、报刊发行、邮政物品销售、邮政储蓄及其他邮政业务。

（2）电信是指用各种电传设备传输电信号而传递信息的业务，包括电报、电传、电话、电话机安装、电信物品销售及其他电信业务。

（3）单位和个人从事快递业务按"邮电通信业"税目征收营业税。

（四）文化体育业

文化体育业，是指经营文化、体育活动的业务。本税目的征收范围包括：文化业、体育业。

（1）文化业是指经营文化活动的业务，包括表演、播映、其他文化业。经营游览场所的业务，比照文化业征税。

（2）体育业是指举办各种体育比赛和为体育比赛或体育活动提供场所的业务。以租赁方式为文化活动、体育比赛提供场所，不按本税目征税。

（五）服务业

服务业是指利用设备、工具、场所、信息或技能为社会提供服务的业务。本税目的征收范围包括：代理业、旅店业、饮食业、旅游业、仓储业、租赁业、广告业、其他服务业。其中，代理业是指代委托人办理受托事项的业务，包括代购代销货物、代办进出口、介绍服务、其他代理服务。

其他服务业是指除代理业、旅店业、饮食业、旅游业、仓储业、租赁业和广告业以外的服务业务。如沐浴、理发、洗染、照相、美术、裱画、誊写、打字、镌刻、计算、测试、试验、化验、录音、录像、复印、晒图、设计、制图、测绘、勘探、打包、咨询等。

（六）金融保险业

金融保险业是指经营金融、保险的业务。

（1）金融是指经营货币资金融通活动的业务，包括贷款、融资租赁、金融商品转让、金融经纪业和其他金融业务。

（2）保险是指将通过契约形式集中起来的资金用以补偿被保险人经济利益的活动。

（七）娱乐业

娱乐业是指为娱乐活动提供场所和服务的业务。本税目征收范围包括：经营歌厅、舞厅、卡拉OK歌舞厅、音乐茶座、台球、高尔夫球、游艺场等娱乐场所，以及娱乐场所为顾客进行娱乐活动提供服务的业务。

上述娱乐场所为顾客进行娱乐活动提供的饮食服务及其他各种服务，均属于本税目征收范围。

(八) 转让无形资产

转让无形资产是指转让无形资产的所有权或使用权的行为。无形资产是指不具实物形态、但能带来经济利益的资产。本税目的征收范围包括：转让土地使用权、转让商标权、转让专利权、转让非专利技术、转让著作权、转让商誉等。

(1) 转让土地使用权是指土地使用者转让土地使用权的行为。土地所有者出让土地使用权和土地使用者将土地使用权归还给土地所有者的行为，不征收营业税。土地租赁，不按本税目征税。

(2) 转让非专利技术，是指转让非专利技术的所有权或使用权的行为。提供无所有权技术的行为，不按本税目征税。

(3) 以无形资产投资入股，参与接受投资方的利润分配、共同承担投资风险的行为，不征收营业税，投资后转让该项股权也不征收营业税。

(九) 销售不动产

销售不动产是指有偿转让不动产所有权的行为。不动产是指不能移动，移动后会引起性质、形状改变的财产。本税目的征收范围包括：销售建筑物或构筑物、销售其他土地附着物。

(1) 单位将不动产无偿赠与他人，视同销售不动产。在销售不动产时连同不动产所占土地使用权一并转让的行为，比照销售不动产征税。

(2) 个人将不动产无偿赠与他人的行为，不征营业税。

(3) 以不动产投资入股，参与接受投资方利润分配、共同承担投资风险的行为，不征营业税。投资后转让该项股权，也不征收营业税。不动产租赁，不按本税目征税。

四、营业税税率

营业税与其他流转税税种不同，它不按商品或征税项目的种类、品种设置税率，而是从应税劳务的综合性经营特点出发，按照不同经营行业设计不同的税率，即行业相同，税率相同；行业不同，税率不同。营业税税率设计的总体水平较低，其具体规定如下：

(1) 交通运输业 3%；

(2) 建筑业 3%；

(3) 服务业 5%；

(4) 邮电通信业 3%；
(5) 文化体育业 3%；
(6) 金融保险业 5%；
(7) 娱乐业 5%～20%；
(8) 转让无形资产 5%；
(9) 销售不动产 5%。

营业税税目税率表如表 4.1 所示

表 4.1　营业税税目税率表

税　目	征　收　范　围	税率
一、交通运输业	陆路运输、水路运输、航空运输、管道运输、装卸搬运	3%
二、建筑业	建筑、安装、修缮、装饰及其他工程作业	3%
三、邮电通信业	邮政业、电信业、邮政电信业、邮务物品销售、邮政储蓄、电话安装、电信物品销售、其他邮政电信业务	3%
四、文化体育业	文化业（包括表演、播映及其他文化业）、体育业	3%
五、服务业	代理业、旅店业、饮食业、旅游业、仓储业、租赁业、广告业及其他服务业	5%
六、金融保险业	贷款、融资租赁、金融商品转让、信托业务	5%
七、娱乐业	歌厅、舞厅、卡拉OK、歌舞厅、音乐茶座、台(桌)球、高尔夫球、游艺、网吧	5%～20%
八、转让无形资产	转让土地使用权、专利权、非专利技术、商标权、著作权、商誉	5%
九、销售不动产	销售建筑物及其他土地附着物	5%

五、营业税纳税期限、纳税地点

（一）纳税义务发生时间的确认

纳税义务发生时间是指基于税收法律法规规定纳税义务产生的时间，意味着从那天起，纳税人对国家就有了一种"债务"，纳税人有义务支付税款偿清"债务"。营业税的纳税义务发生时间为纳税人收讫营业收入款项或取得索取营业收入款项凭据的当天。

特殊规定：

1. 建筑业

由于建筑行业承包、结算方式的多种多样，其纳税义务发生时间的确定也有很多特殊之处。

（1）实行合同完成后一次性结算价款办法的工程项目，其营业税纳税义务发生时间为施工单位与发包单位进行工程合同价款结算的当天。

（2）实行旬末或月中预支、月终结算、竣工后结算办法的工程项目，其营业税纳税义务发生时间为月份终了时与发包单位进行已完工价款结算的当天。

（3）实行按工程形象进度划分不同阶段结算价款办法的工程项目，其营业税纳税义务发生时间为月份终了时与发包单位进行已完成工程价款结算的当天。

（4）实行其他结算方式的工程项目，其营业税纳税义务发生时间为与发包单位结算工程价款的当天。

（5）对于自建行为，其营业税纳税义务发生时间为其销售自建建筑物并收讫营业额或取得索取营业额凭据的当天。

2. 销售不动产

（1）采用预收款方式销售不动产的，其纳税义务发生时间为收到预收款的当天。

（2）纳税人将不动产无偿赠与他人的，视同销售，其纳税义务发生时间为不动产所有权转移的当天。

3. 娱乐业

对俱乐部会员入会时一次性缴清的入会费，无论在财务上如何进行处理，均以取得收入的当天为纳税义务发生时间。

（二）纳税期限

1. 基本规定

营业税的纳税期限，由主管税务机关根据纳税人应纳税额的大小分别核定为5日、10日、15日或一个月。目前较多见的就是一个月。不能按固定期限纳税的，可以按次纳税。纳税人以一个月为一期的纳税人，于期满后15日内申报纳税；以5日、10日或15日为一期的纳税人，于期满后5日内预缴税款，次月15日内结算上月应纳税款并申报纳税。此两条同样适用于扣缴义务人。

2. 特殊规定

金融业（不包括典当业）的纳税期限为一个季度。保险业的纳税期限为一个月。

（三）纳税地点

按照营业税有关规定，纳税人申报缴纳营业税税款的地点一般是纳税人应税劳务的发生地、土地和不动产的所在地。具体规定为：

(1) 纳税人提供应税劳务，应向劳务发生地的主管税务机关申报缴税；纳税人提供的应税劳务发生在外县（市）的，应向劳务发生地主管税务机关申报纳税；而未申报的，由其机构所在地或居住地主管税务机关补征。

(2) 纳税人从事运输业务，应当向其机构所在地主管税务机关申报纳税。但中央铁路运营业收入的纳税地点在铁道部机构所在地。

(3) 纳税人承包的工程跨省（自治区、直辖市）的，向其机构所在地税务机关申报纳税。

(4) 纳税人转让土地使用权或销售不动产，应当向该土地或不动产所在地税务机关申报纳税。

(5) 纳税人转让除土地使用权以外的其他无形资产，应当向其机构所在地税务机关纳税。

(6) 代扣代缴营业税的地点为扣缴义务人机构所在地。但国家开发银行委托中国建设银行的贷款业务，由国家开发银行集中在其机构所在地缴纳；中国农业发展银行在其省级以下机构建立前，其委托中国农业银行的贷款业务，由中国农业发展银行的省级分行集中于其机构所在地缴纳。

六、营业税的减免税优惠

（一）根据《营业税暂行条例》的规定，下列项目免征营业税

(1) 托儿所、幼儿园、养老院、残疾人福利机构提供的育养服务、婚姻介绍、殡葬服务。

(2) 残疾人员个人为社会提供的劳务。

(3) 非营利性医疗机构提供的医疗服务。这里所说的医疗服务，是指对患者进行诊断、治疗和防疫、接生、计划生育方面的服务，以及与这些服务有关的提供药品、医疗用具、病房和伙食的业务。

(4) 学校及其他教育机构提供的教育劳务、学生勤工俭学提供的劳务服务。这里所说学校及其他教育机构，是指普通学校以及经地市级人民政府或同级教育行政主管部门批准成立、国家承认其学员学历的各类学校。

(5) 农业机耕、排灌、病虫害防治、农牧保险以及相关技术培训，家禽、牲畜、水生动物的配种和疾病防治业务。

(6) 纪念馆、博物馆、文化馆（站）、美术馆、展览馆、书画院、图书馆、文物保护单位举办文化活动的门票收入，宗教场所举办文化、宗教活动的门票收入。

（二）根据国家的其他规定，下列项目减征或免征营业税

（1）将土地使用权转让给农业生产者用于农业生产的免征营业税。这里的农业，包括农业、牧业、林业、水产业。

（2）个人转让著作权，免征营业税。

（3）对保险公司开展的1年以上期限的返还性人身保险业务的保费收入，免征营业税。

（4）为了支持技术创新和高新技术企业的发展，对单位和个人（包括外商投资企业、外商投资设立的研究开发中心、外国企业的外籍个人）从事技术转让、技术开发业务和与之相关的技术咨询、技术服务业务取得的收入，免征营业税。

（5）对新办的服务型企业（除广告业、桑拿、按摩、网吧、氧吧外）当年新招用下岗失业人员达到职工总数30%以上（含30%），并与其签订1年以上期限劳动合同的，经劳动保障部门认定，税务机关审核，3年内免征营业税、城市维护建设税、教育费附加和企业所得税。

（6）对下岗失业人员从事个体经营（除建筑业、娱乐业以及广告业、桑拿、按摩、网吧、氧吧外）的，自领取税务登记证之日起，3年内免征营业税、城市维护建设税、教育费附加和个人所得税。

（7）自2010年1月1日起，个人将购买不足5年的非普通住房对外销售的全额征收营业税；个人将购买超过5年（含5年）的非普通住房或不足5年的普通住房对外销售，应按其销售收入减去购买房屋的价款后的差额征收营业税，个人将购买超过5年（含5年）的普通住房对外销售的免征营业税。

（8）对企业、行政事业单位按房改成本价、标准价出售住房的收入，暂免征营业税。对销售积压空置的商品房，在2002年底前免征营业税。

（9）自2002年1月1日起，福利彩票机构发行销售福利彩票取得的收入不征收营业税，对福利彩票机构以外的代销单位销售福利彩票取得的手续费收入应按规定征收营业税。

（10）人民银行对金融机构的贷款业务，不征收营业税；人民银行对企业的贷款业务或委托金融机构贷款的业务应当征收营业税。

（11）金融机构往来业务暂不征收营业税。

七、营业税的起征点

营业税起征点是指纳税人营业额合计达到的征税起点。营业税起征点的适用范围仅限于个人。营业额达到或超过起征点即按照全额计算纳税，营业额低于起

征点则免予征收营业税。营业税起征点的幅度规定如下：

（1）按期纳税的，为月营业额 5 000～20 000 元；

（2）按次纳税的，为每次（日）营业额 500 元。

省、自治区、直辖市财政厅（局）、税务局应当在规定的幅度内，根据实际情况确定本地区适用的起征点，并报财政部、国家税务总局备案。

第二节 营业税的计算

一、营业额的确定

营业额是营业税的计税依据，包括提供应税劳务的营业额、转让无形资产的转让额或销售不动产的销售额。它是纳税人向对方收取的全部价款和价外费用。价外费用包括向对方收取的手续费、服务费、基金、集资费、代垫代收款项及其他各种性质的价外收费。价外费用应并入营业额计算营业税。不同行业对营业额的具体确定不尽相同。

（一）交通运输业

（1）交通运输业的营业额是指从事交通运输的纳税人提供交通劳务所取得的全部运营收入，包括全部价款和价外费用。

（2）运输企业自境内运输旅客或货物出境，在境外改由其他运输企业承运的，以全程运费减去付给该承运企业运费后的余额为营业额。

（3）联运业务，以运输企业实际取得的收入为营业额（即联运收入减去联运支出）。

（4）代开发票纳税人从事联运业务的，其计征营业税的营业额为代开的货物运输业发票注明的营业税应税收入，不得减除支付给其他联运合作方的各种费用。

（二）建筑业

（1）建筑业的营业额为承包建筑、安装、修缮、装饰和其他工程作业取得的营业收入额，即建筑安装企业向建设单位收取的工程价款（即工程造价）及工程价款之外的各种费用。

（2）从事建筑、修缮、装饰工程作业，无论怎样结算，营业额均包括工程所用原材料及其他物资和动力的价款。从事安装工程作业,凡所安装设备的价值作为安装工程产值的,其营业额应包括设备的价款。

(3) 建筑业的总承包人将工程分包或转包给他人的,以工程的全部承包额减去付给分包人或转包人的价款后的余额为营业额。

(4) 单位或个人自己新建建筑物后销售的行为,视同提供"建筑业"应税劳务。其自建行为的营业额由主管税务机关按规定顺序核定。

(5) 建筑安装企业承包工程建设项目,无论是包工包料工程还是包工不包料工程,均按包工包料工程以收取的料工费全额为营业额。

(三) 金融保险业

金融业的计税营业额,是指贷款利息收入、融资租赁收益、金融商品转让收益、金融经纪业的手续费收入和其他金融业取得的收入。保险业的计税营业额是指利息收入、保费收入以及其他收入。金融保险业计税营业额的确定应注意以下几点:

(1) 贷款业务以发放贷款所得利息收入的全额为计税营业额。

(2) 转贷业务,以贷款利息减去借款利息后的余额为营业额。转贷业务是指将借入的资金贷与他人使用的业务。将吸收的单位或个人的存款或者将自有资金贷与他人使用的业务,不属于转贷业务。

金融机构的自有资金贷款业务与转贷业务应划分清楚各自的营业额,分别计算缴纳营业税。未划分清楚各自营业额的,一律按自有资金贷款业务征税。

(3) 融资租赁业务,以租赁费及设备残值扣除设备价款后的余额为营业额。融资租赁是指经中国人民银行批准经营融资租赁业务的单位和对外贸易经济合作部批准的经营融资租赁业务的外商投资企业和外国企业所从事的融资租赁业务,其他单位从事融资租赁业务应按"服务业"税目中的"租赁业"项目征收营业税。

(4) 金融机构(含银行和非银行金融机构)从事外汇、有价证券、期货(非货物期货)买卖业务,以卖出价减去买入价后的金额为营业额。

(5) 保险业以收取的全部保费为营业额。对实行分保险业务的,初保业务以全部保费收入减去付给分保人保费后的余额为营业额。但是给予投保人的无赔款优待,不得扣除。

(6) 金融经纪业和其他金融业务,以从事金融经纪业和其他金融业务所得的手续费为营业额。

(四) 邮电通信业

(1) 确定邮电通信业的营业额有两种方法:第一,以取得收入的全额确定为营业额,如传递函件或包件、邮汇等业务的营业额;第二,以取得的收入额扣除某些项目的差额确定的营业额,如报刊发行、邮政储蓄等业务的营业额。

(2) 电信部门以集中受理方式为集团客户提供跨省的出租电路业务,由受理地区的电信部门按取得的全部价款减除分割给参与提供跨省电信业务的电信部门价款后的差额为营业税计税依据;对参与提供跨省电信业务的电信部门,按各自取得的全部价款为营业税计税营业额。

(3) 邮政电信单位与其他单位合作,共同为用户提供邮政电信业务及其他服务并由邮政电信单位统一收取价款的,以全部收入减去支付给合作方价款的余额为营业额。

(五) 文化体育业

文化体育业的营业额就是纳税人经营文化业、体育业取得的全部收入,这其中包括演出收入、播映收入、其他文化收入、经营游览场所收入和体育收入。但对演出业务的营业额作了特殊处理,即单位和个人进行演出,以全部票价收入减去付给提供演出场所的单位、演出公司或经纪人的费用后的余额为计税营业额。

(六) 娱乐业

娱乐业的营业额为经营娱乐业向顾客收取的各种费用,具体包括门票收入、台座(位)费、点歌费、烟酒和饮料收费及经营娱乐业的其他各项收费。作为一个特殊行业,我国税法对娱乐业应税营业额的确定有一些特别规定,具体如下:

(1) 价外费用的处理。某些娱乐场所除向顾客收取各项正常费用外,还加收特种消费行为费用,或按营业额的一定比例加收,或按人头计算加收。对这些价外费用,无论如何计收,也不论财务上如何核算,均应并入营业额中按娱乐业税目征收营业税。

(2) 奖金、奖品的处理。娱乐活动中给予顾客的奖励(包括奖品和奖金),其价值应计入营业收入全额征税。对于退还现金的,也应全额征税,不能按退还后的实收款额征税。

(3) 会员制问题的处理。目前,一些以娱乐为主兼有社交性质的俱乐部,对入会会员收取入会资格保证金(退会时可退还)和入会费,在收讫会费和保证金时,应全额并入营业收入,按娱乐业征收营业税。会员退会时,其应退的保证金允许从当期营业收入中扣除。

(七) 服务业

服务业的营业额是纳税人提供服务业劳务向对方收取的全部价款和价外费用。

1. 代理业营业额的确定

代理业营业额是指经营代购代销货物、代办进出口、介绍服务和其他代理服务取得的手续费、介绍费、代办费等收入。

（1）服务性单位从事餐饮中介服务的营业额为向委托方和餐饮企业实际收取的中介服务费，不包括其代委托方转付的就餐费用；

（2）福利彩票机构发行销售福利彩票取得的收入不征营业税，其他代销单位销售福利彩票取得的手续费收入应征营业税；

（3）外事服务单位为外国常驻机构等提供人力资源服务的，其营业额为从委托方取得的全部收入减除代委托方支付给聘用人员的工资及福利费和缴纳的社会统筹、住房公积金后的余额；

（4）代理报关业务，以其向委托人收取的全部价款和价外费用扣除一定费用后的余额为营业额；

（5）无船承租业务，以其向委托人收取的全部价款和价外费用扣除支付的海运费以及报关、港杂、装卸费用后的余额为营业额。

2. 旅游业营业额的确定

（1）旅游企业组织旅游团到中华人民共和国境外旅游，在境外凡改由其他旅游企业接团的，以全程旅游费减去付给接团企业的旅游费后的余额为营业额；

（2）旅游企业组织旅游团在中国境内旅游的，以收取的旅游费减去替旅游者支付给其他单位的房费、交通费、门票和其他代付费用后的余额为营业额。

3. 广告业营业额的确定

广告业务收入作为营业额。广告业务收入是指广告的设计、制作、刊登，广告性赞助收入等，应按全额征收营业税。

从事广告代理业务的，以其全部收入减去支付给其他广告公司或广告发布者的广告发布费后的余额为营业额（注意只允许扣除广告发布费）。

4. 租赁业营业额的确定

经营租赁业务所取得的租金的全额收入，不得扣除任何费用。

（八）转让无形资产和销售不动产

（1）一般情况下，转让无形资产和销售不动产的营业额应为纳税人向受让方或购买方收取的全部价款和价外费用。

（2）单位和个人销售或转让其购置的不动产或受让的土地使用权，以全部收入减去不动产或土地使用权的购置或受让原价后的余额为营业额。

（3）单位和个人销售或转让抵债所得的不动产、土地使用权，以全部收入减去抵债时该项不动产或土地使用权的作价后的余额为营业额。

二、税务机关核定营业额的顺序

如果纳税人提供应税劳务、转让无形资产或者销售不动产价格明显偏低而无正当理由的,主管税务机关有权按下列顺序核定其营业额:

(1) 按纳税人当月提供的同类应税劳务或销售不动产的平均价格核定;

(2) 按纳税人最近时期提供的同类应税劳务或销售的同类不动产的平均价格核定;

(3) 按下列公式计算组成计税价格:

组成计税价格＝营业成本或工程成本×(1＋成本利润率)÷(1－营业税税率)

三、应纳营业税额的计算

计算应纳营业税额时,应按纳税人提供应税劳务、转让无形资产或销售不动产的营业额和规定的适用税率计算。其计算公式为:

应纳营业税额＝营业额×适用税率

(一) 一般业务应纳税额的计算

【例4.1】 国内某旅行社某月组织旅游团在境内旅游,取得旅游收入41万元,其中为旅游者支付就餐费10万元,住宿费10万元,交通费0.5万元,门票费用0.5万元。另组织一旅游团去国外旅游,收取旅游费60万元,在境内替旅游者支付各项费用10万元,在境外改由其他旅游公司接团,付给该旅游公司30万元。计算该旅行社和国外的旅游公司应纳的营业税。

(1) 国内旅游业务应纳营业税＝(41－10－10－0.5－0.5)×5％＝1(万元)。

(2) 国外旅游业务应纳营业税＝(60－10－30)×5％＝1(万元)。

(3) 该旅行社共计应纳营业税＝1＋1＝2(万元)。

(4) 国外旅游公司不在我国交纳营业税。

【例4.2】 某机械设备公司从事设备租赁业务,当期出租3台设备,月租金9万元,另为某企业以融资租赁方式(未经中国人民银行批准)租入1台设备,设备价款60万元,手续费1万元、贷款利息40万元。请计算该公司两笔租赁业务应纳营业税额。

应纳营业税额＝(9＋40＋1＋60)×5％＝5.5(万元)

【例4.3】 某建筑公司承包一项建筑工程,工程全部承包额为500万元,该公司将其中的装饰工程转包给某装饰公司,支付其工程价款80万元。该公司应纳营

业税的计算如下:

应纳营业税额=(500-80)×3%=12.6(万元)

代扣代缴营业税额=80×3%=2.4(万元)

【例4.4】 某房地产开发公司自建商品住宅销售,该商品房造价450万元,建成后对外销售,取得销售收入560万元。其成本利润率为20%。该公司应纳营业税的计算如下:

(1)单位自建筑物销售,除按销售不动产征收营业税外,对其自建行为,还应视同提供建筑业应税劳务征收营业税。

(2)应纳税额=450×(1+20%)÷(1-3%)×3%+560×5%=44.70(万元)。

【例4.5】 某房地产开发公司当月有关业务如下:① 销售商品房价款收入500万元;② 销售配套基础设施取得收入40万元;③ 采用"还本"方式销售商品房,本月发生还本支出50万元;④ 以一栋写字楼投资入股某贸易公司,评估作价400万元;⑤ 将空置商品房出租取得租金收入15万元。该公司当月应纳营业税的计算如下:

(1)以"还本"方式销售不动产,不得从营业额中扣减还本支出;以不动产投资入股,参与接受投资方利润分配、共同承担投资风险的行为,不征营业税。

(2)应纳税额=(500+40+15)×5%=27.75(万元)。

(二) 特殊行为下应纳营业税额的计算

1. 混合销售行为

混合销售行为是指一项销售行为既涉及增值税应税货物又涉及营业税应税行为,两者之间是紧密相连的从属关系。混合销售行为强调的是,一项销售行为涉及营业税的应税劳务是为了销售一批货物而做出的。对混合销售行为的税务处理方法是:以货物生产、批发、零售为主的纳税人发生的混合销售行为视同销售货物,征收增值税。其他单位和个人发生的混合销售行为,视为提供应税劳务,征收营业税。

【例4.6】 某餐饮企业为顾客提供餐饮服务,当月取得餐饮收入6万元,同时为用餐顾客供应烟、酒、饮料等,取得收入1.56万元。

应纳营业税=(60 000+15 600)×5%=3 780(元)

2. 兼营不同税目的应税行为

纳税人兼营不同税目应税劳务的,应分别核算不同税目的营业额,按各自的适用税率计算应纳税额,否则从高适用税率计算税额。纳税人兼营不同税率的商品也应分别核算,否则税率从高。纳税人兼营减免税项目的,也应分别核算,否则不享受减免优惠。

3. 兼营应纳营业税劳务与应纳增值税劳务的行为

纳税人兼营应纳营业税劳务与应纳增值税劳务的,应分别核算应纳营业税劳务与应纳增值税劳务的营业额,不分别核算的或者不能准确核算的,则一并征收增值税,不征营业税。

【例4.7】 某增值税一般纳税人销售货物,增值税专用发票上注明价款30 000元,增值税额5 100,该货物由企业自己的运输队负责运输,收取运输费用2 000元,该运输队又为另一企业运输货物收取运费3 000元,计算该企业应纳税额。

$$应纳增值税 = 2\,000 \div (1+17\%) \times 17\% + 5\,100 = 5\,390.60\,(元)$$
$$应纳营业税 = 3\,000 \times 3\% = 90\,(元)$$

第三节　营业税的会计处理

营业税主要是通过"应交税费——应交营业税"科目进行核算。企业应在"应交税费"科目下设置"应交营业税"明细科目,核算应交营业税的发生和交纳情况。该账户借方登记企业实际缴纳的营业税税额;贷方登记企业按规定计算应缴纳的营业税税额;期末借方余额反映企业多交的营业税税额,贷方余额反映企业应交未交的营业税税额。该账户的对应账户主要有"营业税金及附加"、"固定资产清理"、"其他业务成本"、"营业外支出"等。

一、一般账务处理

纳税人经营业务所取得的收入,按规定应交的营业税,通过"营业税金及附加"科目核算。纳税人按营业额和规定的税率计算应交纳的营业税,借记"营业税金及附加"等科目,贷记"应交税费——应交营业税"科目。

【例4.8】 甲公司对外提供运输劳务,收入100 000元,营业税税率3%。企业应交营业税的账务处理如下:

$$应交营业税 = 100\,000 \times 3\% = 3\,000\,(元)$$

借:营业税金及附加　　　　　　　　　　　　　3 000
　　贷:应交税费——应交营业税　　　　　　　　　　3 000

二、销售不动产的账务处理

企业销售不动产如厂房、建筑物等,应当向不动产所在地主管税务机关申报交纳营业税。企业销售不动产按规定应交的营业税,在"固定资产清理"科目核算。企业出售不动产时,计算应交的营业税,借记"固定资产清理"等科目,贷记"应交税费——应交营业税"科目;实际交纳营业税时,借记"应交税费——应交营业税"科目,贷记"银行存款"科目。

房地产开发企业销售商品房、配套设施等,按取得的收入额和规定的税率,计算应交纳的营业税时,借记"营业税金及附加",贷记"应交税费——应交营业税"科目。上交营业税时,借记"应交税费——应交营业税",贷记"银行存款"科目。但对于房地产开发企业已作为固定资产使用的房屋等不动产进行销售时,由于其不再是房地产开发企业的主营业务,其应交纳的营业税按销售不动产进行会计处理,计入有关"固定资产清理"等科目。

【例4.9】 甲公司(非房地产开发企业)出售一栋厂房,原价9 500 000元,已提折旧5 500 000元。出售所得收入6 600 000元已存入银行,以银行存款支付清理费用40 000元,厂房清理完毕;营业税税率为5%。根据这项经济业务,该公司应作如下账务处理:

销售厂房应交的营业税=6 600 000×5%=330 000(元)

(1) 借:固定资产清理　　　　　　　　　　　　　4 000 000
　　　累计折旧　　　　　　　　　　　　　　　　5 500 000
　　　　贷:固定资产　　　　　　　　　　　　　　　　　9 500 000
(2) 借:固定资产清理　　　　　　　　　　　　　　370 000
　　　　贷:银行存款　　　　　　　　　　　　　　　　　　40 000
　　　　　　应交税费——应交营业税　　　　　　　　　330 000
(3) 借:银行存款　　　　　　　　　　　　　　6 600 000
　　　　贷:固定资产清理　　　　　　　　　　　　　　6 600 000
(4) 借:固定资产清理　　　　　　　　　　　　　2 230 000
　　　　贷:营业外收入　　　　　　　　　　　　　　　2 230 000

三、转让无形资产的账务处理

(一)转让无形资产使用权

转让无形资产使用权属于无形资产的出租行为,无形资产使用权的转让仅仅是将部分使用权让渡给其他单位或个人,出让方仍保留对该无形资产的所有权,因而仍拥有使用、收益和处置的权利。受让方只能取得无形资产的使用权,在合同规定的范围内合理使用而无权转让。在转让无形资产使用权的情况下,由于转让企业仍拥有无形资产的所有权,因此不注销无形资产的账面价值,转让取得的收入计入"其他业务收入",发生与转让有关的各种费用支出计入"其他业务支出"。转让无形资产使用权应交的营业税属于与转让有关的支出,因而计入"其他业务支出"。

【例4.11】 A公司与H企业于2007年底达成协议,A公司允许H企业2008年使用其某一商标,H企业于2008年每月月初向A公司支付商标使用费50 000元。则A公司的相关账务处理为:

每月月初收到商标使用费时:

借:银行存款　　　　　　　　　　　　　　　　50 000
　　贷:其他业务收入　　　　　　　　　　　　　　50 000

同时计算出应缴纳的营业税(50 000×5%),并作如下账务处理:

借:营业税金及附加　　　　　　　　　　　　　　2 500
　　贷:应交税费——应交营业税　　　　　　　　　2 500

(二) 出售无形资产应交营业税的账务处理

出售无形资产是无形资产所有权转让的主要形式,出售人不再保留无形资产的所有权,因而不再拥有使用、收益和处置的权利。在出售无形资产的情况下,由于出售企业不再拥有无形资产的所有权,因此,应当注销所出售无形资产的账面价值(即无形资产账面余额与相应的已计提减值准备),出售无形资产实际取得的转让收入与该项无形资产账面价值的差额计入"营业外收入"或"营业外支出"。出售无形资产应交的营业税,则作为相应营业外收入的减少或营业外支出的增加。

【例4.12】 B公司于2008年7月18日将拥有的一项专利权出售,取得收入300 000元,应交的营业税为15 000元。该专利权的账面金额300 000元,累计摊销账面金额70 000元;已计提的减值准备为10 000元,则B公司的相关账务处理为:

借:银行存款　　　　　　　　　　　　　　　　300 000
　　无形资产减值准备　　　　　　　　　　　　　　10 000
　　累计摊销　　　　　　　　　　　　　　　　　70 000
　　贷:无形资产　　　　　　　　　　　　　　　　300 000
　　　　营业外收入　　　　　　　　　　　　　　　65 000
　　　　应交税费——应交营业税　　　　　　　　　15 000

（三）用无形资产抵偿债务应交营业税的账务处理

用无形资产抵偿债务是企业债务重组的一种方式。这里所转让的是无形资产的所有权，应当注销用以抵偿债务的无形资产的账面价值。根据债务重组的有关会计处理方法，债务人用非现金资产清偿债务时，按照所清偿债务的账面价值结转债务，应付债务的账面价值小于用以清偿债务的非现金资产账面价值和支付的相关税费的差额，直接计入当期营业外支出；应付债务的账面价值大于用以清偿债务的非现金资产账面价值和支付的相关税费的差额，计入营业外收入。

【例4.13】 C公司欠K企业购货款500 000元，由于资金周转困难，短期内无法支付货款。经协商，2008年8月15日达成协议，K企业同意C公司立即以一项专利权清偿债务。该专利权的账面余额425 000元，未计提减值准备，这项专利权转让应交营业税25 000元（即500 000×5%），则C公司的相关账务处理为：

借：应付账款　　　　　　　　　　　　　　　500 000
　　贷：无形资产　　　　　　　　　　　　　　425 000
　　　　应交税费——应交营业税　　　　　　　 25 000
　　　　营业外收入　　　　　　　　　　　　　 50 000

（四）用无形资产换入非货币性资产应交营业税的账务处理

用无形资产换入非货币性资产属于非货币性交易。这里所转让的是无形资产的所有权，应当注销所换出的无形资产的账面价值。根据非货币性交易的有关会计处理方法，在不涉及补价的情况下，企业应以换出资产的账面价值加上应支付的相关税费，作为换入资产的入账价值。在涉及补价的情况下，支付补价的企业应以换出资产的账面价值加上补价和应支付的相关税费作为换入资产的入账价值，收到补价的企业，应按换出资产账面价值减去补价加上应确认的收益和应支付的相关税费，作为换入资产的入账价值。

【例4.14】 D公司以其一项专利权与M企业的一台设备（该设备无需安装）交换。D公司的该项专利权账面余额450 000元，已计提减值准备100 000元，公允价值为400 000元。M企业的该台设备账面原价为500 000元，已计提折旧100 000元，公允价值为400 000元。D公司换入的设备作为自用固定资产。这里，专利权与设备交换的这项交易，不涉及货币性资产，也不涉及补价，因此属于非货币性交易。D公司换出专利权应交营业税20 000元（即400 000×5%）换入的设备应按换出专利权的账面价值350 000元（即450 000－100 000）加上应交营业税20 000元作为入账价值。则D公司相关的账务处理为：

借:固定资产	370 000	
无形资产减值准备	100 000	
贷:无形资产		450 000
应交税费——应交营业税		20 000

复习与思考

一、思考题

1. 简述营业税的纳税义务人的规定。
2. 营业税与增值税的征税范围如何划分?
3. 营业税的计税依据是如何确定的?
4. 如何确定营业税的扣缴义务人?
5. 营业税的纳税义务发生时间是如何确定的?

二、计算题

1. 某旅游公司组团深圳—香港七日游,共20人,收取全程旅游费200 000元,其中代旅游者支付交通费100 000元,住宿费20 000元,门票费10 000元,在深圳和香港分别由当地一旅游公司提供导游,转付导游费共30 000元,计算该旅游公司应缴营业税额。

2. 某歌厅某月取得门票收入3 000元,销售饮料收入6 000元,点歌收入6 000元,营业税税率15%,计算该月该歌厅应缴营业税额。

3. 某企业某月将一间闲置厂房临时出租给一个体户使用,收取月租金1 000元,将一台设备以融资租赁形式出租,租赁费50 000元,设备残值5 000元,设备价款40 000元,计算该企业应纳营业税额。

4. 某增值税一般纳税人销售货物,增值税专用发票上注明不含税价款50 000元,该货物由企业自己的运输队负责运输,收取运输费用7 000元;该运输队又为另一企业运输货物,收取运费8 000元,计算该企业应纳税额。

三、业务题

1. 某房地产公司当年新建家属楼一栋,建筑成本970万元,因职工分配住房难以进行,公司决定将其出售,取得收入1 200万元。计算应纳营业税额并编制相应分录。

2. 某公司将一专利技术转让给另一家企业,该专利技术账面价值2 000 000元,转让价格为2 500 000元。计算应纳营业税额并编制相应分录。

3. 某企业将一闲置厂房以150 000元价格售给另一企业,该厂房账面价值200 000元,已提折旧100 000元,发生清理费用15 000元,计算应纳营业税额并编制相应分录。

第五章 所得税会计

学习目标

了解所得税的纳税义务人、纳税环节、纳税义务发生时间、纳税期限、纳税地点和税收优惠；

明确永久性差异、暂时性差异和企业所得税应纳税所得额的计算；

掌握企业所得税会计的处理；

熟练掌握个人所得税会计的处理。

第一节 企业所得税概述

企业所得税是指国家对境内企业生产、经营所得和其他所得依法征收的一种税。它是国家参与企业利润分配的重要手段。

一、企业所得税的纳税义务人

企业所得税的纳税义务人是在我国境内，从事生产、经营并实行独立核算的企业和其他组织（以下统称企业），不包括个人独资企业和合伙企业。

企业所得税的纳税义务人分为居民企业和非居民企业。

居民企业，是指依法在中国境内成立，或者依照外国（地区）法律成立但实际管理机构在中国境内的企业。居民企业应当就其来源于中国境内、境外的所得交纳企业所得税。

非居民企业，是指依照外国（地区）法律成立且实际管理机构不在中国境内，但在中国境内设立机构、场所的，或者在中国境内未设立机构、场所，但有来源于中国境内所得的企业。非居民企业在中国境内设立机构、场所的，应当就其所设机构、场所取得的来源于中国境内的所得,以及发生在中国境外但与其所设机构、场所有实际联系的所得,交纳企业所得税。非居民企业在中国境内未设立机构、场所的,或者虽设立机构、场所但取得的所得与其所设机构、场所没有实际联系的,应当就其来源于中国境内的所得交纳企业所得税。

二、企业所得税的纳税方式和期限

企业所得税可以就地缴纳,也可以集中缴纳。采用集中缴纳所得税的,应当报经国家税务总局批准。企业纳税年度一般与公历年度一致,即自公历1月1日起至12月31日止。纳税人在一个纳税年度中间开业,或者由于合并、关闭等原因,使该纳税年度的实际经营期不足12个月的,应当以其实际经营期为一个纳税年度。纳税人清算时,应当以清算期间作为一个纳税年度。企业所得税实行按年计算、分月或分季预缴、年终汇算清缴、多退少补的征纳方法。自年度终了之日起5个月内,向税务机关报送年度企业所得税纳税申报表,并汇算清缴,结清应缴应退税款。

三、企业所得税的纳税地点

按照《企业所得税法》及其实施条例的规定,企业所得税的纳税地点具体规定如下:

(1) 除税收法律、行政法规另有规定外,居民企业以企业登记注册地为纳税地点;但登记注册地在境外的,以实际管理机构所在地为纳税地点。

居民企业在中国境内设立不具有法人资格的营业机构的,应当汇总计算并交纳企业所得税。

(2) 非居民企业以机构、场所所在地为纳税地点。非居民企业在中国境内设立两个或者两个以上机构、场所的,经税务机关审核批准,可以选择由其主要机构、场所汇总并交纳企业所得税。

非居民企业在中国境内未设立机构、场所的,或者虽设立机构、场所但取得的所得与其所设机构、场所没有实际联系的,应当就其来源于中国境内的所得交纳企业所得税,以扣缴义务人所在地为纳税地点。

(3) 除国务院另有规定外,企业之间不得合并交纳企业所得税。

四、企业所得税的税收优惠

企业所得税的税收优惠,是指国家根据经济和社会的发展,在一定期限内对特定地区、行业和企业的纳税人应交纳的企业所得税,给予减征或者免征的一种照顾和鼓励措施。税收优惠具有很强的政策导向作用,正确制定并运用这种措施,可以更好地发挥税收的调节功能,促进国民经济的健康发展。目前,我国企业所得税的优惠规定主要如下:

1. 企业从事下列项目的所得,免征企业所得税

(1) 蔬菜、谷物、薯类、油料、豆类、棉花、麻类、糖料、水果、坚果的种植;

(2) 农作物新品种的选育;

(3) 中药材的种植;

(4) 林木的培育和种植;

(5) 牲畜、家禽的饲养;

(6) 林产品的采集;

(7) 灌溉、农产品初加工、兽医、农技推广、农机作业和维修等农、林、牧、渔服务业项目;

(8) 远洋捕捞。

2. 企业从事下列项目的所得,减半征收企业所得税

(1) 花卉、茶及其他饮料作物和香料作物的种植;

(2) 海水养殖、内陆养殖。

企业从事国家限制和禁止发展的项目,不得享受本条规定的企业所得税优惠。

3. 三免三减优惠

企业从事国家重点扶持的公共基础设施项目的投资经营的所得及企业从事符合条件的环境保护、节能节水项目的所得,自项目取得第一笔生产经营收入所属纳税年度起,第一年至第三年免征企业所得税,第四年至第六年减半征收企业所得税。

企业承包经营、承包建设和内部自建自用本条规定的项目,不得享受本条规定的企业所得税优惠。

4. 企业符合条件的技术转让所得,免征、减征企业所得税

是指一个纳税年度内,居民企业技术转让所得不超过 500 万元的部分,免征企业所得税;超过 500 万元的部分,减半征收企业所得税。

5. 减征优惠

(1) 非居民企业在中国境内未设立机构、场所的,或者虽设立机构、场所但取得的所得与其所设机构、场所没有实际联系的,应当就其来源于中国境内的所得交纳企业所得税,适用所得税税率为 20%,实际征收时按照 10% 的税率征收企业所得税。

符合条件的小型微利企业,减按 20% 的税率征收企业所得税;国家需要重点扶持的高新技术企业,减按15%的税率征收企业所得税。

(2) 符合条件的小型微利企业,是指从事国家非限制和非禁止行业,并符合下列条件的企业:

① 工业企业,年度应纳税所得额不超过30万元,从业人数不超过100人,资产总额不超过3 000万元;

② 其他企业,年度应纳税所得额不超过30万元,从业人数不超过80人,资产总额不超过1 000万元。

(3) 国家需要重点扶持的高新技术企业,是指拥有核心自主知识产权,并同时符合下列条件的企业:

① 产品(服务)属于《国家重点支持的高新技术领域》规定的范围;
② 研究开发费用占销售收入的比例不低于规定比例;
③ 高新技术产品(服务)收入占企业总收入的比例不低于规定比例;
④ 科技人员占企业职工总数的比例不低于规定比例;
⑤ 高新技术企业认定管理办法规定的其他条件。

6. 下列所得可以免征企业所得税

(1) 外国政府向中国政府提供贷款取得的利息所得;
(2) 国际金融组织向中国政府和居民企业提供优惠贷款取得的利息所得;
(3) 经国务院批准的其他所得。

7. 加计扣除优惠

企业的下列支出,可以在计算应纳税所得额时加计扣除:

(1) 开发新技术、新产品、新工艺发生的研究开发费用。研究开发费用的加计扣除,是指企业为开发新技术、新产品、新工艺发生的研究开发费用,未形成无形资产计入当期损益的,在按照规定据实扣除的基础上,按照研究开发费用的50%加计扣除;形成无形资产的,按照无形资产成本的150%摊销。

(2) 安置残疾人员及国家鼓励安置的其他就业人员所支付的工资。企业安置残疾人员所支付的工资的加计扣除,是指企业安置残疾人员的,在按照支付给残疾职工工资据实扣除的基础上,按照支付给残疾职工工资的100%加计扣除。

8. 抵扣应纳税所得额优惠

抵扣应纳税所得额,是指创业投资企业采取股权投资方式投资于未上市的中小高新技术企业2年以上的,可以按照其投资额的70%在股权持有满2年的当年抵扣该创业投资企业的应纳税所得额;当年不足以抵扣的,可以在以后纳税年度结转抵扣。

9. 加速折旧优惠

企业下列固定资产可以采取缩短折旧年限或者采取加速折旧的方法计提折

旧。具体包括：

（1）由于技术进步，产品更新换代较快的固定资产；

（2）常年处于强震动、高腐蚀状态的固定资产。

采取缩短折旧年限方法的，最低折旧年限不得低于《企业所得税实施条例》第60条规定折旧年限的60%；采取加速折旧方法的，可以采取双倍余额递减法或者年数总和法。

10. 减计收入优惠

减计收入，是指企业以《资源综合利用企业所得税优惠目录》规定的资源作为主要原材料，生产国家非限制和非禁止并符合国家和行业相关标准的产品取得的收入，减按90%计入收入总额。

11. 税额抵免优惠

税额抵免，是指企业购置并实际使用《环境保护专用设备企业所得税优惠目录》、《节能节水专用设备企业所得税优惠目录》和《安全生产专用设备企业所得税优惠目录》规定的环境保护、节能节水、安全生产等专用设备的，该专用设备的投资额的10%可以从企业当年的应纳税额中抵免；当年不足抵免的，可以在以后5个纳税年度结转抵免。

享受前述规定的企业所得税优惠的企业，应当实际购置并自身实际投入使用前述规定的专用设备；企业购置上述专用设备在5年内转让、出租的，应当停止享受企业所得税优惠，并补缴已经抵免的企业所得税税款。

企业同时从事适用不同企业所得税待遇的项目的，其优惠项目应当单独计算所得，并合理分摊企业的期间费用；没有单独计算的，不得享受企业所得税优惠。

第二节　企业所得税应纳税额的计算

一、企业所得税的税率

企业所得税的统一税率为25%，同时在《企业所得税法》中设定了低税率和优惠。非居民企业在中国境内未设立机构、场所的，或者虽设立机构、场所但取得的所得与机构、场所没有实际联系的，应当就其来源于中国境内的所得交纳企业所得税，适用税率为20%，但实际征收时适用税率为10%。符合条件的小型微利企业，适用税率为20%；国家需要重点扶持的高新技术企业，适用税率为15%。

二、企业所得税的计税依据

企业所得税的计税依据是应纳税所得额。它是指企业每一纳税年度的收入总额,减除不征税收入、免税收入、各项扣除及允许弥补的以前年度亏损后的余额。计算公式为:

应纳税所得额＝收入总额－不征税收入－免税收入－各项扣除
　　　　　　－以前年度亏损

(一) 收入总额的确定

收入总额,是指企业以货币形式和非货币形式从各种来源取得的收入。

(1) 销售货物收入,是指企业销售商品、产品、原材料、包装物、低值易耗品及其他存货取得的收入。

(2) 提供劳务收入,是指企业从事建筑安装、修理修配、交通运输、仓储租赁、金融保险、邮电通信、咨询经纪、文化体育、科学研究、技术服务、教育培训、餐饮住宿、中介代理、卫生保健、社区服务、旅游、娱乐、加工以及其他劳务服务活动取得的收入。

(3) 转让财产收入,是指企业转让固定资产、生物资产、无形资产、股权、债权等财产取得的收入。

(4) 股息、红利等权益性投资收益,是指企业因权益性投资从被投资方取得的收入。

(5) 利息收入,是指企业将资金提供他人使用但不构成权益性投资,或者由他人占用本企业资金取得的收入,包括存款利息、贷款利息、债券利息、欠款利息等收入。

(6) 租金收入,是指企业提供固定资产、包装物或者其他资产的使用权取得的收入。

(7) 特许权使用费收入,是指企业提供专利权、非专利技术、商标权、著作权及其他特许权的使用权取得的收入。

(8) 接受捐赠收入,是指企业接受的其他企业、组织或者个人无偿给予的货币性资产、非货币性资产。

(9) 其他收入,是指除以上列举外的也应当交纳企业所得税的其他收入,包括企业资产溢余收入、逾期未退包装物押金收入、确实无法偿付的应付款项、已作坏账损失处理后又收回的应收款项、债务重组收入、补贴收入、违约金收入、汇兑收益等。

企业发生非货币性资产交换，以及将货物、财产、劳务用于捐赠、偿债、赞助、集资、广告、样品、职工福利或者利润分配等用途的，应当视同销售货物、转让财产或者提供劳务，但国务院财政、税务主管部门另有规定的除外。

（二）不征税收入和免税收入

1. 不征税收入

收入总额中的下列收入为不征税收入：

（1）财政拨款，是指各级人民政府对纳入预算管理的事业单位、社会团体等组织拨付的财政资金，但国务院和国务院财政、税务主管部门另有规定的除外。

（2）行政事业性收费，是指依照法律法规等有关规定，按照国务院规定程序批准，在实施社会公共管理，以及在向公民、法人或者其他组织提供特定公共服务过程中，向特定对象收取并纳入财政管理的费用。

（3）政府性基金，是指企业依照法律、行政法规等有关规定，代政府收取的具有专项用途的财政资金。

（4）国务院规定的其他不征税收入，是指企业取得的，由国务院财政、税务主管部门规定专项用途并经国务院批准的财政性资金。

2. 免税收入

收入总额中的下列收入为免税收入：

（1）国债利息收入，是指企业持有国务院财政部门发行的国债取得的利息收入。

（2）符合条件的居民企业之间的股息、红利等权益性投资收益，是指居民企业直接投资于其他居民企业取得的投资收益。

（3）在中国境内设立机构、场所的非居民企业从居民企业取得与该机构、场所有实际联系的股息、红利等权益性投资收益。该收益不包括连续持有居民企业公开发行并上市流通的股票不足12个月取得的投资收益。

（4）符合条件的非营利组织收入。符合条件的非营利组织是指：

① 依法履行非营利组织登记手续；

② 从事公益性或者非营利性活动；

③ 取得的收入除用于与该组织有关的、合理的支出外，全部用于登记核定或者章程规定的公益性或者非营利性事业；

④ 财产及其孳息不用于分配；

⑤ 按照登记核定或者章程规定，该组织注销后的剩余财产用于公益性或者非营利性目的，或者由登记管理机关转赠给予该组织性质、宗旨相同的组织，并向社会公告；

⑥ 投入人对投入该组织的财产不保留或者不享有任何财产权利;

⑦ 工作人员工资福利开支控制在规定的比例内,不变相分配该组织的财产。

上述符合条件的非营利组织的收入,不包括非营利组织从事营利性活动取得的收入,但国务院财政、税务主管部门另有规定的除外。

(三) 准予扣除的项目

1. 扣除项目

企业实际发生的与取得收入有关的、合理的支出,包括成本、费用、税金、损失和其他支出,准予在计算应纳税所得额时扣除。

(1) 成本,是指企业在生产经营活动中发生的销售成本、销货成本、业务支出及其他耗费。

(2) 费用,是指企业在生产经营活动中发生的销售费用、管理费用和财务费用,已经计入成本的有关费用除外。

(3) 税金,是指企业发生的除企业所得税和允许抵扣的增值税以外的各项税金及其附加。

(4) 损失,是指企业在生产经营活动中发生的固定资产和存货的盘亏、毁损、报废损失,转让财产损失,呆账损失,坏账损失,自然灾害等不可抗力因素造成的损失及其他损失。

企业发生的损失,减除责任人赔偿和保险赔款后的余额,依照国务院财政、税务主管部门的规定扣除。

企业已经作为损失处理的资产,在以后纳税年度又全部收回或者部分收回时,应当计入当期收入。

(5) 其他支出,是指除成本、费用、税金、损失外,企业在生产经营活动中发生的与生产经营活动有关的、合理的支出。

2. 扣除项目的标准

(1) 企业发生的合理的工资薪金支出,准予扣除。工资薪金,是指企业每一纳税年度支付给在本企业任职或者受雇的员工的所有现金形式或者非现金形式的劳动报酬,包括基本工资、奖金、津贴、补贴、年终加薪、加班工资,以及与员工任职或者受雇有关的其他支出。

(2) 企业依照国务院有关主管部门或者省级人民政府规定的范围和标准为职工交纳的基本养老保险费、基本医疗保险费、失业保险费、工伤保险费、生育保险费等基本社会保险费和住房公积金,准予扣除。

企业为投资者或者职工支付的补充养老保险费、补充医疗保险费,在国务院财政、税务主管部门规定的范围和标准内,准予扣除。

(3) 除企业依照国家有关规定为特殊工种职工支付的人身安全保险费和国务院财政、税务主管部门规定的可以扣除的其他商业保险费外,企业为投资者或者职工支付的商业保险费,不得扣除。

(4) 企业在生产经营活动中发生的合理的不需要资本化的借款费用,准予扣除。

企业为购置、建造固定资产、无形资产和经过12个月以上的建造才能达到预定可销售状态的存货发生借款的,在有关资产购置、建造期间发生的合理的借款费用,应当作为资本性支出计入有关资产的成本,并依照规定扣除。

(5) 企业在生产经营活动中发生的下列利息支出,准予扣除:

① 非金融企业向金融企业借款的利息支出、金融企业的各项存款利息支出和同业拆借利息支出、企业经批准发行债券的利息支出;

② 非金融企业向非金融企业借款的利息支出,不超过按照金融企业同期同类贷款利率计算的数额的部分。

(6) 企业在货币交易中,以及纳税年度终了时将人民币以外的货币性资产、负债按照期末即期人民币汇率中间价折算为人民币时产生的汇兑损失,除已经计入有关资产成本及与向所有者进行利润分配相关的部分外,准予扣除。

(7) 企业发生的职工福利费支出,不超过工资薪金总额14%的部分,准予扣除。

(8) 企业拨缴的工会经费,不超过工资薪金总额2%的部分,准予扣除。

(9) 除国务院财政、税务主管部门另有规定外,企业发生的职工教育经费支出,不超过工资薪金总额2.5%的部分,准予扣除;超过部分,准予在以后纳税年度结转扣除。

(10) 企业发生的与生产经营活动有关的业务招待费支出,按照发生额的60%扣除,但最高不得超过当年销售(营业)收入的5‰。

(11) 企业发生的符合条件的广告费和业务宣传费支出,除国务院财政、税务主管部门另有规定外,不超过当年销售(营业)收入15%的部分,准予扣除;超过部分,准予在以后纳税年度结转扣除。

(12) 企业依照法律、行政法规有关规定提取的用于环境保护、生态恢复等方面的专项资金,准予扣除。上述专项资金提取后改变用途的,不得扣除。

(13) 企业参加财产保险,按照规定交纳的保险费,准予扣除。

(14) 企业根据生产经营活动的需要租入固定资产支付的租赁费,按照以下方法扣除:

以经营租赁方式租入固定资产发生的租赁费支出,按照租赁期限均匀扣除;以融资租赁方式租入固定资产发生的租赁费支出,按照规定构成融资租入固定资产价值的部分应当提取折旧费用,分期扣除。

(15) 企业发生的合理的劳动保护支出,准予扣除。

(16) 企业之间支付的管理费、企业内营业机构之间支付的租金和特许权使用费,以及非银行企业内营业机构之间支付的利息,不得扣除。

(17) 非居民企业在中国境内设立的机构、场所,就其中国境外总机构发生的与该机构、场所生产经营有关的费用,能够提供总机构出具的费用汇集范围、定额、分配依据和方法等证明文件,并合理分摊的,准予扣除。

(18) 企业发生的公益性捐赠支出,不超过年度利润总额 12% 的部分,准予扣除。

公益性捐赠,是指企业通过公益性社会团体或者县级以上人民政府及其部门,用于《中华人民共和国公益事业捐赠法》规定的公益事业的捐赠。公益性社会团体,是指同时符合下列条件的基金会、慈善组织等社会团体:

① 依法登记,具有法人资格;
② 以发展公益事业为宗旨,且不以营利为目的;
③ 全部资产及其增值为该法人所有;
④ 收益和营运结余主要用于符合该法人设立目的的事业;
⑤ 终止后的剩余财产不归属任何个人或者营利组织;
⑥ 不经营与其设立目的无关的业务;
⑦ 有健全的财务会计制度;
⑧ 捐赠者不以任何形式参与社会团体财产的分配;
⑨ 国务院财政、税务主管部门会同国务院民政部门等登记管理部门规定的其他条件。

(四) 不得扣除的项目

企业在计算应纳税所得额时,下列支出不得扣除:
(1) 向投资者支付的股息、红利等权益性投资收益款项。
(2) 企业所得税税款。
(3) 税收滞纳金。
(4) 罚金、罚款和被没收财物的损失。
(5) 超过规定标准的捐赠支出。
(6) 赞助支出,是指企业发生的与生产经营活动无关的各种非广告性质支出。
(7) 未经核定的准备金支出,是指不符合国务院财政、税务主管部门规定的各项资产减值准备、风险准备等准备金支出。
(8) 与取得收入无关的其他支出。

(9) 下列无形资产摊销费用不得扣除：
① 自行开发的已在计算应纳税所得额时扣除的无形资产；
② 自创商誉；
③ 与经营活动无关的无形资产；
④ 其他不得计算摊销费用扣除的无形资产。
(10) 企业对外投资期间，投资资产的成本在计算应纳税所得额时不得扣除。
(11) 企业在汇总计算交纳企业所得税时，其境外营业机构的亏损不得抵减境内营业机构的盈利。

三、资产的税务处理

企业所得税法规定了纳税人资产的税务处理，其目的是通过对资产的分类，区别资本性支出与收益性支出，确定准予扣除的项目和不准扣除的项目，正确计算应纳税所得额。

资产的税务处理，主要是固定资产的计税基础和折旧、无形资产的计税基础和摊销及长期待摊费用摊销的扣除等。

（一）固定资产的计税基础和折旧

固定资产，是指企业为生产产品、提供劳务、出租或者经营管理而持有的、使用时间超过 12 个月的非货币性资产，包括房屋、建筑物、机器、机械、运输工具及其他与生产经营活动有关的设备、器具、工具等。未作为固定资产管理的工具、器具等，作为低值易耗品，可以一次或分期扣除。

1. 固定资产按照以下方法确定计税基础

(1) 外购的固定资产，以购买价款和支付的相关税费及直接归属于使该资产达到预定用途发生的其他支出为计税基础。

(2) 自行建造的固定资产，以竣工结算前发生的支出为计税基础。

(3) 融资租入的固定资产，以租赁合同约定的付款总额和承租人在签订租赁合同过程中发生的相关费用为计税基础；租赁合同未约定付款总额的，以该资产的公允价值和承租人在签订租赁合同过程中发生的相关费用为计税基础。

(4) 盘盈的固定资产，以同类固定资产的重置完全价值为计税基础。

(5) 通过捐赠、投资、非货币性资产交换、债务重组等方式取得的固定资产，以该资产的公允价值和支付的相关税费为计税基础。

(6) 改建的固定资产，除企业已足额提取折旧的固定资产的改建支出和租入固定资产的改建支出外，以改建过程中发生的改建支出为计税基础。

2. 固定资产的折旧

(1) 应当提取折旧的固定资产：

① 房屋、建筑物；

② 在用的机器设备、运输车辆、器具、工具；

③ 季节性停用和大修理停用的机器设备；

④ 以经营租赁方式租出的固定资产；

⑤ 以融资租赁方式租入的固定资产；

⑥ 财政部规定的其他应当计提折旧的固定资产。

(2) 不得提取折旧的固定资产：

① 单独估价作为固定资产入账的土地；

② 房屋、建筑物以外未使用、不需用及封存的固定资产；

③ 以经营租赁方式租入的固定资产；

④ 已提足折旧继续使用的固定资产；

⑤ 按照规定提取维简费的固定资产；

⑥ 已在成本中一次性列支而形成的固定资产；

⑦ 破产、关停企业的固定资产；

⑧ 提前报废的固定资产；

⑨ 盘盈的固定资产；

⑩ 已出售给职工个人的住房和出租给职工个人且租金收入未计入收入总额而纳入住房周转金的住房等。

需要注意的是，由于接受捐赠的固定资产按照税法规定应计入当期应纳税所得额中，计算并交纳企业所得税，因此，其后所计提的固定资产折旧额可以在税前扣除。

(3) 提取折旧的依据和方法

① 纳税人的固定资产，应当从投入使用月份的次月起计提折旧；停止使用的固定资产，应当从停止使用月份的次月起，停止计提折旧。

② 固定资产在计算折旧前，应当估计残值，从固定资产原价中减除，残值比例在原价的5%以内，由企业自行确定；由于情况特殊，需调整残值比例的，应报主管税务机关备案。

③ 纳税人可扣除的固定资产折旧的计算，采取直线折旧法。

④ 除因特殊原因需要缩短折旧年限的，可由企业提出申请，逐级报国家税务总局批准的以外，一般固定资产折旧不得短于以下规定年限：

（Ⅰ）房屋、建筑物，为20年；

（Ⅱ）飞机、火车、轮船、机器、机械和其他生产设备，为10年；

（Ⅲ）与生产经营活动有关的器具、工具、家具等，为5年；

（Ⅳ）飞机、火车、轮船以外的运输工具，为4年；

（Ⅴ）电子设备，为3年。

需要注意的是：在固定资产折旧方面，会计上和税法上有关规定的差异较大。包括计提折旧的范围、计提折旧的基数、计提折旧的年限、预计净残值、计提方法都可能不一致，由此所形成的差异可能属于永久性差异，也可能属于暂时性差异。

（二）无形资产的计税基础和摊销

1. 无形资产按照以下方法确定计税基础

（1）外购的无形资产，以购买价款和支付的相关税费及直接归属于使该资产达到预定用途发生的其他支出为计税基础；

（2）自行开发的无形资产，以开发过程中该资产符合资本化条件后至达到预定用途前发生的支出为计税基础；

（3）通过捐赠、投资、非货币性资产交换、债务重组等方式取得的无形资产，以该资产的公允价值和支付的相关税费为计税基础。

2. 无形资产按照直线法计算的摊销费用，准予扣除

无形资产的摊销年限不得低于10年。作为投资或者受让的无形资产，有关法律规定或者合同约定了使用年限的，可以按照规定或者约定的使用年限分期摊销。外购商誉的支出，在企业整体转让或者清算时，准予扣除。

（三）长期待摊费用的扣除

长期待摊费用是指企业已经支出，但摊销期限在1年以上（不含1年）或几个年度摊销的各项费用。长期待摊费用的支出，自支出发生月份的次月起，分期摊销，摊销年限不得低于3年。

1. 长期待摊费用包括下列内容

（1）已足额提取折旧的固定资产的改建支出；

（2）租入固定资产的改建支出；

（3）固定资产的大修理支出；

（4）其他应当作为长期待摊费用的支出。

2. 固定资产的大修理支出，按照固定资产尚可使用年限分期摊销

它是指同时符合下列条件的支出：

（1）修理支出达到取得固定资产时的计税基础的50%以上；

（2）修理后固定资产的使用年限延长2年以上。

3. 固定资产的改建支出

是指改变房屋或者建筑物结构、延长使用年限等发生的支出。应当按照固定资产预计尚可使用的年限分期摊销。

4. 租入固定资产的改建支出

按照合同约定的剩余租赁期限分期摊销。

5. 改建的固定资产延长使用年限的,应当适当延长折旧年限

(四) 投资资产

投资资产,是指企业对外进行权益性投资和债权性投资形成的资产。企业在转让或者处置投资资产时,投资资产的成本,准予扣除。投资资产按照以下方法确定成本:

(1) 通过支付现金方式取得的投资资产,以购买价款为成本;

(2) 通过支付现金以外的方式取得的投资资产,以该资产的公允价值和支付的相关税费为成本。

(五) 存货

存货,是指企业持有以备出售的产品或者商品、处在生产过程中的在产品、在生产或者提供劳务过程中耗用的材料和物料等。存货按照以下方法确定成本:

(1) 通过支付现金方式取得的存货,以购买价款和支付的相关税费为成本;

(2) 通过支付现金以外的方式取得的存货,以该存货的公允价值和支付的相关税费为成本;

(3) 生产性生物资产收获的农产品,以产出或者采收过程中发生的材料费、人工费和分摊的间接费用等必要支出为成本。

企业使用或者销售的存货的成本计算方法,可以在先进先出法、加权平均法、个别计价法中选用一种。计价方法一经选用,不得随意变更。

四、确定应纳税所得额的其他规定

在确定应纳税所得额时,还应当考虑关联企业制度(或称转让定价制度、反避税制度)、亏损结转制度和税收抵免制度。这三项制度是企业所得税制度中的共通制度,它们体现了在所得税领域里既要避免双重征税,又要防止税收逃避,还要给予纳税人以税收鼓励的精神。

(一) 关联企业制度

关联企业制度是防止纳税人进行税收逃避的重要制度。纳税人与其关联企业之间的业务往来,应当按照独立企业之间的业务往来收取或者支付价款、费用。不按照独立企业之间的业务往来收取或者支付价款、费用,而减少其应纳税所得额的,税务机关有权进行合理调整。

(二)亏损结转制度

亏损结转制度实际上是给予纳税人的一种税收优惠。纳税人发生年度亏损的,可用下一纳税年度的所得弥补;下一纳税年度的所得不足弥补的,可以逐年延续弥补,但延续弥补期最长不得超过5年。

(三)税收抵免制度

税收抵免制度是国际上采用较多的避免相关国家对纳税人的所得进行双重征税的制度。税额扣除有全额扣除和限额扣除两种方式,我国采用限额扣除。限额扣除,即纳税人来源于中国境外的所得已在境外交纳的所得税税款,准予在汇总纳税时,从其应纳税额中扣除,但是扣除额不得超过其境外所得依照中国税法规定计算的应纳税额。

已在境外交纳的所得税税款是指纳税人来源于中国境外的所得,在境外实际交纳的所得税税款,不包括减免税或纳税后又得到补偿及由他人代为承担的税款。但协定中有税收饶让规定的,可按协定中的规定执行。

$$境外所得税税款扣除限额 = 境内境外所得应纳税总额 \times \frac{来源于国外的所得}{境内境外总所得}$$

境外实际交纳税款低于扣除限额的,据实扣除;超过扣除限额的,超过部分不得在本年度的应纳税额中扣除,也不得列为费用支出,但可用以后年度税额扣除的余额补扣,补扣期最长不得超过5年。

五、企业所得税应纳税额的计算办法

财务会计和税收分别遵循不同的原则,服务于不同的对象,以达到不同的目的。财务会计核算是为了真实、完整地反映企业的财务状况、经营成果及现金流量,为相关利益者提供与决策有用的经济信息。税法是以课税为目的,依照有关的税收法规确定一定时期内纳税人应交纳的税额。财务会计制度与税收法规的区别在于确认收益实现和费用扣减的时间及费用的可扣减性不同。由于财务会计是按照企业会计准则对资产、负债、收益、费用和利润等进行核算的,而税法是按照税收法规确认资产、负债、收益、费用和利润等,因此按照财务会计方法计算的利润总额与按照税法规定计算的应税所得之间往往存在一定的差异。

（一）税前会计利润与应纳税所得额之间的差异

1. 永久性差异

永久性差异，指某一会计期间由于会计准则和税法在计算收益、费用或损失时的口径不同所产生的税前会计利润与应纳税所得额之间的差异。永久性差异有以下几种类型。

(1) 按会计准则规定核算时作为收益计入会计报表，在计算应纳税所得额时不确认为收益。例如，技术转让收益，国债利息收入，经国务院、财政部、国家税务总局批准取得的补贴收入等。

(2) 按会计准则规定核算时不作为收益计入会计报表，在计算应纳税所得额时确认为收益，需要交纳所得税。例如，将自产的商品用于固定资产工程、对外捐赠等。

(3) 按会计准则规定核算时确认为费用或损失，在计算应纳税所得额时不允许扣减。

超过规定标准的项目为：职工福利费、职工教育经费、工会经费、利息支出、业务招待费、公益救济性捐赠等。

不允许扣除的项目为：违法经营罚款和被没收的财物损失，税收滞纳金、罚金、罚款，非公益救济性捐赠，各种赞助支出，未使用的房屋建筑物以外的固定资产计提的折旧费等。

(4) 按会计准则规定核算时不确认为费用或损失，在计算应纳税所得额时允许扣减。例如，盈利企业技术开发费用的加计扣除等。

上述永久性差异中，(1)、(3)两项影响税前会计利润的计算而不影响应纳税所得额的计算，(2)、(4)两项则相反；另外，(1)、(4)两项会使税前会计利润大于应纳税所得额，而(2)、(3)两项则使税前会计利润小于应纳税所得额。

应纳税所得额＝会计利润－(1)－(4)＋(2)＋(3)

2. 暂时性差异

资产的计税基础，是指企业收回资产账面价值的过程中，就计税而言可从流入企业的任何所得利益中予以抵扣的金额。

负债的计税基础，是指各项负债账面价值减去其在未来期间计算应税利润时可予以抵扣的金额。

暂时性差异，从资产和负债看，是一项资产或一项负债的计税基础和其在资产负债表中的账面价值之间的差额，它随时间推移将会消除。该项差异在以后年度资产收回或负债清偿时，会产生应税利润或可抵扣金额。暂时性差异分为应纳税暂时性差异和可抵扣暂时性差异。

应纳税暂时性差异，将导致使用或处置资产、偿付负债的未来期间内增加应纳税所得额，由此产生递延所得税负债的差异。

可抵扣暂时性差异，将导致使用或处置资产、偿付负债的未来期间内减少应纳税所得额，由此产生递延所得税资产的差异。

在认识和确认暂时性差异时，有必要首先理解税基这一概念。具体而言，一项资产的税基是当企业收回该资产的账面金额时，为纳税目的可抵扣的未来流入企业的任何应税经济利益的金额。例如，一台设备成本为 50 000 元，已提折旧 20 000 元(已在当年和以前期间抵扣)，剩余成本将在未来期间予以抵扣，则该项设备的税基为 30 000 元。若其重估价为 35 000 元，则有 5 000 元的暂时性差异产生。一项负债的税基是其账面金额减去该负债在未来期间计税时可抵扣的金额。例如，流动负债中包括账面金额为 4 000 元的应付罚款，计税时，罚款是不可抵扣的，则该应计罚款的税基为 4 000 元。此时，不存在可抵扣暂时性差异。

应纳税所得额＝会计利润－本期产生的应纳税暂时性差异
　　　　　　＋本期产生的可抵扣暂时性差异
　　　　　　＋本期转回应纳税暂时性差异
　　　　　　－本期转回可抵扣暂时性差异

(二) 应纳税额的计算

企业应纳税所得额的计算有两种，一是直接法，二是间接法。直接法的计算公式前面已经阐述，下面只讲述间接法。

根据前述分析，应纳税所得额计算公式可概括为：应纳税所得额＝会计利润±永久性差异＋本期产生的可抵扣暂时性差异－本期产生的应纳税暂时性差异－本期转回的可抵扣暂时性差异＋本期转回的应纳税暂时性差异。

应纳税额＝应纳税所得额×税率

第三节　企业所得税会计处理概述

一、账户设置

(1) 企业应设置"所得税费用"账户，该账户属于损益类账户。主要核算企业按规定从当期损益中扣除的所得税费用，借方反映当期所得税费用，贷方反映当期结转的所得税费用及当期确认法下亏损当年确认的尚可抵扣亏损结转后期抵减所得税的利益。本账户结转后期末无余额。

（2）企业应设置"应交税费——应交所得税"账户，该账户属于负债类账户。主要核算企业按税法规定计算的应缴所得税。贷方反映实际应纳所得税，借方反映实际已纳所得税，余额反映欠缴所得税。

（3）企业应设置"递延所得税资产"账户，该账户属于资产类账户。主要核算企业由于可抵扣暂时性差异确认的递延所得税资产及按能够结转后期的尚可抵扣的亏损和税款抵减的未来应税利润确认的递延所得税资产。借方反映确认的各类递延所得税资产，贷方反映当企业确认递延所得税资产的可抵扣暂时性差异情况发生回转时转回的所得税影响额，余额反映尚未转回的递延所得税资产。

（4）企业应设置"递延所得税负债"账户，该账户属于负债类账户。主要核算企业由于应纳税暂时性差异确认的递延所得税负债。贷方反映确认的各类递延所得税负债，借方反映当企业确认递延所得税负债的应纳税暂时性差异情况发生回转时转回的所得税影响额，余额反映尚未转回的递延所得税负债。

（5）企业应设置"递延税款备查登记簿"，详细记录发生的暂时性差异的原因、金额、预计转销期限、已转销数额等。

（6）企业应在每一个资产负债表日，对递延所得税资产的账面价值进行复核，如果企业未来期间不可能获得足够的应纳税所得额可供抵扣，应当减记递延所得税资产的账面价值。借记"所得税费用"等账户，贷记"递延所得税资产"账户。

企业一般应在资产负债表日确认递延所得税资产和递延所得税负债；对于一些特殊业务所形成的暂时性差异，也可以在业务发生日确认递延所得税资产和递延所得税负债。

二、主要业务及账务处理

企业所得税会计以企业的资产负债表及其附注为依据，结合相关的资料，分析计算各项资产、负债的计税基础，通过比较资产、负债的账面价值与其计税基础之间的差异，确定应纳税暂时性差异和可抵扣暂时性差异。企业所得税会计处理方法分为应付税款法和纳税影响会计法两种；纳税影响会计法又分为递延法和债务法两种；债务法进一步分为损益表债务法和资产负债表债务法两种。现行《企业会计准则——所得税》规定，企业只能采用资产负债表债务法。下面就资产负债表债务法进行阐述。

（一）暂时性差异列示

暂时性差异示例如表 5.1 所示。

表 5.1　暂时性差异示例(按资产负债表项目列示)

序号	资产负债表项目	应纳税暂时性差异示例	可抵扣暂时性差异示例
一	资产类项目		
1	应收账款、其他应收款、预付账款等净额或账面价值		(1) 企业计提坏账准备金额大于年末应收账款、其他应收款等合计金额的 5‰ 的部分；(2) 由于企业按《企业会计准则——金融工具:确认与计量》对上述资产采用减值测试,导致账面价值小于计税基础的部分
2	应收利润、应收股利等	税法规定应收股利或利润在实际收到时征税,即当期计税基础为 0(仅指持有期 12 月以内的)	预计在将来不能收回,而进行减值测试,导致账面价值小于计税基础的部分
3	应收国债利息	税法规定国债利息免税,计税基础与账面价值不一致	
4	交易性金融资产	市价高于账面价值的调整部分	市价低于账面价值的调整部分
5	存货	(1) 企业根据期末可变现净值大于账面价值的部分进行了调整；(2) 企业将部分利息资本化造成账面价值大于计税基础的部分	企业根据期末可变现金额小于账面价值的部分进行了调整
6	持有至到期投资		企业根据期末减值测试计提了减值准备,造成账面价值小于计税基础的部分
7	长期股权投资(权益法)	企业根据被投资企业权益增加调整账面价值大于计税基础的部分	企业根据被投资企业权益减少调整账面价值小于计税基础的部分
8	商誉	(1) 与商誉有关的递延所得税负债直接调整商誉的账面价值和权益,不涉及损益；(2) 在我国,商誉没有计税基础。在实务中,当一项调整造成商誉账面价值增加时,建议按增加额确认差额	与商誉有关的递延所得税资产直接调整商誉的账面价值和权益,不涉及损益

续表

序号	资产负债表项目	应纳税暂时性差异示例	可抵扣暂时性差异示例
9	固定资产	税法折旧大于会计折旧形成的差额部分	(1) 税法折旧小于会计折旧形成的差额部分; (2) 企业根据期末可回收金额小于账面价值的部分计提资产减值准备
10	融资租入固定资产	根据租赁开始日资产公允价值与最低租赁付款额现值两者之中的较低者确认的账面低者确认的账面价值大于根据税法规定计税基础形成的差额部分	(1) 根据租赁开始日资产公允价值与最低租赁付款额现值两者之中的较低者确认的账面低者确认的账面价值小于根据税法规定计税基础形成的差额部分; (2) 企业根据期末可回收金额小于账面价值的部分计提资产减值准备
11	投资性房地产	(1) 企业根据期末公允价值大于账面价值的部分进行了调整; (2) 根据税法规定允许对投资性房产(按照成本计量)计提折旧大于会计计提折旧的部分	(1) 企业根据期末公允价值小于账面价值的部分进行了调整; (2) 根据税法规定允许对投资性房产(按照成本计量)计提折旧小于会计计提折旧的部分
12	在建工程	企业将部分利息资本化造成账面价值大于计税基础的部分	(1) 企业将部分利息资本化造成账面价值小于计税基础的部分; (2) 企业根据期末可回收金额小于账面价值计提减值准备的部分
13	无形资产	(1) 税法摊销额大于会计摊销额形成的差额部分; (2) 企业将部分利息资本化造成账面价值大于计税基础的部分; (3) 会计上未摊销的使用寿命不确定的无形资产	(1) 税法摊销额小于会计摊销额形成的差额部分; (2) 企业根据期末可回收金额小于账面价值计提减值准备的部分
二	负债类项目		
14	交易性金融负债	(1) 税法摊余成本大于会计摊余成本部分; (2) 企业根据市价低于账面价值的部分进行了调整	(1) 税法摊余成本小于会计摊余成本的部分; (2) 企业根据市价高于账面价值的部分进行了调整

续表

序号	资产负债表项目	应纳税暂时性差异示例	可抵扣暂时性差异示例
15	应付账款、其他应付款等	(1) 企业根据债务重组协议,调整减少了债务的账面价值的部分; (2) 由于债权人原因导致债务不完全清偿或不需清偿的部分; (3) 企业将应付款项划为金融负债,并按市价低于账面价值部分进行了调整	企业将应付款项划为金融负债,并按市价对高于账面价值部分进行了调整
16	预计负债	如果或有负债不能够成为税收扣除项目,则不能扣除部分应确认为递延所得税负债	如果或有负债能够成为税收扣除项目,则能扣除部分应确认为递延所得税资产
17	应付职工薪酬	(1) 税法规定了计税工资的,按计税工资确定计税基础,两者差异为永久性差异; (2) 在存在应付工资延期支付情况下,所有应付工资期末账面价值小于计税基础的部分,应确认为递延所得税负债。事实上,在我国,此种情况很少可能发生	在存在应付工资延期支付的情况下,所有应付工资期末账面价值大于计税基础的部分应确认为递延所得税资产
18	长期负债	(1) 企业根据债务重组协议,调整减少了债务的账面价值的部分; (2) 企业将长期负债划为金融负债,并按市价对低于账面价值部分进行了调整	企业将长期负债划为金融负债,并按市价对高于账面价值部分进行了调整

(二) 具体核算

采用资产负债表债务法对暂时性差异采用跨期摊配法进行处理。在资产负债表债务法下,所得税核算有三个步骤。

1. 分析差异,计算应交所得税

应交所得税＝应纳税所得额×所得税税率

2. 确定暂时性差异项目,计算递延所得税资产和负债期末余额

递延所得税资产期末余额＝可抵扣暂时性差异期末余额
×适用所得税税率

递延所得税负债期末余额＝应纳税暂时性差异期末余额
×适用所得税税率

3. 计算所得税费用

本期所得税费用＝本期应交所得税
　　　　　　　　＋（期末递延所得税负债－期初递延所得税负债）
　　　　　　　　－（期末递延所得税资产－期初递延所得税资产）

【例5.1】 某企业2000年12月31日购入一台设备，原价244 000元，假设会计和税法上预计净残值均为4 000元。按税法规定，该项设备可按直线法计提折旧，折旧年限为5年；会计上采用直线法计提折旧，折旧年限为3年。在其他因素不变的情况下，假如该企业每年实现的税前会计利润为600 000元（无其他纳税调整事项），所得税率为25%，该企业所得税会计处理采用资产负债表债务法。要求：计算该企业2001～2005年有关递延所得税资产，并做相应的会计分录。

分析：相关计算通过如表5.2和表5.3的项目进行。

表5.2　各年计提折旧费用情况表　　　　　　单位：元

项目	2001年	2002年	2003年	2004年	2005年	合计
会计折旧	80 000	80 000	80 000	0	0	240 000
税法折旧	48 000	48 000	48 000	48 000	48 000	240 000
差异	32 000	32 000	32 000	－48 000	－48 000	0

表5.3　暂时性差异形成情况表　　　　　　单位：元

项目	2000年	2001年	2002年	2003年	2004年	2005年
账面价值	244 000	164 000	84 000	4 000	4 000	4 000
计税基础	244 000	196 000	148 000	100 000	52 000	4 000
可抵扣暂时性差异	0	32 000	64 000	96 000	48 000	0
税率		25%	25%	25%	25%	25%
递延所得税资产余额	0	8 000	16 000	24 000	12 000	0
递延所得税资产发生额	0	8 000	8 000	8 000	－12 000	－12 000

(1) 2001～2003年

　　应交企业所得税＝(32 000＋600 000)×25%＝158 000（元）

　　所得税费用＝600 000×25%＝150 000（元）

其会计分录如下：

借：所得税费用　　　　　　　　　　　　　　　　150 000
　　递延所得税资产　　　　　　　　　　　　　　　8 000
　　贷：应交税费——应交所得税　　　　　　　　　　158 000

(2) 2004年和2005年

应交企业所得税=(600 000－48 000)×25%＝138 000（元）

所得税费用＝600 000×25%＝150 000（元）

其会计分录如下：

借：所得税费用　　　　　　　　　　　　　　　　　150 000
　　贷：应交税费——应交所得税　　　　　　　　　　138 000
　　　　递延所得税资产　　　　　　　　　　　　　　 12 000

【例5.2】 根据例5.1的资料，假设自2002年起所得税税率降为15%，该企业所得税会计处理采用资产负债表债务法。

要求：计算该企业2001～2005年有关所得税费用、递延所得税资产（或递延所得税负债）和应交所得税，并做相应的会计分录。

分析：相关计算通过表5.4的项目进行。

表5.4　暂时性差异形成情况表　　　　　　　　单位：元

项目	2000年	2001年	2002年	2003年	2004年	2005年
账面价值	244 000	164 000	84 000	4 000	4 000	4 000
计税基础	244 000	196 000	148 000	100 000	52 000	4 000
可抵扣暂时性差异	0	32 000	64 000	96 000	48 000	0
税率		25%	15%	15%	15%	15%
递延所得税资产余额	0	8 000	9 600	14 400	7200	0
递延所得税资产发生额	0	8 000	1 600	4 800	－7 200	－7 200

会计分录如下：

(1) 2001年：

借：所得税费用　　　　　　　　　　　　　　　　　150 000
　　递延所得税资产　　　　　　　　　　　　　　　　 8 000
　　贷：应交税费——应交所得税　　　　　　　　　　158 000

(2) 2002年：

应交企业所得税=(32 000＋600 000)×15%＝94 800（元）

所得税费用＝600 000×15%＋32 000×(25%－15%)＝93 200（元）

其会计分录如下：

借：所得税费用　　　　　　　　　　　　　　　　　 93 200
　　递延所得税资产　　　　　　　　　　　　　　　　 1 600
　　贷：应交税费——应交所得税　　　　　　　　　　 94 800

(3) 2003年：

应交企业所得税＝(32 000＋600 000)×15%＝94 800(元)

所得税费用＝600 000×15%＝90 000(元)

其会计分录如下：

借：所得税费用　　　　　　　　　　　　　　90 000
　　递延所得税资产　　　　　　　　　　　　 4 800
　　贷：应交税费——应交所得税　　　　　　　　　94 800

(4) 2004年：

应交企业所得税＝(600 000－48 000)×15%＝82 800(元)

所得税费用＝600 000×15%＝90 000(元)

其会计分录如下：

借：所得税费用　　　　　　　　　　　　　　90 000
　　贷：递延所得税资产　　　　　　　　　　　　 7 200
　　　　应交税费——应交所得税　　　　　　　　　82 800

(5) 2005年：同2004年。

【例5.3】 某企业于2008年12月31日将应计产品保修费用100万元确认为一项负债,假设当年应税利润为1 000万元,所得税税率为25%,无其他纳税调整事项。

按照现行税法规定,该项费用直到支付赔偿时才能在计税时抵扣,则该负债计税基础为0,产生可抵扣暂时性差异为100万元。在以账面金额清偿该负债时,企业减少其未来应税利润100万元,同时,相应地减少其未来所得税支出25万元(100万×25%)。因此,若该企业能够在未来期间赚得足够的应税利润,以便从减少所得税支出额中获益,那么它应确认为一项递延所得税资产25万元,则会计处理如下：

借：所得税费用　　　　　　　　　　　　　　2 500 000
　　递延所得税资产　　　　　　　　　　　　　 250 000
　　贷：应交税费——应交所得税　　　　　　　　　2 750 000

【例5.4】 甲公司于2008年12月1日以每股3港元的价格买入乙公司H股10 000股,作为短期投资,当日汇率为1港元＝1.00元人民币。2008年12月31日,该H股股价为每股3.50港元,汇率为1港元＝0.90元人民币。该公司适用的所得税税率假设为25%,采用资产负债表债务法核算企业所得税。

(1) 初始确认时,会计处理如下：

借：交易性金融资产　　　　　　　　　　　　30 000
　　贷：银行存款——港元　　　　　　　　　　　　30 000

(2) 期末时公允价值为3.5×0.9×10 000＝31 500元,会计处理如下：

借：交易性金融资产　　　　　　　　　　　　1 500
　　贷：公允价值变动损益　　　　　　　　　　　　　1 500
借：所得税费用　　　　　　　　　　　　　　375
　　贷：递延所得税负债　　　　　　　　　　　　　　375

【例5.5】 假设丙公司适用的所得税税率为25%,2008年末长期股权投资账面余额为220万元,其中原始投资成本为200万元,按权益法确认投资收益20万元,没有计提减值准备,长期投资账面价值为220万元;按税法规定,可以在税前抵扣的是初始投资成本,其计税基础为200万元。因此,长期投资账面价值220万元与计税基础200万元的差额,形成暂时性差异为20万元;因资产的账面价值大于其计税基础,形成应纳税暂时性差异。

现将资产价值、计税基础、暂时性差异比较如下:长期股权投资账面价值为220万元,长期股权投资计税基础为200万元,账面价值大于计税基础20万元,产生应纳税暂时性差异。期末会计处理如下:

借：所得税费用　　　　　　　　　　　　　50 000
　　贷：递延所得税负债　　　　　　　　　　　　　50 000

(三) 亏损弥补的所得税会计处理

我国现行税法允许企业亏损向后递延弥补5年,即要求企业对能够结转后期的尚可抵扣的亏损,应当以可能获得用于抵扣尚可抵扣的亏损的未来应税利润为限,确认递延所得税资产。一般称之为当期确认法,即后转抵减所得税的利益在亏损当年确认。使用该方法,企业应当对5年内可抵扣暂时性差异是否能在以后经营期内的应税利润充分转回做出判断,如果不能,企业不应确认。

【例5.6】 企业在2001～2004年每年应税收益分别为:－200万元、80万元、40万元、100万元。2001年适用所得税税率为33%,2002年所得税税率为33%,但是在2002年底预计自2003年起开始适用所得税税率为25%。假设无其他暂时性差异。

2001年应当确认的递延所得税资产=200×33%=66(万元),会计处理如下:
借：递延所得税资产　　　　　　　　　　　660 000
　　贷：所得税费用——亏损抵减　　　　　　　　660 000

2002年末递延所得税资产余额=(200－80)×25%=30(万元),应当确认发生额=30－66=－36(万元)。会计处理如下:
借：所得税费用　　　　　　　　　　　　　360 000
　　贷：递延所得税资产　　　　　　　　　　　　　360 000

2003年会计处理如下:

借：所得税费用　　　　　　　　　　　　　　　100 000
　　贷：递延所得税资产　　　　　　　　　　　　　　100 000

2004年计算应缴所得税为[100−(200−80−40)]×25%＝5(万元)。会计处理如下：

借：所得税费用　　　　　　　　　　　　　　　250 000
　　贷：递延所得税资产　　　　　　　　　　　　　　200 000
　　　　应交税费——应交所得税　　　　　　　　　　50 000

三、企业对外捐赠的所得税会计

（一）会计准则规定

按照《企业会计准则》的规定，企业将自产、委托加工和外购的原材料、固定资产、无形资产和有价证券等用于捐赠的，应将捐赠资产的账面价值及应交纳的流转税等相关税费作为营业外支出处理，不作销售处理。

（二）税法规定

税法规定，企业对外捐赠应分解为两项交易，即首先将对外捐赠资产视同按公允价值对外销售，然后再将销售所得价款对外捐赠，该捐赠支出中只有符合税法规定的公益救济性捐赠的部分能够在计算应纳税所得额时予以扣除。

（三）会计处理及纳税调整举例

【例5.7】　甲公司2008年10月20日将其经营中闲置不用的一项固定资产直接捐赠给乙公司，甲公司2001年12月取得该固定资产的实际成本为300万元。该公司按直线法计提折旧，并且该固定资产的预计可使用年限为10年，预计净残值为0。假设税法规定的使用年限、预计净残值及折旧方法与会计规定相同。捐赠过程中，因对该固定资产进行拆装发生的清理费用为1.2万元，有关的清理费用已用银行存款支付。假设捐赠时该项固定资产按税法规定确定的公允价值为160万元，2008年甲公司按照会计准则计算的利润总额为1 200万元，假定捐赠过程中未发生与捐赠行为相关的除所得税以外的其他税费，适用的所得税税率为25%。甲公司采用资产负债表债务法核算所得税。

1. 会计处理

甲公司持有的该项固定资产在捐赠日的累计折旧 $=\dfrac{300}{10}\times 6+\dfrac{300}{10}\times\dfrac{10}{12}$

$=205$（万元）

对于上述捐赠事项,按照企业会计准则规定,甲公司应进行的会计处理为:

借:固定资产清理　　　　　　　　　　　　950 000
　　累计折旧　　　　　　　　　　　　　2 050 000
　　　贷:固定资产　　　　　　　　　　　　　　　3 000 000
借:固定资产清理　　　　　　　　　　　　 12 000
　　　贷:银行存款　　　　　　　　　　　　　　　　12 000
借:营业外支出　　　　　　　　　　　　　962 000
　　　贷:固定资产清理　　　　　　　　　　　　　 962 000

2. 纳税调整

对于例 5.7 中的捐赠事项,因属于纳税人直接向受赠人的捐赠,并且不符合公益、救济性捐赠的条件,其所发生的支出不能够在税前扣除。

根据财政部、国家税务总局发布的《关于执行企业会计准则和相关会计准则问题解答(三)》的规定,因上述捐赠事项产生的纳税调整金额={按税法规定认定的捐出资产的公允价值-[按税法规定确定的捐出资产的成本(或原价)-按税法规定计提的累计折旧(或累计摊销额)]-捐赠过程中发生的清理费用等费用及交纳的可从应纳税所得额中扣除的除所得税以外的相关税费}+因捐赠事项按会计规定计入当期营业外支出的金额-税法规定允许税前扣除的公益救济性捐赠金额。根据上述公式,

　　甲公司因捐赠事项产生的纳税调整金额
　　　=160-[300-(300÷10×6)-300÷10×10÷12]-1.2+96.2-0
　　　=160(万元)
　2008 年度甲公司应纳税所得额=1 200+160=1 360(万元)
　2008 年度甲公司应交所得税=1 360×25%=340(万元)

甲公司对于所得税费用及应交所得税应进行的会计处理为:

借:所得税费用　　　　　　　　　　　　3 400 000
　　　贷:应交税费——应交所得税　　　　　　　　3 400 000

【例 5.8】　甲公司 2008 年 5 月将其生产过程中拟对外出售的部分库存药品,通过某非营利组织向遭受地震灾害的四川地区捐赠,该部分捐出库存药品的实际成本为 200 万元,在公开市场上的销售价格为 280 万元。假定甲公司为增值税一般纳税人,适用的增值税税率为 17%,适用的所得税税率为 25%。甲公司对该批捐出药品未计提任何跌价准备。假定甲公司 2008 年按照会计准则确定的利润总额为 2 000 万元。

(1) 对于上述捐赠事项,因税法上视同销售,甲公司应按规定计算缴纳增值税。甲公司按照会计法规规定应进行的会计处理为:

借:营业外支出 2 476 000
  贷:库存商品 2 000 000
    应交税费——应交增值税(销项税额) 476 000

(2) 根据企业所得税税法的规定,甲公司 2008 年因该捐赠事项产生的纳税调整情况如下:

计税扣除标准=2 000×12%=240(万元)
调增计税所得额=247.60-240=7.60(万元)
应纳税所得额=2 000+7.6=2 007.6(万元)
甲公司 2008 年度应交所得税=2 007.6×25%=501.9(万元)

其 2008 年度确认所得税费用及应交所得税相关的会计分录为:
借:所得税费用 5 019 000
  贷:应交税费——应交所得税 5 019 000

四、固定资产和无形资产减值所得税会计

(一) 与资产减值准备有关内容的纳税调整

1. 会计准则相关规定

按照会计准则的相关规定,企业应当定期或至少于每年年度终了,对固定资产、无形资产进行全面检查,并根据谨慎性原则的要求,合理地预计各项资产可能发生的损失,对可能发生的资产损失计提资产减值准备。提取的各项资产减值准备计入当期损益,在计算当期利润总额时扣除。

在固定资产、无形资产计提减值准备后,应当按照计提减值准备后的账面价值及尚可使用寿命或尚可使用年限重新计算确定折旧率、折旧额或摊销额。由于固定资产计提减值准备以后,其账面价值已经发生了变化,原预计的固定资产使用年限也可能随之发生变化。因此,企业会计准则规定,已计提减值准备的固定资产,应当按照该固定资产的账面价值及尚可使用年限重新计算确定折旧率和折旧额。

企业在处置已计提减值准备资产的当期,应将按照会计准则规定确定的处置损益计入当期损益,其计算公式为:处置资产计入利润总额的金额=处置收入-[按会计规定确定的资产计税基础(或原价)-按会计规定计提的累计折旧(或累计摊销额)-处置资产已计提的减值准备余额]-处置过程中发生的按会计规定计入损益的相关税费(不含所得税)。

2. 税法规定

税法规定,企业所得税前允许扣除的项目,必须遵循真实发生的据实扣除原

则,除国家税收规定外,企业根据会计准则等规定提取的资产减值准备等不得在企业所得税前扣除。例如,企业按会计准则有关规定,对当期固定资产的可收回金额低于其账面价值的部分计提了固定资产减值准备,这只表明该项固定资产预期给企业带来的经济利益已经下降,该部分减损按会计准则规定应计入当期损益。

但是,税法规定认为该项固定资产并未实际发生损失,会计上计提的减值准备并不足以作为认定损失实际发生的依据,只有在按照税法标准认定该项固定资产实际发生损失时,其损失金额才能从应纳税所得额中扣除。

按照税法规定,已计提的固定资产和无形资产减值准备,如果申报纳税时已调增应纳税所得额(即已将提取的减值准备金额计入提取当期的应纳税所得额,计算交纳了所得税),可按提取减值准备前的账面价值确定可扣除的折旧额或摊销额。即固定资产计提减值准备后,如按照会计方法重新确定当期计提的折旧额与按固定资产原价计提的折旧额存在差异,税法规定仍然按照固定资产原价计提的折旧额从当期的应纳税所得额中扣除。由此,固定资产或无形资产计提减值准备以后,其后各期按照会计制度规定计提的折旧额或摊销额与可从应纳税所得额中扣除的折旧额或摊销额将会产生差异。

在处置已提取减值的资产时,按税法规定确定的应计入应纳税所得额的损益应按以下公式计算:处置资产应计入应纳税所得额的金额=处置收入-[按税法规定确定的资产计税基础(或原价)-按税法规定计提的累计折旧(或累计摊销额)]-处置过程中发生的按税法规定可扣除的相关税费(不含所得税)。

3. 差异分析

企业在一定时期按照会计准则规定计提的资产减值准备金额与税法认定损失的不同而产生的差异属于可抵扣暂时性差异,该暂时性差异在计提减值准备的当期从利润总额中扣除,但不得从当期的应纳税所得额中扣除。当资产实际发生损失时,经税法认定可从发生损失当期的应纳税所得额中扣除。即按照会计准则计提的各项减值准备与实际发生可从应纳税所得额中扣除的损失之间存在着时间上的差异,这种差异为可抵扣暂时性差异。

在采用纳税影响会计法资产负债表债务法时,在确认因计提资产减值准备而产生的可抵扣暂时性差异产生的递延所得税资产时,应当遵循谨慎性原则,合理预计在可抵扣暂时性差异转回期间内(一般为3年)是否有足够的应纳税所得额予以抵减。如果在转回可抵扣暂时性差异的期间内有足够的应纳税所得额予以抵减,则可确认递延所得税资产。否则,应于产生可抵扣暂时性差异的当期确认为当期所得税费用。

按照上述规定,如果会计准则与税法规定就某项资产的取得成本或原价相同,但在企业持有该项资产的未来期间内,可能由于以下原因导致在最终处置该项资产时按会计规定和税法规定计算的处置损益不同。

（1）按会计准则规定，企业对该项资产采用的折旧方法、折旧年限或预计净残值等的确定与税法规定不同，从而导致企业每期按会计规定与按税法规定计提的折旧或摊销额不同，从而使得处置时计算的被处置资产的账面价值或成本不同，即形成了资产账面价值低于计税成本的差异。

（2）在持有资产的期间内，可能由于某些迹象表明有关资产发生了减值，从而按会计准则有关规定对该项资产计提了减值准备，如果企业在提取减值准备的当期，按照税法规定进行了相应的纳税调整，则在以后期间，因按照会计准则有关规定对折旧的提取与税法规定不同，产生在处置已提取减值准备的资产时，按会计规定计算的资产账面价值与按税法规定确定的处置成本不同。

（3）除以上因素外，可能还存在其他影响被处置资产按会计准则规定计算的账面价值与按税法规定确定的计税基础不同的情况。

4. 会计处理及纳税调整举例

【例5.9】 A公司于2007年12月购入一台管理用设备，实际取得成本为3 000万元，预计使用年限为10年，预计净残值为0，按年采用直线法计提折旧。2009年该公司在编制年度会计报表时，对该机器设备进行了减值测试，表明其可收回金额为2 200万元。假定A公司2009年按会计准则计算的利润总额为1 500万元。该公司适用的所得税税率一直为25%，并且该机器设备的预计使用年限、预计净残值、折旧方法均与税法相同。即除上述因提取减值准备而产生的纳税调整因素以外，不存在其他的纳税调整事项。

假定该项固定资产计提减值准备后，预计尚可使用年限为8年。假设A公司在2009年对该机器设备提取了减值准备以后，在2010年及2011年均未对该机器设备提取的减值情况进行调整。2012年1月，该公司与购买方协商，以1 850万元的价格售出。A公司于2012年按会计准则确定的利润总额为1 200万元。不考虑其他相关税费。该公司按年计提固定资产折旧，为简化其见，2012年1月不再计提折旧。

要求：做出该公司与该项固定资产购置、计提折旧及处置的有关会计处理，并同时确认暂时性差异形成递延所得税资产或负债。

分析：相关计算通过表5.5的项目进行。

表5.5 暂时性差异形成情况表　　　　　　　　　　单位：元

项　目	2007年	2008年	2009年	2010年	2011年	2012年
账面价值	3 000	2 700	2 200	1 925	1 650	0
计税基础	3 000	2 700	2 400	2 100	1 800	0
差　异	0	0	200	175	150	0

续表

项目	2007年	2008年	2009年	2010年	2011年	2012年
税率	33%	25%	25%	25%	25%	25%
差异时点	0	0	50	43.75	37.5	0
差异时点值变化	0	0	+50	-6.25	-6.25	-37.5

2007年12月购入设备时:

借:固定资产　　　　　　　　　　　　　　　　　　30 000 000
　　贷:银行存款　　　　　　　　　　　　　　　　　　　　30 000 000

2008年12月31日计提折旧时:

借:管理费用　　　　　　　　　　　　　　　　　　　3 000 000
　　贷:累计折旧　　　　　　　　　　　　　　　　　　　　3 000 000

2009年12月31日计提折旧会计处理同上。

同时,按照会计准则规定,在2009年12月31日,该设备的账面价值为2 400万元,可收回金额为2 200万元,企业应当计提固定资产减值准备并计入当期"资产减值损失",因此A公司2009年末在提取减值准备时,其会计分录为:

借:资产减值损失　　　　　　　　　　　　　　　　2 000 000
　　贷:固定资产减值准备　　　　　　　　　　　　　　　　2 000 000

在不存在其他纳税调整因素的情况下,2008年,因为A公司对该项机器设备采取的折旧方法等与税法一致,无须进行纳税调整。

2009年,因对该项机器设备计提了减值准备,导致上述机器设备的计税基础比账面价值高200万元,产生可抵扣暂时性差异,应当确认递延所得税资产50万元。其会计分录为:

借:所得税费用　　　　　　　　　　　　　　　　　3 750 000
　　递延所得税资产　　　　　　　　　　　　　　　　　500 000
　　贷:应交税费——应交所得税　　　　　　　　　　　　4 250 000

2010年度情况如下:

按会计准则规定计算的2010年对该机器设备应计提的折旧额=(3 000-300×2-200)/8=275(万元),其账面价值为1 925万元。

按税法规定,2010年可在应纳税所得额中扣除的与该机器设备相关的折旧额=3 000/10=300(万元),其计税基础为2 100万元,差额为175万元,开始转回,转回25万元。

A公司在2010年末所做有关会计分录为:

借:所得税费用　　　　　　　　　　　　　　　　　　　62 500
　　贷:递延所得税资产　　　　　　　　　　　　　　　　　　62 500

2011年末会计处理为:
借:所得税费用　　　　　　　　　　　　　　　62 500
　　贷:递延所得税资产　　　　　　　　　　　　　　　　62 500

2012年度情况如下:

按会计准则规定计算的因处置该项资产的损益为 1 850－(3 000－300×2－275×2－200)＝200(万元)。

其会计分录为:
借:固定资产清理　　　　　　　　　　　　　 16 500 000
　　累计折旧　　　　　　　　　　　　　　　 11 500 000
　　固定资产减值准备　　　　　　　　　　　　 2 000 000
　　贷:固定资产　　　　　　　　　　　　　　　　　30 000 000
借:银行存款　　　　　　　　　　　　　　　　 18 500 000
　　贷:固定资产清理　　　　　　　　　　　　　　　 18 500 000
借:固定资产清理　　　　　　　　　　　　　　　2 000 000
　　贷:营业外收入　　　　　　　　　　　　　　　　 2 000 000

按照税法规定,处置该项资产应计入应纳税所得额的金额为 1 850－(3 000－300×4)＝50(万元)。

A公司2012年的应纳税所得额＝1 200－(200－50)＝1 050(万元)
应交所得税＝1 050×25%＝262.50(万元)

转回可抵扣暂时性差异为150万元,会计分录为:
借:所得税费用　　　　　　　　　　　　　　　3 000 000
　　贷:递延所得税资产　　　　　　　　　　　　　　　375 000
　　　　应交税费——应交所得税　　　　　　　　　 2 625 000

五、视同销售的所得税会计

除一般的视同销售外,还应当包括售后回购、售后租回等。值得注意的是,用自产商品发放股利、用存货进行抵债和用存货换取其他非货币性资产等,按照企业会计准则的核算规定,均确认为相应收入,不属于视同销售的情形。售后回购和售后租回,按照实质重于形式的原则,会计上不做销售处理,对此,目前税法上没有明确规定。但是按照税法的精神,应当分解为销售和购入商品两笔业务进行纳税处理。

【例5.10】 南山公司和北海公司均为增值税一般纳税企业,适用增值税税率为17%。2007年8月1日,南山公司与北海公司签订协议,向北海公司销售一批商品,增值税专用发票上注明销售价格为100万元,增值税为17万元。协议规定,南山公司应在2008年1月1日将所售商品购回,回购价为110万元(不含增值税税额)。商品已发出,货款已收到。

该批商品的实际成本为 80 万元,除增值税外不考虑其他相关税费。假设北海公司 2007~2009 年会计利润分别为 700 万元、1 000 万元和 2 000 万元。所得税税率 2007 年为 33%,同时预计 2008 年执行《企业所得税法》以后所得税税率为 25%。采用资产负债表债务法核算所得税。除上述事项外,该公司不存在其他纳税调整事项。

(1) 南山公司发出商品时,会计分录为:

借:银行存款　　　　　　　　　　　　　　　　1 170 000
　　贷:应交税费——应交增值税(销项税额)　　　　170 000
　　　　应付账款——北海公司　　　　　　　　　1 000 000
借:发出商品　　　　　　　　　　　　　　　　　800 000
　　贷:库存商品　　　　　　　　　　　　　　　　800 000

(2) 由于回购价大于原售价,因此应在销售与回购期间按期计提利息费用,计提的利息费用直接计入当期财务费用。这种处理方法的依据在于,此种售后回购实质上属于一种融资交易,回购价大于原售价的差额相当于融资费用,因而应在计提时直接计入当期财务费用。

南山公司 2007 年 8~12 月,每月末应计提的利息费用为 2 万元。各个月末会计处理如下:

借:财务费用　　　　　　　　　　　　　　　　　20 000
　　贷:应付账款——北海公司　　　　　　　　　　20 000

2007 年年末,由于应付账款的账面价值为 110 万元,高于计税基 80 万元(负债账面价值为 110 万元,未来期间可抵扣的金额为 30 万元),因此形成可抵扣暂时性差异 30 万元。(注:按照税法规定应当视同销售,本期计税收入 100 万元,本期计税成本 80 万元。即负债账面价值 100 万元中 80 万元可以在本期税前扣除,未来期间可扣除金额为 30 万元。)

由于在 2007 年 12 月 31 日能够预计未来期间所得税税率为 25%,因此,应当按照 25% 确认递延所得税资产。

　　递延所得税资产=30×25%=7.5(万元)
借:递延所得税资产　　　　　　　　　　　　　　75 000
　　贷:所得税费用　　　　　　　　　　　　　　　75 000

　　2007 年应交所得税=(700+20+10)×33%=240.9(万元)
借:所得税费用　　　　　　　　　　　　　　　2 409 000
　　贷:应交税费——应交所得税　　　　　　　　2 409 000

(3) 2008 年 1 月 1 日,南山公司购回 2007 年 8 月 1 日原售出的商品,所取得增值税专用发票上注明的商品价款为 110 万元,增值税额为 18.7 万元。

借:库存商品	800 000	
贷:发出商品		800 000
借:应付账款——北海公司	1 100 000	
应交税费——应交增值税(进项税额)	187 000	
贷:银行存款		1 287 000

由于负债被清偿,因此应同时转回可抵扣暂时性差异的影响。

借:所得税费用	75 000	
贷:递延所得税资产		75 000

(4) 2008 年纳税调整如下:期末,由于存货的账面价值为 80 万元,低于计税基础 110 万元,再次产生可抵扣暂时性差异 30 万元。

　　　应纳税所得额=1 000+30=1 030(万元)
　　　应交所得税=1 030×25%=257.5(万元)

借:所得税费用	2 500 000	
递延所得税资产	75 000	
贷:应交税费——应交所得税		2 575 000

假设 2009 年 2 月 10 日将上述商品售出,售价为 105 万元。对于上述业务所产生的会计利润为 25 万元,税法上计税收益为-5 万元,在计算应交所得税时应当调减计税所得 30 万元,相当于转回可抵扣暂时性差异 30 万元。

　　　应纳税所得额=2 000-30=1970(万元)
　　　应交所得税=1 970×25%=492.5(万元)

借:所得税费用	5 000 000	
贷:递延所得税资产		75 000
应交税费——应交所得税		4 925 000

第四节　个人所得税会计处理

一、个人所得税的基本要素

(一)个人所得税的纳税义务人

个人所得税以取得应税所得的个人为纳税义务人,以支付应税所得的单位或者个人为扣缴义务人。

1. 纳税义务人一般规定

《个人所得税法》规定的纳税义务人是指在中国境内有住所或者无住所但在境内居住满1年的个人，以及无住所又不居住或者居住不满1年但从中国境内取得所得的个人。包括中国公民、个体工商户、外籍人士、无国籍人员等。

2. 居民纳税义务人与非居民纳税义务人的判定标准

个人所得税的纳税义务人可以泛指取得所得的自然人，包括居民纳税义务人和非居民纳税义务人。为了有效地行使税收管辖权，我国个人所得税的纳税义务人以税收管辖权中的居民（公民）税收管辖权为主，适当运用地域税收管辖权，根据国际惯例，采用国际上常用的住所标准和居住时间标准作为划分居民纳税义务人与非居民纳税义务人的标准。

3. 居民纳税义务人与非居民纳税义务人的纳税义务

(1) 居民纳税义务人的纳税义务：根据两个判定标准确定为中国居民的个人，是指在中国境内有住所，或者无住所而在中国境内居住满1年的个人，属于我国的居民纳税义务人，应就其来源于中国境内和境外的所得，向我国政府履行全面纳税义务，依法缴纳个人所得税。

为了便于人员的国际交流，本着从宽、从简的原则，对于在中国境内无住所，但居住满1年而未超过5年的个人，就其在中国境内工作期间取得的由中国境内企业或个人雇主支付和由中国境外企业或个人雇主支付的工资、薪金缴纳个人所得税。对于其来源于中国境外的各种所得，经主管税务机关批准，可以只就由中国境内公司、企业及其他经济组织或个人支付的部分缴纳个人所得税。如果上述个人在居住期间临时离境，在临时离境工作期间的工资、薪金所得，仅就由中国境内企业或个人雇主支付的部分纳税。

对于居住超过5年的个人，从第6年起，开始就来源于中国境内、境外的全部所得缴纳个人所得税。

(2) 非居民纳税义务人的纳税义务：根据两个判定标准被确定为非中国居民的个人，即在中国境内无住所又不居住，或者无住所而在境内居住不满1年的个人，属于我国税法中的非居民纳税义务人，只就其来源于中国境内的所得向我国政府履行有限纳税义务，依法缴纳个人所得税。

4. 所得来源的确定

一般说来，居民纳税义务人应就其来源于中国境内、境外的所得缴纳个人所得税；非居民纳税义务人仅就其来源于中国境内的所得缴纳个人所得税。

5. 扣缴义务人

扣缴义务人包括企业（公司）、事业单位、机关、社会团体、军队、驻华机构（不包括外国驻华使领馆和联合国及其他依法享有外交特权和豁免权的国际组织驻华机构）、个体户等单位或个人。扣缴义务人在向纳税义务人支付各项应税所得（个体工商户的生产经营所得除外)时,不论纳税义务人是否属于本单位人员,均应代扣代缴其应纳的个人所得税税款。

(二) 个人所得税的税目

(1) 工资、薪金所得,是指个人因任职或者受雇而取得的工资、薪金、奖金、年终加薪、劳动分红、津贴、补贴及与任职或者受雇有关的其他所得。

(2) 个体工商户的生产、经营所得,是指:① 个体工商户从事工业、手工业、建筑业、交通运输业、商业、饮食业、服务业、修理业及其他行业生产、经营取得的所得;② 个人经政府有关部门批准,取得执照,从事办学、医疗、咨询及其他有偿服务活动取得的所得;③ 其他个人从事个体工商业生产、经营取得的所得;④ 上述个体工商户和个人取得的与生产、经营有关的各项应纳税所得。

(3) 企事业单位的承包经营、承租经营所得,是指个人承包经营、承租经营及转包、转租取得的所得,包括个人按月或者按次取得的工资、薪金性质的所得。

(4) 劳务报酬所得,是指个人从事设计、装潢、安装、制图、化验、测试、医疗、法律、会计、咨询、讲学、新闻、广播、翻译、审稿、书画、雕刻、影视、录音、录像、表演、广告、展览、技术服务、介绍服务、经纪服务、代办服务及其他劳务取得的所得。

(5) 稿酬所得,是指个人因其作品以图书、报刊形式出版、发表而取得的所得。作品包括文字作品、书画作品、摄影作品及其他作品。

(6) 特许权使用费所得,是指个人提供专利权、商标权、著作权、非专利技术及其他特许权的使用权取得的所得。提供著作权的使用权取得的所得,不包括稿酬所得。

(7) 利息、股息、红利所得,是指个人拥有债权、股权而取得的利息、股息、红利所得。

(8) 财产租赁所得,是指个人出租建筑物、土地使用权、机器设备、车船及其他财产取得的所得。

(9) 财产转让所得,是指个人转让有价证券、股权、建筑物、土地使用权、机器设备、车船及其他财产取得的所得。

(10) 偶然所得,是指个人得奖、中奖、中彩及其他偶然性质的所得。

(11) 国务院、财政部确定征税的其他所得。

个人所得税的税目、税率表如表 5.6 所示。

表 5.6 个人所得税的税目、税率表

顺序	税目	纳税期限	应纳税所得额	税率	特殊问题处理
1	工资、薪金所得	月	每月工薪减 3 500 元后的余额；附加扣除 1 300 元的情况	七级超额累进税率	所得一次性资金；领取年薪的经营者
2	个体工商户的生产、经营所得	年	收入总额减去成本、费用、损失、税金后的金额	五级超额累进税率	
3	对企事业单位的承包经营所得		收入减必要费用后的余额		
4	劳务报酬所得	次	每次收入不足 4 000 元，减 800 后的余额，超过 4 000 元的，减去 20%后余额	三级超额累进税率	
5	稿酬所得			20%的比例税率	按应纳税所得额减征 30%
6	特许权权费所得				
7	财产租赁所得				
8	财产转让所得		收入额减去财产原值和合理费用后的余额		
9	利息、股息、红利所得				
10	偶然所得		每次收入全额		
11	其他所得				

(三) 个人所得税的纳税期限

个人所得税的扣缴义务人和自行申报纳税义务人，必须按税法规定的期限向税务机关进行纳税申报并缴纳税款。扣缴义务人每月所扣的税款、自行申报纳税义务人每月应纳税款，都应当在次月 15 日内缴入国库，并向税务机关报送纳税申报表。对采掘业、远洋运输业、远洋捕捞业等特定行业的工资、薪金所得应纳的税款，可实行按年计算、分月预缴的方式计征，自年度终了之日起 30 日内，合计其年工资、薪金所得，再按 12 个月平均并计算实际应纳税款，多退少补。

个体工商户的生产、经营所得应纳的税款，按年计算，分月预缴，由纳税义务人在次月 15 日内预缴，年度终了后 3 个月内汇算清缴，多退少补。

对企事业单位的承包经营、承租经营所得应纳的税款，按年计算，由纳税义务人在年度终了后 30 日内缴入国库，并向税务机关报送纳税申报表。纳税义务人在一年内分次取得承包、承租经营所得的,应当在取得每次所得后的15日内预缴,年度终了后3个月内汇算清缴,多退少补。

从中国境外取得所得的纳税义务人,应当在年度终了后30日内,将应纳的税款缴入国库,并向税务机关报送纳税申报表。

(四)个人所得税的纳税地点

个人所得税的纳税地点一般应为收入来源地的税务机关。纳税义务人在两处或两处以上取得工资、薪金所得的,可选择并固定在一地税务机关申报纳税;从境外取得所得的,应向境内户籍所在地或经常居住地税务机关申报纳税。对在中国境内多地工作或提供劳务的临时来华人员,应以税法所规定的申报纳税日期为准,在某一地区达到申报纳税的日期,就在该地申报纳税。但为了方便纳税,也可准予个人提出申请,经批准后固定在一地申报纳税。对由在华企业或办事机构发放工资、薪金的外籍纳税义务人,由在华企业或办事机构集中向当地税务机关申报纳税。纳税义务人要求变更申报纳税地点的,需经原主管税务机关批准。

(五)个人所得税的税收优惠

为了鼓励科学发明,支持社会福利、慈善事业和照顾某些纳税义务人的实际困难,个人所得税法对有关所得项目给予了免税、减税的优惠规定。

1. 免征个人所得税的项目

《个人所得税法》规定,对下列各项个人所得,免征个人所得税。

(1)省级人民政府、国务院部委和中国人民解放军军以上单位,以及外国组织、国际组织颁发的科学、教育、技术、文化、卫生、体育、环境保护等方面的奖金。

(2)国债和国家发行的金融债券利息。其中,国债利息是指个人持有的中华人民共和国财政部发行的债券而取得的利息;国家发行的金融债券利息,是指个人持有经国务院批准发行的金融债券而取得的利息所得。

(3)按照国家统一规定发给的补贴、津贴,是指按照国务院规定发给的政府特殊津贴和国务院规定免纳个人所得税的补贴、津贴。

(4)福利费、抚恤金、救济金。其中,福利费是指根据国家有关规定,从企业、事业单位、国家机关、社会团体提留的福利费或者从工会经费中支付给个人的生活补助费;救济金是指国家民政部门支付给个人的生活困难补助费。

(5)保险赔款。

(6)军人的转业安置费、复员费。

(7)按照国家统一规定发给干部、职工的安家费、退职费、退休工资、离休工资、离休生活补助费。其中,退职费是指符合《国务院关于工人退休、退职的暂行办法》规定的退职条件,并按该办法规定的退职费标准所领取的退职费。

(8) 依照我国有关法律规定应予免税的各国驻华使馆、领事馆的外交代表、领事官员和其他人员的所得。

(9) 中国政府参加的国际公约、签订的协议中规定免税的所得。

(10) 经国务院财政部门批准免税的其他所得。

2. 减征个人所得税的项目

有下列情况之一的,经批准可以减征个人所得税:

(1) 残疾、孤老人员和烈属的所得;

(2) 因严重自然灾害造成重大损失的;

(3) 其他经国务院财政部门批准减税的。

上述减税项目的减征幅度和期限,由省、自治区、直辖市人民政府规定。

3. 暂时免征个人所得税的项目

根据《财政部、国家税务总局关于个人所得税若干政策问题的通知》的规定,对下列所得暂免征收个人所得税。

(1) 外籍个人以非现金形式或实报实销形式取得的住房补贴、伙食补贴、搬迁费、洗衣费。

(2) 外籍个人按合理标准取得的境内、境外出差补贴。

(3) 外籍个人取得的探亲费、语言训练费、子女教育费等,经当地税务机关审核批准为合理的部分。

(4) 外籍个人从外商投资企业取得的股息、红利所得。

(5) 符合条件的外籍专家取得的工资、薪金所得。

(6) 个人举报、协查各种违法、犯罪行为而获得的奖金。

(7) 个人办理代扣代缴手续,按规定取得的扣缴手续费。

(8) 个人转让自用达5年以上,并且是唯一的家庭生活用房取得的所得。

(9) 对个人购买福利彩票、体育彩票,一次中奖收入在1万元以下的(含1万元)暂免征收个人所得税,超过1万元的全额征收个人所得税。

(10) 达到离休、退休年龄,但确因工作需要,适当延长离休、退休年龄的高级专家(指享受国家发放的政府特殊津贴的专家、学者),其在延长离休、退休期间的工资、薪金所得,视同离休、退休工资免征个人所得税。

(11) 对国有企业职工,因企业依照《中华人民共和国企业破产法(试行)》宣告破产,从破产企业取得的一次性安置费收入,免予征收个人所得税。

(12) 个人因与用人单位解除劳动关系而取得的一次性补偿收入,其收入在当地上年企业职工年平均工资3倍数额以内的部分,可免征个人所得税。超过该标准的一次性补偿收入,应按照财政部、国家税务总局发布的《关于个人与用人单位

解除劳动关系取得一次性补偿收入免征个人所得税问题的通知》(财税字[2001]157号)的有关规定,计征个人所得税。

(13) 城镇企事业单位及其职工个人按照《失业保险条例》规定的比例,实际缴付的失业保险费,不计入职工个人当期的工资、薪金收入,免予征收个人所得税。超过规定比例缴付失业保险费的,应将其超过规定比例缴付的部分计入职工个人当期的工资、薪金收入,依法计征个人所得税。

(14) 具备《失业保险条例》规定条件的失业人员,领取的失业保险金,免征个人所得税。

(15) 下岗职工从事社区居民服务业,对其取得的经营所得和劳务报酬所得,从事个体经营的自其领取税务登记证之日起、从事独立劳务服务的自其持下岗证明在当地主管税务机关备案之日起,3年内免征个人所得税;但第一年免税期满后,由县以上主管税务机关就免税主体及范围按规定逐年审核,符合条件的,可继续免征1~2年。

二、个人所得税应纳税额的计算

(一) 个人所得税的税率及自行申报的办法

1. 三种形式的税率表

个人所得税本着"税负从轻、区别对待、分类调节"的原则,规定了超额累进税率和比例税率两种形式,分不同个人所得项目确定了3种适用税率。

(1) 工资、薪金所得,适用3%~45%的七级超额累进税率。如表5.7所示。

表5.7 工资、薪金所得个人所得税税率表

级数	全月应纳税所得额(含税级距)	税率	速算扣除数
1	不超过1 500元的	3%	0
2	超过1 500元至4 500元的部分	10%	105
3	超过4 500元至9 000元的部分	20%	555
4	超过9 000元至35 000元的部分	25%	1 005
5	超过35 000元至55 000元的部分	30%	2 755
6	超过55 000元至80 000元的部分	35%	5 505
7	超过80 000元的部分	45%	13 505

注:表中所列含税级距与不含税级距,均为按照税法规定减除有关费用后的所得额。

(2) 个体工商户的生产经营所得和对企事业单位的承包经营、承租经营所得,

适用5%～35%的五级超额累进税率。如表5.8所示。

表5.8 个体工商户的生产、经营所得和对企事业单位的承包经营、承租经营所得个人所得税税率表

级数	全月应纳税所得额(含税级距)	税率	速算扣除数
1	不超过15 000元的	5%	0
2	超过15 000元至30 000元的部分	10%	750
3	超过30 000元至60 000元的部分	20%	3 750
4	超过60 000元至100 000元的部分	30%	9 750
5	超过100 000元的部分	35%	14 750

（3）比例税率

对个人稿酬所得，劳务报酬所得，特许权使用费所得，利息、股息、红利所得，财产租赁所得，财产转让所得，偶然所得和其他所得，按次计算征收个人所得税，适用20%的比例税率。其中，对稿酬所得适用20%的比例税率，并按应纳税额减征30%。对劳务报酬所得一次性收入畸高的、特高的，除按20%征税外，实行加成征收，以保护合理的收入和限制不合理的收入。如表5.9所示。

表5.9 劳务报酬所得适用税率表

级数	每次应纳税所得额(含税级距)	税率	速算扣除数
1	不超过20 000元的	20%	0
2	超过20 000元至50 000元的部分	30%	2 000
3	超过50 000元的部分	40%	7 000

为鼓励扣缴义务人按规定扣缴税款，可按照所扣缴的税款，付给2%的手续费。

2. 自行申报缴纳方法

按照《个人所得税自行纳税申报办法(试行)》的规定，纳税义务人须向税务机关进行自行申报的五种情形，即：① 年所得12万元以上的；② 从中国境内两处或两处以上取得工资、薪金所得的；③ 从中国境外取得所得的；④ 取得应税所得，没有扣缴义务人的；⑤ 国务院规定的其他情形。自行申报纳税义务人，在申报纳税时，其在中国境内和境外已扣缴的税额，准予按规定从应纳税额中扣除。

（二）工资、薪金所得应纳税额的计算办法

1. 应纳税所得额的确定

（1）费用减除3 500元的适用范围

一般情况下,对工资、薪金所得以个人每月收入额固定减除3 500元费用后的余额作为应纳税所得额。其计算公式为:

应纳税所得额=月工资、薪金收入－3 500元

(2) 附加减除费用1 300元的适用范围

对在中国境内无住所、而在中国境内取得工资、薪金所得的纳税义务人和在中国境内有住所而在中国境外取得工资、薪金所得的纳税义务人,税法根据其平均收入水平、生活水平及汇率变化情况,确定其减除3 500元费用外,再附加减除费用1 300元,共减除费用4 800元。其计算公式为:

应纳税所得额=月工资、薪金收入－3 500元－1 300元

此外,附加减除费用也适用于华侨和香港、澳门、台湾同胞。

2. 应纳税额的计算

(1) 应纳税额的一般计算

应纳税额 = $\sum$(各级距应纳税所得额×该级距的适用税率)

或

应纳税额=应纳税所得额×适用税率－速算扣除数

(2) 个人取得全年一次性奖金等应纳税额的计算

① 在境内有住所的个人取得的全年一次性奖金,可单独作为一个月的工资、薪金所得计算纳税,全额作为应纳税所得额。如果纳税义务人取得奖金当月的工资、薪金所得不足3 500元的,可将奖金收入减除"当月工资与3 500元的差额"后的余额作为应纳税所得额,然后将其除以12,按其商数确定适用税率和速算扣除数并据以计算应纳税额;在一个纳税年度,该办法只能用一次,其他各种奖金及加薪一律并入当月工资计税;实行年薪制和绩效工资的单位,个人取得年终兑现的年薪和绩效工资按上述规定执行。

② 在中国境内无住所的个人取得全年一次性奖金以外的各种名目的奖金,根据有关规定,可单独作为一个月的工资、薪金所得计算纳税。由于对每月的工资、薪金所得计税时已按月扣除了费用,因此,计算时不再减除费用,全额作为应纳税所得额直接按适用税率计算应纳税款,并且不再按居住天数进行划分计算。

另外,有关文件又规定,对于在中国境内无住所的个人一次取得数月奖金中属于来华工作以前或离职离华后月份的奖金,不判定为来源于中国境内所得,因而不负有中国纳税义务。在中国境内无住所的个人在担任境外企业职务的同时,兼任该外国企业在华机构的职务,但并不实际或并不经常到华履行该在华机构职务,对其一次取得的数月奖金中属于全月未在华工作的月份奖金,依照劳务发生地原则,可不作为来源于中国境内的奖金收入计税;对其取得的有到华工作天数的各月份奖金,应全额作为应税所得额依率计税。其计算公式为:

应纳税额＝数月奖金额×适用税率－速算扣除数

（3）个人取得不满一个月的工资、薪金所得应纳税额的计算

在中国境内无住所的个人，凡在中国境内居住不满一个月并仅就不满一个月期间的工资、薪金所得申报纳税的，均应按全月工资、薪金所得为依据计算实际应纳税额。其计算公式为：

应纳税额＝(当月工资薪金应纳税所得额×适用税率－速算扣除数)
×(当月实际在中国境内的天数/当月天数)

如果属于上述情况的个人取得的是日工资、薪金，应将日工资、薪金以当月天数换算成月工资、薪金后，再按上述公式计算应纳税额。

（4）雇佣单位和派遣单位分别支付工资薪金的应纳税额计算

在外商投资企业、外国企业和外国驻华机构工作的中方人员取得的工资、薪金收入，凡是由雇佣单位和派遣单位分别支付的，支付单位应扣缴应纳的个人所得税，以纳税义务人每月全部工资、薪金收入减除规定费用后的余额为应纳税所得额。为了有利于征管，采取由支付者一方减除费用的方法，即只有雇佣单位在支付工资、薪金时，按税法规定减除费用，计算扣缴税款；派遣单位支付的工资、薪金不再减除费用，以支付全额直接确定适用税率，计算扣缴税款。纳税义务人在取得税后工资、薪金时，按照"在两处或两处以上取得工资、薪金所得的"的申报规定，自行申报应税所得并补交所得税，其计算公式为：雇佣单位应代扣税额＝(月工资、薪金收入－费用扣除标准)×适用税率－速算扣除数派遣单位应代扣税额＝月工资薪金收入×适用税率－速算扣除数；个人申报应补税额＝(雇佣单位支付的含税月工资、薪金额＋派遣单位支付的含税月工资、薪金额－费用扣除标准)×适用税率－速算扣除数；个人应补税额＝个人申报应纳税额－已被代扣代缴的税额。

（5）将雇佣单位发放的部分工资、薪金上缴派遣单位的应纳税额计算

对于外商投资企业、外国企业和外国驻华机构发放给中方工作人员的工资、薪金所得，应全额计税，但对于可以提供有效合同或有关凭证，能够证明其工资、薪金所得的一部分按有关规定上缴派遣（介绍）单位的，可以扣除其实际上缴的部分，按其余额计征个人所得税。则中方工作人员从雇佣单位取得的工资、薪金所得应纳税额的计算公式为：应纳税额＝(从雇佣单位取得的工资、薪金收入－上缴给派遣单位的费用－费用扣除标准)×适用税率－速算扣除数。

（6）特定行业职工取得的工资、薪金所得应纳税额的计算

为了照顾采掘业、远洋运输业、远洋捕捞业因受季节、产量等因素的影响，职工的工资、薪金收入呈现较大幅度波动的实际情况，对这三个特定行业的职工取得的工资、薪金所得采取按年计算、分月预缴的方式计征个人所得税。年度终了后30日内，合计其全年工资、薪金所得，再按12个月平均并计算实际应纳的税款，多退

少补。用公式表示为：

全年应纳所得税额＝[(全年工资薪金收入/12－费用扣除标准)×适用税率－速算扣除数]×12

年终汇算应补(退)税额＝全年应纳所得税额－全年累计已预缴所得税额

考虑到远洋运输具有跨国流动的特性，因此，对远洋运输船员每月的工资、薪金收入在统一扣除3 500元费用的基础上，准予再扣除税法规定的附加减除费用标准。由于船员的伙食费统一用于集体用餐，不发给个人，故允许该项补贴不计入船员个人的应纳税工资、薪金收入。

(7) 个人从企业取得实物福利所得应纳税额的计算

对于外商投资企业、外国企业为符合一定条件的雇员购买住房、汽车等个人消费品的，应按规定计税。按照《国家税务总局关于外商投资企业和外国企业以实物向雇员提供福利如何计征个人所得税问题的通知》(国税发[1995]第115号)的规定，外商投资企业、外国企业为符合一定条件的雇员购买住房、汽车等个人消费品，所购房屋产权证和车辆发票均填写雇员姓名，并商定该雇员在企业工作达到一定年限或满足其他条件后，该住房、汽车的所有权完全归雇员个人所有的，应在取得的当月，按照有关凭证上注明的价格或主管税务机关核定的价格并入其工资、薪金所得征税。考虑到个人取得的前述实物价值较高，且所有权是随着工作年限逐步取得的，所以可按企业规定取得该财产所有权需达到的工作年限内(高于5年的按5年计算)平均分月计入工资、薪金所得征收个人所得税。

(8) 个人取得公务交通、通信补贴收入应纳税额的计算

个人因公务用车和通信制度改革而取得的公务用车、通信补贴收入，扣除一定标准的公务费用后，按照"工资、薪金"所得项目计征个人所得税；不按月发放的，分解到所属月份并与该月份"工资、薪金"所得合并后计征个人所得税。公务费用的扣除标准，由省级地方税务局根据纳税义务人公务、交通费用的实际发生情况调查测算，报经省级人民政府批准后确定，并报国家税务总局备案。

(9) 中国公民从境外取得工资、薪金所得的应纳税额计算

在中国境内有住所而在中国境外任职或者受雇取得工资、薪金所得的个人，应按照从国外取得的月工资、薪金收入额，每月扣除4 800元以后，作为应纳税所得额计征个人所得税。

如果纳税义务人已在境外缴纳了个人所得税，允许在应纳税额中扣除，但扣除税额不得超过纳税义务人国外所得按我国个人所得税法规定计算的税额。

(10) 个人取得非正常退职费收入应纳税额的计算

个人由于工伤、疾病等原因丧失工作能力，又没有达到退休条件，按照规定离开工作岗位的退职人员领取的退职费，不超过原工资、薪金40%的部分，可以免征

个人所得税;超过上述标准的部分,应按照正常工资、薪金所得在领取所得的当月计算缴纳个人所得税。

(11) 个人因与用人单位解除劳动关系取得一次性补偿收入应纳税额的计算

依照有关税法的规定,个人因与用人单位解除劳动关系而取得的一次性补偿收入,其收入在当地上年企业职工年平均工资3倍数额以内的部分,免征个人所得税;超过该标准的部分可视为一次取得数月的工资、薪金收入,允许在一定期限内平均计算。方法是:以个人取得的一次性补偿收入,除以个人在本企业的工作年限数(超过12年的按12年计算),以其商数作为个人的月工资、薪金收入,按照税法规定计算缴纳个人所得税。个人在解除劳动合同后再次任职受雇的,已纳税的一次性补偿收入不再与再次任职、受雇的工资薪金所得合并计算补缴个人所得税。个人领取一次性补偿收入时,按照国家和地方政府规定的比例实际缴纳的住房公积金、医疗保险金、基本养老保险金、失业保险金,可以在计征其一次性补偿收入的个人所得税时予以扣除。

(三) 个体工商户生产、经营所得应纳税额的计算

1. 应纳税所得额的计算

对于实行查账征收的个体工商户,其生产、经营所得或应纳税所得额是每一纳税年度的收入总额,减除成本、费用及损失后的余额。其计算公式为:

应纳税所得额＝收入总额－(成本＋费用＋损失＋准予扣除的税金)

由于个体工商业户应纳税所得额的计算同企业所得税的计算基本相同,在这里不再详细赘述。

2. 应纳税额的计算

个体工商户的生产、经营所得适用五级超额累进税率,以其应纳税所得额按适用税率计算应纳税额。计算公式为:

应纳税额＝应纳税所得额×适用税率－速算扣除数

(四) 承包、承租经营所得应纳税额的计算

1. 应纳税所得额的计算

对企事业单位的承包经营、承租经营所得是以每一纳税年度的收入总额,减除必要费用后的余额,为应纳税所得额,其中,"收入总额"是指纳税义务人按照承包经营、承租经营合同规定分得的经营利润和工资、薪金性质的所得;"减除必要费用"是指按月减除3 500元,实际减除的是相当于个人的生计及其他费用。其计算公式为:

应纳税所得额＝个人承包、承租经营收入总额－每月3 500元

2. 应纳税额的计算

企事业单位承包经营、承租经营所得适用五级超额累进税率，以其应纳税所得额按适用税率计算应纳税额。计算公式为：

$$应纳税额＝应纳税所得额 \times 适用税率－速算扣除数$$

实际工作中，纳税义务人有按年取得承包、承租经营所得的，有一年中分次取得承包、承租经营所得的，还有经营期不足一年的。

(1) 按年取得承包、承租经营所得的税款计算

实行承包、承租经营的纳税义务人，应以每一纳税年度取得的承包、承租经营收入，减除每月3 500元的费用，按照适用税率，依公式计算其应纳的个人所得税。

(2) 一个纳税年度内分次取得承包、承租经营所得的税款计算

实际工作中，纳税义务人可能会在一年内分次取得承包、承租经营所得。这种情况下，应在每次分得承包、承租经营所得后，先预缴税款，年终汇算清缴，多退少补。

(3) 一个纳税年度内承包、承租不足12个月的税款计算

纳税义务人的承包、承租期不足一年的，在一个纳税年度内，承包、承租经营不足12个月的，以其实际承包、承租经营的期限为一个纳税年度计算纳税。其计算公式为：

$$应纳税所得额＝该年度承包、承租经营收入额\\－(3\,500 \times 该年度实际承包、承租经营月份数)$$

$$应纳税额＝应纳税所得额 \times 适用税率－速算扣除数$$

(五) 劳务报酬、稿酬、特许权使用费等所得应纳税额的计算

1. 应纳税所得额的计算

(1) 减除费用的标准

劳务报酬所得、稿酬所得、特许权使用费所得、财产租赁所得，均以个人每次取得的收入，定额或定率减除规定的费用后的余额为应纳税所得额。每次收入不超过4 000元的，定额减除费用800元，每次收入在4 000元以上的，定率减除20%的费用。

① 每次收入不超过4 000元的，计算公式为：

$$应纳税所得额＝每次收入额－800元$$

② 每次收入在4 000元以上的，计算公式为：

$$应纳税所得额＝每次收入额 \times (1－20\%)$$

(2) 每次收入的概念

① 劳务报酬所得"每次收入"是指属于一次性收入的，以取得该项收入为一

次,凡属于同一项目连续性收入的,以一个月内取得的收入为一次。

② 稿酬所得"每次收入"是指以每次出版、发表作品取得的收入为一次,据以确定应纳税所得额。

(3) 房屋租赁应纳税所得额的计算

财产租赁所得一般以个人每次取得的收入,定额或定率减除规定费用后的余额为应纳税所得额,但是,由于个人在出租财产过程中缴纳的税费较多,为了减轻纳税义务人的负担,按规定,除规定费用外,纳税义务人在计算应纳税所得额时,还可以扣除其他相关费用。即纳税义务人在出租财产过程中缴纳的税金和教育费附加,持完税(缴款)凭证,从其财产租赁收入中扣除。此外,还准予扣除能够提供有效、准确凭证,证明由纳税义务人负担的该出租财产实际开支的修缮费用。允许扣除的修缮费用以每次800元为限,一次扣除不完的,准予在下一次继续扣除,直到扣完为止。

① 每次(月)收入不超过4 000元的,计算公式为:

应纳税所得额=每次(月)收入额-缴纳的税费
-修缮费用(800元为限)-800元

② 每次(月)收入超过4 000元的,计算公式为:

应纳税所得额=[每次(月)收入额-缴纳的税费
-修缮费用(800元为限)]×(1-20%)

2. 应纳税额的一般计算

劳务报酬所得、稿酬所得、特许权使用费所得、财产租赁所得依其应纳税所得额20%的比例税率计算应纳税额。其计算公式为:

应纳税额=应纳税所得额×适用税率

3. 应纳税额的特殊计算

(1) 劳务报酬所得一次收入畸高者加成征税的税款计算

对纳税义务人取得的劳务报酬所得一次收入畸高者,应加成征收。

应纳税所得额超过2万元但未超过5万元时,应纳税额的计算公式为:

应纳税额=应纳税所得额×税率+(应纳税所得额-20 000元)
×税率×50%

应纳税所得额超过5万元时,应纳税额的计算公式为:

应纳税额=应纳税所得额×税率+(50 000-20 000)×税率×50%
+(应纳税所得额-50 000)×税率×100%

对于加成征税,也可以依照表5.9的税率直接按公式计算。

(2) 稿酬所得减征税额的计算

为鼓励专家学者著书立说,提高全民族的知识水平和文化素质,税法规定对稿酬所得按应纳税额减征30%计征。其计算公式为：

应纳税额＝应纳税所得额×税率×(1－30%)

（六）财产转让所得应纳税额的计算

1. 应纳税所得额的计算

财产转让所得，以一次转让财产的收入额减除财产的原值和合理费用后的余额为应纳税所得额。其计算公式为：

应纳税所得额＝每次收入额－财产原值－合理费用

2. 应纳税额的计算

财产转让所得适用20%的比例税率。其应纳税额的计算公式为：

应纳税额＝应纳税所得额×适用税率

（七）利息、股息、红利所得，偶然所得和其他所得应纳税额的计算

利息、股息、红利所得，偶然所得和其他所得，以每次收入额为应税所得额，不扣除任何费用。其应纳税额的计算公式为：

应纳税额＝应纳税所得额(每次收入额)×适用税率

（八）个人所得税应纳税额的特殊计税方法

1. 扣除捐赠款的计税

(1) 扣除捐赠款的法律规定

税法规定，个人将其所得通过中国境内的社会团体、国家机关向教育和其他社会公益事业及遭受严重自然灾害地区、贫困地区的捐赠，给予扣除。一般捐赠额的扣除以不超过纳税义务人申报应纳税所得额的30%为限。计算公式为：

捐赠扣除限额＝应纳税所得额×30%

允许扣除的捐赠额＝实际捐赠额≤捐赠限额的部分。如果实际捐赠额大于捐赠限额时，只能按捐赠限额扣除。

(2) 应纳税额的计算

扣除捐赠款后计税的方法，就是将纳税义务人申报的应纳税所得额扣除允许扣除的捐赠额以后的余额作为计税依据来计税。其计算公式为：

应纳税额＝(应纳税所得额－允许扣除的捐赠额)×适用税率
－速算扣除数

2. 两人以上共同取得同一项目收入的计税

两人或两人以上共同取得同一项目收入的，应当对每个人取得的收入分别按照税法规定减除费用后计算纳税，即实行"先分、后扣、再税"的办法。

3. 单位或个人为纳税义务人负担税款的计税

在实际工作中,有的单位或个人(雇主)常常为纳税义务人负担税款,即支付给纳税义务人的报酬(包括工资、薪金、劳务报酬等所得)是不含税的净所得或称为税后所得,纳税义务人的应纳税额由雇主代为缴纳。这种情况下,就不能以纳税义务人实际取得的收入直接乘以适用税率计算应纳税额,否则,就会缩小税基,降低适用税率。正确的方法是:将纳税义务人的不含税收入换算为应纳税所得额,即含税收入,然后再计算应纳税额。下面分三种情况处理。

(1) 全额代负担税款的计算

雇主全额为雇员负担税款,应将雇员取得的不含税收入换算成应纳税所得额后,计算单位应当代扣代缴的税款。计算公式为:

应纳税所得额=(不含税收入额-费用扣除标准-速算扣除数)
÷(1-适用税率)

应纳税额=应纳税所得额×适用税率-速算扣除数

其中,第一个公式中的适用税率,是指不含税所得按不含税级距对应的税率;第二个公式中的适用税率,是指应纳税所得额按含税级距对应的税率。对此,在计算过程中应特别注意,不能混淆。

(2) 定额代负担部分税款的计算

雇主为其雇员定额负担部分税款的,应将雇员取得的工资、薪金所得换算成应纳税所得额后,计算单位应当代扣代缴的税款。计算公式为:

应纳税所得额=雇员取得的工资+雇主代雇员负担的税款
-费用扣除标准

应纳税额=应纳税所得额×适用税率-速算扣除数

4. 境外所得已纳税款抵免的计税

(1) 法律规定在中国境内有住所,或者无住所但在中国境内居住满1年的个人,从中国境内和境外取得的所得,都应缴纳个人所得税。实际上,纳税义务人的境外所得一般均已缴纳或负担了有关国家的所得税额。为了避免发生国家间对同一所得的重复征税,同时维护我国的税收权益,税法规定,纳税义务人从中国境外取得的所得,准予其在应纳税额中扣除已在境外实缴的个人所得税税款,但扣除额不得超过该纳税义务人境外所得依照我国税法规定计算的应纳税额。

(2) 税款抵免的计税。

① 按限额抵免,适用于境外所得已缴税款高于按我国税法计算的应纳税额。准予抵免(扣除)的实缴境外税款最多不能超过境外所得按我国税法计算的抵免限额(应纳税额或扣除限额)。我国个人所得税的抵免限额采用分国限额法。即

分别来自不同国家或地区的不同应税项目,依照税法规定的费用减除标准和适用税率计算抵免限额。对于同一国家或地区的不同应税项目,以其各项抵免限额之和作为来自该国或该地区所得的抵免限额。其计算公式为:

来自某国或地区的抵免限额

$= \sum$(来自某国或地区的某一应税项目的所得

－费用减除标准)×适用税率－速算扣除数

或

来自某国或地区的抵免限额

$= \sum$(来自某国或地区的某一种应税项目的净所得

＋境外实缴税款费用减除标准)×适用税率－速算扣除数

其中,费用减除标准和适用税率,均指我国个人所得税法及其实施条例规定的有关费用减除标准和适用税率。

纳税义务人某一纳税年度发生实缴境外税款超过抵免限额时,其超限额部分不允许在应纳税额中抵扣,但可以在以后纳税年度仍来自该国家或地区的不足限额,即实缴境外税款低于抵免限额的部分中补扣。下一年度结转后仍有超限额的,可继续结转,但每年发生的超限额结转期最长不得超过5年。

② 按实缴税额抵免。适用于纳税义务人在境外的所得实际缴纳的所得税低于或等于按我国税法所计算的应纳税额。

③ 计算应纳税额,在计算出抵免限额和确定了允许抵免额之后,便可对缴税人的境外所得计算应纳税额。其计算公式为:应纳税额 $= \sum$(来自某国或地区的所得－费用减除标准)×适用税率－速算扣除数－允许抵免额。

三、个人所得税的会计处理概述

(一) 科目设置

为了准确核算企业代扣代缴个人所得税情况,根据《企业会计准则》及其应用指南的规定,企业代扣代缴个人所得税,应在"应交税费"科目下设置"应交个人所得税"明细科目进行会计核算。该科目属于负债性质科目,其贷方发生额表示企业按照规定计提的代扣代缴的应交个人所得税额;借方发生额表示企业实际交纳的个人所得税税额;余额在贷方表示应交未交的个人所得税税额。

（二）对应科目

根据企业代扣代缴情况的不同，"应交税费——应交个人所得税"科目的对应科目也不同，这些对应科目主要有"应付职工薪酬"、"固定资产"、"无形资产"等。

（三）工资、薪金所得税的会计核算

企业作为个人所得税的扣缴义务人，应按规定扣缴职工应缴纳的个人所得税。代扣个人所得税时，借记"应付职工薪酬"账户，贷记"应交税费——应交个人所得税"账户。

企业为职工代扣代缴个人所得税有两种情况：① 职工自己承担个人所得税，企业只负有扣缴义务；② 企业既承担税款，又负有扣缴义务。

每月取得工资收入后，先减去个人承担的基本养老保险金、医疗保险金、失业保险金、按省级政府规定标准缴纳的住房公积金等免税项目，再减去费用扣除额3 500元/月（来源于境外的所得及外籍人员、华侨和香港、澳门、台湾同胞在中国境内的所得，每月还可附加减除费用1 300元），为应纳税所得额，按3%至45%的七级超额累进税率计算缴纳个人所得税。计算公式为：应纳个人所得税税额＝（工资收入－3 500－"三险一金"等免税项目）×适用税率－速算扣除数。

【例5.11】 某企业为王某、刘某每月各发工资5 500元。但合同约定，王某自己承担个人所得税；刘某个人所得税由该企业承担，即刘某收入5 500元为税后所得。月末发工资时，企业会计处理如下。

（1）为王某扣缴个人所得税时：

　　　　王某应纳个人所得税＝（5 500－3 500）×10％－105＝95（元）

发放工资时，会计分录如下：

借：应付职工薪酬　　　　　　　　　　　　　5 500
　　贷：库存现金　　　　　　　　　　　　　　5 405
　　　　应交税费——应交个人所得税　　　　　　95

（2）为刘某承担税款时：

由于刘某工资为税后所得，则需要换算为税前所得，再计算个人所得税。其计算公式如下：

　　　　应纳税所得额＝（不含税收入额－费用扣除标准－速算扣除数）
　　　　　　　　　　÷（1－适用税率）

　　　　应纳个人所得税＝应纳税所得额×适用税率－速算扣除数

企业应为刘某承担税款如下：

　　　　（5 500－3 500－105）÷（1－10％）×10％－105＝105.56（元）

发放工资时,会计分录如下:

借:应付职工薪酬　　　　　　　　　　　　　　5 605.56
　　贷:库存现金　　　　　　　　　　　　　　　　5 500.00
　　　　应交税费——应交个人所得税　　　　　　　　105.56

【例 5.12】 某个人 2011 年 12 月取得不含税全年一次性奖金为 48 000 元,当月工资薪金收入为 3 600 元。按照税法规定 2011 年 9 月 1 日前每月扣除 2 000 元,之后按照每月 3 500 元。计算应扣缴个人所得税。

(1) 将不含税全年一次性奖金收入 48 000 元除以 12 的商数为 4 000 元,查找相应的适用税率为 10%,速算扣除数为 105。

(2) 将不含税全年一次性奖金收入 48 000 元换算成含税奖金收入为 53 216.67[=(48 000－105)÷(1－10%)]元。

(3) 将换算成含税全年一次性奖金收入 53 216.67 元除以 12 的商数为 4 434.72 元,查找相应的适用税率为 10%,速算扣除数为 105。

(4) 计算应纳税额,应纳税额=53 216.67×10%－105=5 216.67(元)。

(5) 本月发放工资应缴个人所得税=(3 600－3 500)×3%－0=3(元)

会计分录如下:

借:应付职工薪酬　　　　　　　　　　　　　　50 600.00
　　贷:库存现金　　　　　　　　　　　　　　　　45 380.33
　　　　应交税费——应交个人所得税　　　　　　　5 219.67

(四) 其他各项所得所得税的会计核算

1. 支付劳务报酬、特许权使用费、稿酬、财产租赁费代扣代缴所得税的会计核算

企业支付给个人的劳务报酬、特许权使用费、稿酬、财产租赁费,一般由支付单位作为扣缴义务人向纳税义务人扣留税款,并计入该企业的有关账户。即企业在支付上述费用时,借记"无形资产"、"管理费用"、"财务费用"、"销售费用"等账户,贷记"应交税费——应交个人所得税"、"库存现金"等账户;实际缴纳时,借记"应交税费——应交个人所得税"账户,贷记"银行存款"账户。

【例 5.13】 甲公司向李工程师购入一项专利使用权,一次支付款项 80 000 元。

代扣代缴李工程师应缴纳的个人所得税为应纳税额
　　　　=80 000×(1－20%)×20%=12 800(元)

该公司计提扣缴个人所得税时,会计分录如下:

借:无形资产　　　　　　　　　　　　　　　　80 000
　　贷:应交税费——应交个人所得税　　　　　　　12 800
　　　　库存现金　　　　　　　　　　　　　　　　67 200

该公司实际上交扣缴的个人所得税时,会计分录如下:

借:应交税费——应交个人所得税　　　　　　　　　12 800
　　贷:银行存款　　　　　　　　　　　　　　　　12 800

2. 向个人购买财产(财产转让)代扣代缴个人所得税的会计计算

一般情况下,企业向个人购买财产属于购建企业固定资产项目的,支付的税金应作为企业购建固定资产的价值组成部分。

(1)购置固定资产时,会计分录如下:

借:固定资产
　　贷:库存现金
　　　　应交税费——应交个人所得税

(2)实际上缴个人所得税时,会计分录如下:

借:应交税费——应交个人所得税
　　贷:银行存款

3. 代扣代缴储蓄存款利息所得个人所得税的会计核算

1999年8月30日,第九届全国人大常委会第十一次会议通过了对储蓄存款利息所得征收个人所得税的决定,储蓄存款在1999年10月31前孳生的利息所得,不征收个人所得税;储蓄存款在1999年11月1日至2007年8月14日孳生的利息所得,按照20%的比例税率征收个人所得税;储蓄存款在2007年8月15日后孳生的利息所得,按照5%的比例税率征收个人所得税。银行等金融机构承担代扣代缴义务;国务院决定2008年10月9日起暂免征个人储蓄存款利息所得税。

【例5.14】 某居民2007年1月1日存入银行一年期存款100 000元,年利息率为4.745%,到期日2008年1月1日全部取出。银行应代扣该储户利息税计算如下:

　　每天利息收入＝100 000×4.745%÷365＝13(元)
　　应扣利息税＝226×13×20%＋139×13×5%＝677.95(元)

银行向储户支付存款本息并代扣利息税,会计分录如下:

借:吸收存款　　　　　　　　　　　　　　　100 000.00
　　应付利息　　　　　　　　　　　　　　　　4 745.00
　　贷:库存现金　　　　　　　　　　　　　　104 067.05
　　　　应交税费——应交个人所得税　　　　　　677.95

4. 向股东支付股利代扣代缴个人所得税的会计核算

企业向个人支付现金股利时,应代扣代缴个人所得税。公司按应支付给个人的现金股利金额,借记"利润分配"账户,贷记"应付股利"账户;当实际支付现金时,借记"应付股利"账户,贷记"库存现金"(或"银行存款")、"应交税费——应交个所得税"账户。

企业以盈余公积对股东个人转增资本或派发股票股利时,应代扣代缴个人所得税,但为了不因征收个人所得税而改变资本权益结构,可由企业按增股金额计算个人所得税,向个人收取现金以备代缴。

(1) 以盈余公积转增资本或派发股票股利时,会计分录如下:
借:盈余公积、应付利润、利润分配
　　贷:实收资本或股本
(2) 扣缴所得税时,会计分录如下:
借:其他应收款
　　贷:应交税费——应交个人所得税
(3) 收到个人股东交来税款时,会计分录如下:
借:库存现金
　　贷:其他应收款
(4) 解缴税款时,会计分录如下:
借:应交税费——应交个人所得税
　　贷:银行存款

5. 承包、承租经营所得应缴所得税的会计核算

承包、承租经营有两种情况,个人所得税也涉及两个项目。

(1) 承包、承租人对企业经营成果不拥有所有权,仅是按合同(协议)规定取得一定所得的,其所得按工资、薪金所得项目征税,适用3%～45%的七级超额累进税率。

(2) 承包、承租人按合同(协议)的规定只向发包、出租方交付一定费用后,企业经营成果归其所有的,承包、承租人取得的所得,按对企事业单位的承包经营、承租经营所得项目,适用5%～35%的五级超额累进税率征税。

第一种情况的会计处理方法同工资、薪金所得的扣缴所得税会计处理;第二种情况,应由承包、承租人自行申报缴纳个人所得税,发包、出租方不做扣缴所得税的会计处理。

【例5.15】 张某与某事业单位签订承包合同经营招待所,合同规定承包期为1年,张某全年上交承包费用20 000元,年终招待所实现利润80 000元。张某应纳个人所得税如下:

应纳税所得额＝承包经营利润－上交费用－每月费用扣减合计
　　　　　　＝80 000－20 000－3 500×12＝18 000(元)
应纳税额＝全年应纳税所得额×适用税率－速算扣除数
　　　　＝18 000×20％－1 250＝2 350(元)

发包、出租方在收到张某缴来承包(租)费时,会计分录如下:
借:银行存款   20 000
  贷:其他业务收入   20 000

复习与思考

一、思考题

1. 什么是永久性差异,永久性差异包括哪几种类型?
2. 什么是暂时性差异,暂时性差异的具体内容有哪些?
3. 简述企业所得税会计处理的主要内容。
4. 个人所得税应纳税额的特殊计税方法有哪些?
5. 试述个人所得税会计处理的主要内容。

二、计算题

1. 甲公司在2010年至2013年间每年应税收益分别为:—150万元、60万元、40万元和70万元,适用所得税税率始终为25%,假设无其他暂时性差异。甲公司预计在未来期间有足够的应纳税所得额用于抵扣可抵扣暂时性差异。要求:编制各年有关所得税的会计分录。

2. 某出版社的王编辑,2009年6月取得如下收入:① 工资5 200元,二季度奖金3 000元;② 在本出版社出版个人摄影专集,取得报酬18 000元;③ 取得单张有奖发票奖金800元;④ 在当地晚报上刊登摄影作品,取得报酬500元;⑤ 业余时间为其他单位审稿,取得报酬2 000元。要求:① 计算王编辑当月工资薪金收入的应缴纳的个人所得税税额;② 计算王编辑出版个人摄影专集应缴纳的个人所得税税额;③ 计算王编辑有奖发票奖金应缴纳的个人所得税税额;④ 计算王编辑摄影作品报酬应缴纳的个人所得税税额;⑤ 计算王编辑审稿报酬应缴纳的个人所得税税额。

3. 中国公民李某系自由职业者,以绘画为生。李某2009年1~12月收入情况如下:① 一次取得绘画收入23 000元;② 将其自有的4间面积为150平方米的房屋出租给张某居住,租期1年。每月租金收入2 500元,全年租金收入30 000元;当年7月份因下水道堵塞找人修理,发生修理费用500元,有维修部门的正式收据(不考虑相关税费);③ 取得保险赔款20 000元;④ 取得购买企业债券利息5 000元;⑤ 从A上市公司取得股息所得16 000元,从B非上市公司取得股息所得7 000元。要求:计算李某2009年应纳的个人所得税税额。

三、业务题

1. A公司2011年度、2012年度实现的利润总额均为8 000万元,所得税采用

资产负债表债务法核算,适用的所得税税率为25%。A公司2011年度、2012年度与所得税有关的经济业务如下:

(1) A公司2011年发生广告费支出1 000万元,发生时已作为销售费用计入当期损益;2011年实现销售收入5 000万元。2012年发生广告费支出400万元,发生时已作为销售费用计入当期损益;2012年实现销售收入5 000万元。税法规定,该类支出不超过当年销售收入15%的部分准予扣除;超过部分准予在以后纳税年度结转扣除。

(2) A公司对其所销售产品均承诺提供3年的保修服务。A公司因产品保修承诺在2011年度利润表中确认了200万元的销售费用,同时确认为预计负债;2011年没有实际发生产品保修费用支出。2012年,实际发生产品保修费用支出100万元,因产品保修承诺在2012年度利润表中确认了250万元的销售费用,同时确认为预计负债。税法规定,产品保修费用在实际发生时才允许税前扣除。

(3) A公司2010年12月12日购入一项管理用设备,取得成本为400万元,会计上采用年限平均法计提折旧,使用年限为10年,预计净残值为零,税法采用5年计提折旧,折旧方法及预计净残值与会计相同。2012年末,因该项设备出现减值迹象,对该项设备进行减值测试,发现该项设备的可收回金额为300万元,使用年限与预计净残值没有变更。

(4) 2011年购入一项交易性金融资产,取得成本500万元,2011年年末该项交易性金融资产公允价值为650万元,2012年年末该项交易性金融资产公允价值为570万元。

要求:① 计算2011年应交所得税、递延所得税以及利润表中确认的所得税费用,并编制与所得税相关的会计分录;② 计算2012年应交所得税、递延所得税以及利润表中确认的所得税费用,并编制与所得税相关的会计分录。(答案中的金额单位用万元表示。)

2. 甲公司适用的企业所得税税率为25%;申报2010年度企业所得税时,涉及以下事项:

(1) 2010年,甲公司应收账款年初余额为3 000万元,坏账准备年初余额为零;应收账款年末余额为24 000万元,坏账准备年末余额为2 000万元。税法规定,企业计提的各项资产减值损失在未发生实质性损失前不允许税前扣除。

(2) 2010年9月5日,甲公司以2 400万元购入某公司股票,作为可供出售金融资产处理。至12月31日,该股票尚未出售,公允价值为2 600万元。税法规定,资产在持有期间公允价值的变动不计税,在处置时一并计算应计入应纳税所得额的金额。

(3) 甲公司于2009年1月购入的对乙公司股权投资的初始投资成本为2 800

万元,采用成本法核算。2010年10月3日,甲公司从乙公司分得现金股利200万元,计入投资收益。至12月31日,该项投资未发生减值。甲公司、乙公司均为设在我国境内的居民企业。税法规定,我国境内居民企业之间取得的股息、红利免税。

(4) 2010年,甲公司将业务宣传活动外包给其他单位,当年发生业务宣传费4 800万元,至年末尚未支付。甲公司当年实现销售收入30 000万元。税法规定,企业发生的业务宣传费支出,不超过当年销售收入15%的部分,准予税前扣除;超过部分,准予结转以后年度税前扣除。

(5) 甲公司于2010年度共发生研发支出200万元,其中研究阶段支出20万元,开发阶段不符合资本化条件支出60万元,符合资本化条件支出120万元形成无形资产,假定该无形资产于2010年7月30日达到预定用途,采用直线法按5年摊销。假定无形资产摊销计入管理费用。

(6) 其他相关资料:① 2009年12月31日,甲公司存在可于3年内税前弥补的亏损2 600万元,公司对这部分未弥补亏损已确认递延所得税资产650万元;② 公司2010年实现利润总额3 000万元;③ 除上述各项外,公司会计处理与税务处理不存在其他差异;④ 公司预计未来期间能够产生足够的应纳税所得额用于抵扣可抵扣暂时性差异,预计未来期间适用所得税税率不会发生变化;⑤ 公司对上述交易或事项已按企业会计准则规定进行处理。

要求:(1) 确定甲公司2010年12月31日有关资产、负债的账面价值及其计税基础,并计算相应的暂时性差异,将相关数据填列在表5.10内。

表 5.1 甲公司 2010 年暂时性差异计算表

项目	账面价值	计税基础	暂时性差异	
			应纳税暂时性差异	可抵扣暂时性差异
应收账款				
可供出售金融资产				
长期股权投资				
无形资产				
应收股利				
其他应付款				
合 计				

(2) 计算甲公司2010年应确认的递延所得税费用(或收益)、应交所得税并编制与所得税相关的会计分录。

四、讨论题

1. 2011年3月25日公布《中华人民共和国个人所得税法修正案(草案)》及草案说明,向社会公开征集意见,为草案调整开放了讨论的空间,个税改革迈出"公开透明、公众参与"的坚定步伐。

2. 个税免征额3500元是否合理,起征点提高幅度能否跑过通胀?个税级次能否进一步缩小,实施更加普惠型的减税策略?能否出台更完善措施,使高收入阶层替代工薪阶层成为征收主体?在通胀压力加大的背景下,承担着"调整收入分配"使命的个税改革每走一步,都牵动着公众的心。

第六章 其他各税会计

学习目标

了解其他各税的相关知识；
明确其他各税的计税依据；
掌握其他各税应纳税额的计算方法；
重点掌握其他各税的会计处理。

第一节 城市维护建设税会计和教育费附加会计

一、城市维护建设税会计

（一）城市维护建设税的概述

城市维护建设税是国家为加强城市的维护建设，扩大和稳定城市维护建设资金的来源，对缴纳增值税、消费税、营业税的单位和个人征收的一种税。城市维护建设税属于特殊目的税，专门用于城市的公用事业和公共设施的维护建设，是在缴纳增值税、消费税、营业税的同一环节计税，以纳税人实际缴纳的"三税"税额为计税依据而征收的一种税。

城市维护建设税具有以下三个特点：一是具有特定目的；二是属于一种附加税；三是根据城镇规模设计税率。

1. 纳税义务人

城市维护建设税的纳税人是负有缴纳消费税、增值税、营业税义务的单位和个人。目前，缴纳"三税"的外商投资企业和外国企业不缴纳城市维护建设税。

增值税、消费税、营业税的代扣代缴、代收代缴义务人同时也是城市维护建设税的代扣代缴、代收代缴义务人。

2. 计税依据

城建税以纳税人实际缴纳的消费税、增值税、营业税税额为计税依据,但海关代征的进口货物增值税、消费税,不缴纳城建税。纳税人因违反上述三项税金有关规定而加收的滞纳金和罚款,不作为城建税的计税依据。纳税人在被查补消费税、增值税、营业税和被处以罚款时,应同时对其偷逃的城建税进行补税和罚款。城建税以"三税"为计税依据并同时征收,如果免征或减征"三税",也就意味着同时减免城建税。

对出口货物按规定实行增值税、消费税退税的,不能同时退还已缴纳的城建税。

3. 税率

城建税税率是纳税人应缴纳的城建税与纳税人实际缴纳的"三税"税额之间的比率。城建税税率应当按纳税人所在地的规定税率执行。按照纳税人所在地的不同,城建税税率分为以下三档:

(1) 纳税人所在地在市区的,税率为7%;

(2) 纳税人所在地在县城、建制镇的,税率为5%;

(3) 纳税人所在地不在市区、县城或建制镇的,税率为1%。

下列情况可按缴纳"三税"所在地的规定税率就地缴纳城建税:

(1) 由受托方代征代扣"三税"的单位和个人,按受托方所在地适用税率代征代扣城建税;

(2) 流动经营等无固定纳税地点的单位和个人,在经营地缴纳"三税"的,按经营地适用税率缴纳城建税。

(二)城市维护建设税的优惠政策

城建税原则上不单独减免,但因城建税具有附加税性质,当主税发生减免时城建税也相应地发生减免。城建税税收减免主要有以下几种情况:

(1) 随"三税"的减免而减免。对于因减免税而需要进行"三税"退库的,城建税也可同时退库。

(2) 海关代征增值税、消费税的,不征收城建税。对出口产品退还增值税、消费税的,不退还城建税。

(3) 对增值税、消费税、营业税"三税"实行先征后返、先征后退、即征即退办法的,除另有规定外,对随"三税"附征的城建税、教育费附加,一律不予退(返)还。

（三）城市维护建设税应纳税额的计算

城建税应纳税额＝纳税人实际缴纳的增值税、消费税、营业税税额×适用税率

【例 6.1】 某企业位于市区，5 月份经当地税务稽查局检查发现，该企业欠缴增值税 50 000 元，偷逃消费税 30 000 元。税务机关追缴了增值税和消费税税款，并处以 5 000 元的罚款。要求计算该企业应补缴的城市维护建设税。

应补缴的城市维护建设税＝(50 000＋30 000)×7％＝5 600(元)

（四）城市维护建设税的会计处理

城建税为价内税，应计入"营业税金及附加"账户。企业依照税法计算出应缴纳的城建税，应借记"营业税金及附加"等账户，贷记"应交税费——应交城市维护建设税"账户。企业交纳城市维护建设税，借记"应交税费——应交城市维护建设税"账户，贷记"银行存款"账户。

【例 6.2】 承例 6.1，该企业应纳的城建税的会计处理如下：

借：营业税金及附加　　　　　　　　　　　　　　5 600
　　贷：应交税费——应交城市维护建设税　　　　　　5 600

二、教育费附加会计

教育费附加是对缴纳增值税、消费税、营业税的单位和个人，以其实际缴纳的"三税"税额为计税依据征收的一种附加费。教育费附加是为发展教育事业而征收的一种专项资金。

（一）教育费附加的纳税人及税率

教育费附加的纳税人是负有缴纳"三税"义务的单位和个人，外商投资企业和外国企业暂不缴纳教育费附加。

教育费附加的费率为 3％，对从事卷烟生产的单位减半征收教育费附加。

（二）教育费附加的优惠政策

(1) 对海关征收的进口产品增值税、消费税，不征收教育费附加。

(2) 对由于减免"三税"而发生的退税，教育费附加也可同时退还。对出口产品退还增值税、消费税的，不退还已征收的教育费附加。

（三）教育费附加的计算

教育费附加＝纳税人实际缴纳的增值税、消费税、营业税税额×教育费附加率

【例 6.3】 某卷烟生产企业 11 月向税务机关缴纳增值税 300 万元,消费税 800 万元,营业税 50 万元,进口货物向海关缴纳增值税 100 万元,要求计算该企业当月应缴纳的教育费附加。

应纳教育费附加为(实际缴纳的增值税税额＋实际缴纳的消费税税额＋实际缴纳的营业税税额)×3％×50％＝(300＋800＋50)×3％×50％＝17.25(万元)。

（四）教育费附加的会计处理

教育费附加的核算与城建税相同,企业应设置"应交税费——应交教育费附加"明细账户。企业依照税法计算出应缴纳的教育费附加,借记"营业税金及附加"等账户,贷记"应交税费——应交教育费附加"账户。企业交纳教育费附加时,借记"应交税费——应交教育费附加"账户,贷记"银行存款"账户。

第二节　土地增值税会计

一、土地增值税概述

土地增值税是指转让国有土地使用权、地上的建筑物及其附着物并取得收入的单位和个人,就其转让房地产所取得的增值额征收的一种税。不包括以继承、赠与方式无偿转让房地产的行为的所得。

（一）土地增值税的特点

(1) 以转让房地产取得的增值额为征税对象;
(2) 采用扣除法和评估法计算增值额;
(3) 实行超率累进税率;
(4) 实行按次征收。

按照土地增值税有关法规的规定,土地增值税的纳税范围包括:转让国有土地使用权;地上建筑物及其附着物连同国有土地使用权一并转让。地上的建筑是指建于土地上的一切建筑物,包括地上地下的各种附属设施;附着物是指附着于土地上的不能移动,一经移动即遭损坏的物品。

（二）界定土地增值税纳税范围的标准

(1) 转让的土地使用权为国家所有;

(2) 土地使用权、地上建筑物及其附着物的产权已发生转让；

(3) 房地产转让收入已经取得。

(三) 土地增值税征税范围的具体判定

(1) 以出售方式转让国有土地使用权、地上建筑物和附着物。这种情况符合上述界定土地增值税纳税范围的三项标准，所以属于土地增值税的纳税范围。

(2) 以继承、赠与方式转让房地产。这种情况下，房地产产权虽然发生了转让，但转让方并未取得相应的收入，所以不属于土地增值的纳税范围。

(3) 房地产出租。房地产出租业务中，出租人虽取得了收入，但房产产权、土地使用权并没有被转让。所以房地产出租不缴土地增值税。

(4) 房地产抵押。房地产抵押期间，房产的产权、土地使用权并没有发生权属的变更，因此，对房地产的抵押，在抵押期间不纳土地增值税。抵押期满后，如果房地产权属转让，应纳土地增值税。

(5) 房地产交换。房地产交换即发生了房产产权、土地使用权的转移，交换双方又取得了实物收入，应缴纳土地增值税。

(6) 企业兼并转让房地产，暂免征收土地增值税。

(7) 房地产的重新评估。房地产重估增值，房地产权属未发生转移，房产所有人、土地使用权人也未取得收入，所以不属于土地增值税纳税范围。

二、土地增值税的税率

土地增值税实行四级超率累进税率，按增值额与扣除项目金额的比率（增值率）从低到高分为四个级次，对各级次分别规定不同的税率。

(1) 增值额超过扣除项目金额50%（含50%）的部分，税率为30%；

(2) 增值额超过扣除项目金额50%，未超过扣除项目金额100%（含100%）的部分，税率为40%；

(3) 增值额超过扣除项目金额100%，未超过扣除项目金额200%（含200%）的部分，税率为50%；

(4) 增值额超过扣除项目金额200%的部分，税率为60%。

三、土地增值税的优惠政策

(1) 纳税人建造普通标准住宅出售，增值额未超过扣除项目金额20%的，可免缴土地增值税。

(2) 国家建设需要依法征用、收回的房地产,可免缴土地增值税。

(3) 以房地产进行投资、联营,投资联营的一方以土地(房地产)作价入股,将房地产转让到所投资、联营的企业,可免缴土地增值税。

四、土地增值税的计算

(一) 土地增值税的计税依据

土地增值税的计税依据是纳税人转让房地产取得的增值额,即纳税人转让房地产取得的收入,减去规定的扣除项目金额后的余额。

1. 转让收入的确定

纳税人转让房地产取得的收入是指转让房地产取得的全部价款及有关的经济收益。从收入的形式上看,包括货币收入、实物收入和其他收入。其中,其他收入指纳税人转让国有土地使用权、地上建筑物及附着物而取得的无形资产收入或具有财产价值的权利。专利权、商标权等的价值需要进行专门的评估。另外,实物形态的财产也应进行估价。

2. 扣除项目的确定

计算土地增值税时,准予从房地产转让收入额中扣除的项目主要包括以下内容:

(1) 取得土地使用权所支付的金额。取得土地使用权所支付的金额是指纳税人为取得土地使用权所支付的地价款和按国家统一规定缴纳的有关费用。

(2) 开发土地和新建房及配套设施的成本(房地产开发成本)。该项目包括土地征用及拆迁补偿费、前期工程费、建筑安装工程费、基础设施费、公共配套设施费、开发间接费用。

(3) 开发土地和新建房及配套设施的费用(也称房地产开发费用)。该项费用是指与房地产开发项目有关的销售费用、管理费用、财务费用。

房地产开发费用按规定标准扣除,而不是按实际发生额从转让收入中扣除,扣除标准如下:财务费用中的利息支出,凡能够按转让房地产项目计算分摊并提供金融机构证明的,允许据实扣除,但最高不能超过按商业银行同类同期贷款利率计算的金额。其他房地产开发费用,按上述(1)、(2)项规定计算的金额之和的5%(含5%)以内计算扣除。凡不能按转让房地产项目计算分摊利息支出或不能提供金融机构证明的,房地产开发费用按上述(1)、(2)项规定计算的金额之和的10%以内计算扣除。扣除的具体比例,由各省、自治区、直辖市人民政府规定。

(4) 与转让房地产有关的税金。与转让房地产有关的税金是指在转让房地产时缴纳的营业税、城市维护建设税、印花税;因转让房地产缴纳的教育费附加,也可视同税金予以扣除。房地产开发企业在转让房地产时缴纳的印花税,不允许在此扣除。

(5) 财政部规定的其他扣除项目。从事房地产开发的纳税人可按(1)、(2)项计算的金额之和,加计20%扣除。此项优惠的适用范围限定于从事房地产开发的纳税人,主要目的是抑制房地产投机行为。

(6) 转让旧房及建筑物,计算土地增值税可扣除的项目包括:房屋及建筑物评估价格、取得土地使用权所支付的地价款和按国家统一规定缴纳的有关费用及在转让环节缴纳的税金。取得土地使用权时未支付的价款或不能提供已支付的地价款凭据的,在计征土地增值税时不得扣除。这里,旧房及建筑物的评估价格,是指在转让已使用的房屋及建筑物时,由政府批准建立的房地产评估机构评定的重置成本价乘以成新度折扣率的价格。评估价格须经当地税务机关确认。

(二) 土地增值税应纳税额的计算

$$应纳税额 = \sum(每级距的土地增值额 \times 适用税率)$$

土地增值税实行四级超率累进税率,只有计算出增值额占扣除金额的比率(增值率),才能确定相应的适用税率。

分别计算应纳税额较为繁琐,所以在实务中,一般采用速算扣除法计算应纳土地增值税额。计算公式为:

$$应纳税额 = 增值额 \times 适用税率 - 扣除项目金额 \times 速算扣除系数$$

(1) 增值额未超过扣除项目金额50%的:应纳税额=增值额×30%。

(2) 增值额超过扣除项目金额50%,未超过100%的:应纳税额=增值额×40%-扣除项目金额×5%。

(3) 增值额超过扣除项目金额100%,未超过200%的:应纳税额=增值额×50%-扣除项目金额×15%。

(4) 增值额超过扣除项目金额200%的:应纳税额=增值额×60%-扣除项目金额×35%。

公式中5%、15%、35%分别为二、三、四级距的速算扣除系数。

【例6.4】 某房地产开发企业2008年1月将其开发的写字楼一幢出售,共取得收入3 800万元。企业为开发该项目支付土地出让金600万元,房地产开发成本为1 400万元,专门为开发该项目支付的贷款利息120万元。为转让该项目应当缴纳营业税、城市维护建设税、教育费附加等共计210万元。当地政府规定,企业可以按土地使用权出让费、房地产开发成本之和的5%计算扣除其房地产开发费用。另外,税法规定,从事房地产开发的企业可以按土地出让费和房地产开发成本之和的 20%加计扣除。

(1) 扣除项目金额＝600＋1 400＋120＋210＋(600＋1 400)×5%＋(600＋1 400)×20%＝600＋1 400＋120＋210＋100＋400＝2 830(万元)。

(2) 增值额＝3 800－2 830＝970(万元)。

(3) 增值额占扣除项目比例＝970÷2 830＝34.28%＜50%。

(4) 应纳税额＝970×30%＝291(万元)。

五、土地增值税的纳税申报与缴纳

土地增值税的纳税人应自转让房地产合同签订之日起 7 日内,向房地产所在地主管税务机关办理纳税申报,并向税务机关提交房屋及建筑物产权、土地使用权证书,土地转让、房地产买卖合同,房地产评估报告及其他与转让房地产有关的资料。这里,房地产所在地,是指房地产的坐落地。纳税人转让的房地产坐落在两个或两个以上地区的,应按房地产所在地分别申报纳税。

纳税人因经常发生房地产转让而难以在每次转让后申报的,经税务机关审核同意后,可以定期进行纳税申报,具体期限由税务机关根据情况确定。

纳税人应在税务机关核定的期限内缴纳土地增值税。纳税人未按照税法规定缴纳土地增值税的,土地管理部门、房产管理部门不得办理有关的权属变更手续。

土地增值税以人民币为计算单位。转让房地产所取得的收入为外国货币的,以取得收入当天或当月 1 日国家公布的市场汇价折合成人民币,据以计算应纳土地增值税额。

六、土地增值税的会计处理

企业应当在"应交税费"科目下设"应交土地增值税"明细科目,专门用来核算土地增值税的发生和缴纳情况,其贷方反映企业计算出的应交土地增值税,其借方反映企业实际缴纳的土地增值税,余额在贷方反映企业应交而未交的土地增值税。

1. 主营房地产业务的土地增值税会计处理

采用一次性收款的现房销售,应于房地产移交和发票账单提交购房者时,计算应由实现的营业收入负担的土地增值税,借记"营业税金及附加",贷记"应交税费——应交土地增值税"。

房地产企业采用分期收款方式销售现房的,应于合同规定的收款时间计算应缴土地增值税,并借记"营业税金及附加",贷记"应交税费——应交土地增值税"。

2. 兼营房地产业务的土地增值税会计处理

兼营房地产业的企业,转让房地产应缴纳的土地增值税由"其他业务支出"负担。应作借记"其他业务支出",贷记"应交税费——应交土地增值税"的会计处理。

3. 转让房地产业务的土地增值税会计处理

企业转让以行政划拨方式取得的土地使用权,如仅转让国有土地使用权,转让时应缴纳的土地增值税,应计入"其他业务支出";如将国有土地使用权连同地上建筑物及其他附着物一并转让,应纳的土地增值税,应借记"固定资产清理"账户,贷记"应交税费——应交土地增值税"账户。

【例6.5】 承例6.4,该企业应作如下会计处理:

(1) 收入实现时:

借:银行存款 38 000 000
　　贷:主营业务收入 38 000 000

(2) 计提土地增值税时:

借:营业税金及附加 2 910 000
　　贷:应交税费——应交土地增值税 2 910 000

(3) 缴纳土地增值税时:

借:应交税费——应交土地增值税 2 910 000
　　贷:银行存款 2 910 000

第三节　资源税会计

一、资源税概述

资源税是对在我国境内开采应税自然资源而征收的一种税,其开征目的主要是调节由于资源条件差异形成的资源级差收入,促进国有自然资源的合理开发和有效配置。

(一) 资源税纳税人

资源税的纳税人为在我国境内开采应税资源的单位和个人。单位是指国有企业、集体企业、私有企业、股份制企业及其他企业和行政单位、事业单位、军事单位、社会团体及其他单位。个人是指个体经营者及其他个人。

(二) 资源税扣缴义务人

为加强资源税的征管,税法还规定,独立矿山、联合企业和其他收购资源税未税矿产品的单位,为资源税的扣缴义务人。独立矿山是指只采矿或只采矿和选矿,独立核算,自负盈亏的单位,其生产的原矿和精矿主要用于对外销售。联合企业是指采矿、选矿、冶炼(加工)连续生产的企业或采矿、冶炼(加工)连续生产的企业。其采矿单位,一般是该企业的二级或二级以下核算单位。扣缴义务人代扣代缴资源税的范围是收购除原油、天然气、煤炭以外的资源未税矿产品。未税矿产品是指资源税纳税义务人在销售其矿产品时,不能向扣缴义务人提供"资源税管理证明"的矿产品。"资源税管理证明"是证明销售的矿产品已缴纳资源税或已向当地税务机关办理资源税纳税申报的有效凭证,由当地主管税务机关开具。

(三) 资源税的特点

1. 征税范围较窄

自然资源是生产资料或生活资料的天然来源,它包括的范围很广,如矿产资源、土地资源、水资源、动植物资源等。目前我国的资源税征税范围较窄,仅选择了部分级差收入差异较大,资源较为普遍,易于征收管理的矿产品和盐为征税范围。随着我国经济的快速发展,对自然资源的合理利用和有效保护将越来越重要,因此,资源税的征税范围应逐步扩大。

2. 实行差别税额从量征收

我国现行资源税实行从量定额征收,一方面税收收入不受产品价格、成本和利润变化的影响,能够稳定财政收入;另一方面有利于促进资源开采企业降低成本,提高效率。同时,资源税按照"资源条件好、收入多的多征;资源条件差、收入少的少征"的原则,根据矿产资源等级分别确定不同的税额,以有效地调节资源级差收入。

3. 实行源泉课征

不论采掘或生产单位是否属于独立核算,资源税均规定在采掘或生产地源泉控制征收,这样既照顾了采掘地的利益,又避免了税款的流失。这与其他税种由独立核算的单位统一缴纳不同。

二、资源税的税目与单位税额

(一) 税目与单位税额

资源税的税目根据资源税应税产品和纳税人开采资源的行业特点设置,包括七大类,如表 6.1 所示。

表 6.1 资源税税目与单位税额表

税 目	税 额 幅 度
一、原油	8～30 元/吨
二、天然气	2～15 元/千立方米
三、煤炭	0.3～5 元/吨
四、其他非金属矿原矿	0.5～20 元/吨或者立方米
五、黑色金属矿原矿	2～30 元/吨
六、有色金属矿原矿	0.4～30 元/吨
七、盐	
固体盐	10～60 元/吨
液体盐	2～10 元/吨

(1) 原油是指开采的天然原油,不包括人造石油。

(2) 天然气是指专门开采或与石油同时开采的天然气,暂不包括煤矿产生的天然气。

(3) 煤炭是指原煤,不包括洗煤、选煤及其他煤炭制品。

(4) 其他非金属原矿是指上列产品和井矿盐以外的非金属矿原矿。

(5) 固体盐是指海盐原盐、湖盐原盐和井原盐;液体盐是指卤水。

纳税人具体使用应税的税额,由财政部与国务院有关部门根据纳税人所开采或者生产应税产品的资源状况,在规定的税额幅度内确定。纳税人开采或者生产不同税目应税产品的,应当分别在税额幅度内确定。纳税人开采或者生产不同税目应税产品的,应当分别核算不同税目应税产品的课税数量;未分别核算或者不能准确提供不同税目产品的课税数量的,从高适用税额。

(二) 扣缴义务人代缴资源税适用的单位税额的确定

(1) 独立矿山、联合企业收购与本单位矿种相同的未税矿产品,按照本单位相同矿种应税产品的单位税额,依据收购数量代扣代缴资源税。

(2) 独立矿山、联合企业收购与本单位矿种不同的未税矿产品,以及其他单位收购的未税矿产品,按照收购单位相应矿种规定的单位税额,依据收购数量代扣代缴资源税。

(3) 收购地没有相同品种矿产品的,按主管税务机关核定的单位税额,依据收购数量代扣代缴资源税。

三、资源税纳税申报与缴纳

(一)资源税纳税义务发生时间的确认

纳税人销售应税产品,其纳税义务发生时间是:

(1)纳税人采取分期收款结算方式的,其纳税义务发生时间为销售合同规定的收款日期的当天;

(2)纳税人采取预收货款结算方式的,其纳税义务发生时间为发出应税产品的当天;

(3)纳税人采取其他结算方式的,其纳税义务发生时间为收讫销售款或者取得索取销售款凭据的当天。

(二)资源税纳税地点

纳税人应纳的资源税,应当向应税产品开采或生产所在地主管税务机关缴纳。扣缴义务人代扣代缴的资源税,应当向收购地主管税务机关缴纳。纳税人在省、自治区、直辖市范围内开采或生产应税产品,其纳税地点需要调整的,由省、自治区、直辖市税务机关决定。

跨省开采资源税应税产品的单位,在下属生产单位与核算单位不在同一省、自治区、直辖市的,对其开采的矿产品,一律在开采地纳税,其应纳税款由独立核算、自负盈亏的单位,按照开采地的实际销售量(或者自用量)及适用的单位税额计算划拨。

(三)纳税期限

资源税的纳税期限为1日、3日、5日、10日、15日或者1个月,由主管税务机关根据实际情况具体核定。不能按固定期限计算纳税的,可以按次计算纳税。

纳税人以1个月为一期限纳税的,自期满之日起10日内申报纳税;以日为一期限纳税的,自期满之日起5日内预缴税款,于次月1日起10日内申报纳税并结清上月税款。

扣缴义务人的解缴税期限,比照上述规定执行。

四、资源税的税收优惠

依照税法,减征或者免征资源税主要在下列情况下发生:

(1) 开采原油过程中用于加热、修井的原油,免税。

(2) 纳税人开采或者生产应税产品过程中,因意外事故或者自然灾害等原因遭受重大损失的,由省、自治区、直辖市人民政府酌情给予减税或者免税的照顾。

(3) 国务院规定的其他减税、免税项目。具体包括:对独立矿山应纳的铁矿石资源税减征60%。

纳税人的减税、免税项目,应当单独核算课税数量;未单独核算或者不能准确提供课税数量的,不予减税或者免税。

五、资源税计算

资源税实行从量定额办法征收,计税依据是应税矿产品的课税数量。

(一) 确定资源税课税数量的基本方法

(1) 纳税人开采或者生产应税产品销售的,以销售数量为课税数量。

(2) 纳税人开采或者生产应税产品自用的,以自用数量为课税数量。

(二) 特殊情况下课税数量的确定

(1) 纳税人不能准确提供应税产品销售数量或移送使用数量的,以应税产品的产量或主管税务机关确定的折算比例换算成的数量为课税数量。

(2) 原油中的稠油、高凝油与稀油划分不清或不易划分的,一律按原油的数量课税。

(3) 对于连续加工前无法正确计算原煤移送使用量的煤炭,可按加工产品的综合回收率,将加工产品实际销售和自用量折算成原煤数量,作为课税数量。

(4) 金属和非金属矿产品原矿,因无法准确掌握纳税人移送使用原矿数量的,可将其按选矿比折算成原矿数量,作为课税数量。

(5) 纳税人以自产的液体盐加工固体盐,按固体盐的销售量征税。

近年来由于资源价格不断攀升,从量计征的方式已经脱离实际,资源税收入不能随资源产品价格和资源企业收益的变化而变化,税负水平过低,难以反映资源的稀缺程度造成资源浪费,因而我国酝酿数载的资源税改革于2010年6月1日在新疆正式启动,原油、天然气资源税实行从价计征,税率5%。

六、资源税应纳税额的计算

资源税应纳税额计算公式为:应纳税额=课税数量×单位税额。

扣缴义务人代扣代缴资源税的计算公式为:代扣代缴资源税税额＝收购未税矿产品数量×单位税额。

纳税人以外购的液体盐加工成固体盐的,其加工固体盐所耗用的液体盐的已纳税额准予扣除。

【例6.6】 某矿业联合公司从事天然气开采、煤矿开采、锰矿开采和冶炼,9月份生产经营情况如下:

(1) 气田独立开采天然气36 000千立方米,当月销售天然气27 000千立方米。

(2) 煤矿开采原煤580万吨,当月销售原煤260万吨,取得不含税销售额276 600万元;以原煤直接加工洗煤120万吨,对外销售90万吨,取得不含税销售额16 890万元(洗煤与原矿的选矿比为60%)。

(3) 收购未税锰矿石180万吨,每吨收购价30元。

资源税单位税额:天然气9元/千立方米,原煤4元/吨,锰矿石2元/吨。

要求:计算该矿业联合公司9月份应缴纳的资源税。

(1) 销售天然气应纳资源税＝27 000×9＝24.3(万元)。

(2) 销售原煤应纳资源税＝260×4＝1 040(万元)。

自用原煤应纳资源税＝(90÷60%)×4＝600(万元)。

(3) 收购未税锰矿石代扣代缴资源税＝180×2＝360(万元)。

七、资源税会计处理

资源税核算通过"应交税费——应交资源税"账户进行。企业计算出销售的应税产品应交纳的资源税,借记"营业税金及附加"等账户,贷记"应交税费——应交资源税"账户;企业计算出自产自用的应税产品应交纳的资源税,借记"生产成本"、"制造费用"等账户,贷记"应交税费——应交资源税"账户。缴纳资源税时,借记"应交税费——应交资源税"账户,贷记"银行存款"账户。

企业收购未税矿产品,按实际支付的收购款,借记"材料采购"等,贷记"银行存款"等账户,按代扣代缴的资源税,借记"材料采购"等,贷记"应交税费——应交资源税"账户;上交资源税时,借记"应交税费——应交资源税"账户,贷记"银行存款"账户。

企业外购液体盐加工固体盐,在购入液体盐时,按所允许抵扣的资源税,借记"应交税费——应交资源税"账户,按外购价款扣除允许抵扣资源税后的数额,借记"材料采购"等,按应支付的全部价款,贷记"银行存款"、"应付账款"等账户;企业加工成固体盐后,在销售时,按计算出的销售固体盐应交的资源税,借记"营业税金及附加"账户,贷记"应交税费——应交资源税"账户;将销售固体盐应纳资源税扣抵液体盐已纳资源税后的差额上交时,借记"应交税费——应交资源税"账户,贷记"银行存款"账户。

【例 6.7】 承例 6.6 计算该矿业联合公司的 9 月份应缴纳的资源税,作会计处理。

(1) 销售天然气时:

借:营业税金及附加　　　　　　　　　　　　243 000
　　贷:应交税费——应交资源税　　　　　　　　　243 000

(2) 销售原煤时:

借:营业税金及附加　　　　　　　　　　　　10 400 000
　　贷:应交税费——应交资源税　　　　　　　　　10 400 000

自用原煤时:

借:生产成本　　　　　　　　　　　　　　　6 000 000
　　贷:应交税费——应交资源税　　　　　　　　　6 000 000

(3) 收购未税锰矿石时:

借:材料采购　　　　　　　　　　　　　　　3 600 000
　　贷:应交税费——应交资源税　　　　　　　　　3 600 000

第四节　关　税　会　计

一、关税概述

关税是指进出口商品在经过一国关境时,由政府设置的海关向进出国境或关境的货物、物品征收的一种税。国境是指一个主权国家行使行政权力的领域范围;关境是指一个国家征收关税的领域。一般情况下,关境等于国境。当存在自由港、自由区、关税同盟或因政治经济方面的原因时,关境就有可能大于或小于国境。

(一) 关税的纳税人

关税的纳税人是指进口货物的收货人、出口货物的发货人、进出境物品的所有人。

(1) 进口货物的收货人、出口货物的发货人是依法取得外贸经营权,并实际进口或者出口货物的法人或者其他社会团体。

(2) 进出境物品的所有人包括该物品的所有人和推定所有人。

(二) 关税的征税范围

关税的征税范围是指准许进出境的货物和物品。其中,货物是指贸易性商品,物品是指包括入境旅客随身携带的行李和物品、个人邮递物品、各种运输工具上的服务人员携带的进口的自用物品、馈赠物品及其他方式进入国境(或关境)的个人物品。

(三) 关税的税率

我国现行的关税税率分为进口货物税率、出口货物税率和特别关税。

(1) 进口货物税率分为最惠国税率、协定税率、特惠税率、普通税率、关税配额税率。

(2) 出口货物税率只对少数资源性产品及易于竞相杀价、盲目出口的产品采用比例税率征收出口关税。

(3) 特别关税包括报复性关税、反倾销关税与反补贴关税、保障性关税。

(四) 关税的优惠政策

关税的优惠政策分为法定减免、特定减免和临时减免。

1. 法定减免

法定减免是指根据我国海关有关法规条例规定的减免税。法定减免的货物和物品有如下几类:

(1) 应征关税税额不足人民币 50 元的一票货物;

(2) 无商业价值的广告品和进出口货样;

(3) 外国政府、国际组织无偿赠送的物资;

(4) 进出境运输工具装载途中必需的燃料、物料和饮食用品;

(5) 因故退还的我国出口货物,由原发货人或其代理人申报入境,并提供原出口单证,经海关审查核实,可以免征进口关税,但不退还已征的出口关税;

(6) 因故退还的境外进口货物,由原收货人或其代理人申报出境,并提供原进口单证,经海关审查核实,可以免征出口关税,但不退还已征的进口关税;

(7) 在海关放行前遭受损失、损坏的货物可酌情减免关税。其实际情况包括:在境外运输途中或者在起卸过程中遭受损坏或损失的;在起卸后海关放行前,因不可抗力遭受损坏或损失的;海关查验时已经破漏、损坏或者腐烂,经证明不是保管不慎造成的。

2. 特定减免

特定减免是指除法定减免之外,由国务院或国务院授权机关颁布的法规、规章特别规定的减免,一般是对特定地区、特定企业或特定用途的进出口货物所实行的减免税。

3. 临时减免

临时减免是指除法定减免和特定减免以外,由国务院针对某个纳税人、某类商品、某个项目或某批进出口货物的特殊情况,临时给予的减免。

二、关税的计算

(一) 从价关税的计算方法

从价关税是以进出口货物的价格为标准计征关税。这里的价格不是指成交价格,而是指进出口商品的完税价格。其中,进口货物以海关审定的成交价格为基础的到岸价格作为完税价格。到岸价格包括货价,货物运抵中国关境内在输入地点起卸前的包装费、运费、保险费和其他劳务费等费用。出口货物的完税价格,由海关以货物向境外销售的成交价格为基础确定,并应包括货物运至我国境内在输出地点装卸前的运输及相应费用、保险费,但不包含出口关税。

从价关税应纳税额的计算公式为:

$$应纳税额 = 应税进出口货物数量 \times 单位完税价格 \times 适用税率$$

【例6.8】 某企业报关进口货物一批,离岸价为500 000美元,支付国外运输费34 000美元,保险费11 000美元,该货物适用的关税税率为20%,增值税税率为17%。进口报关当日市场汇价为1美元=6.80元人民币,计算该企业进口这批货物报关时应缴纳的税金。

$$进口关税完税价格 = (500\,000 + 34\,000 + 11\,000) \times 6.80$$
$$= 3\,706\,000 (元)$$
$$应纳进口关税 = 3\,706\,000 \times 20\% = 741\,200 (元)$$
$$进口应纳增值税 = (3\,706\,000 + 741\,200) \times 17\% = 756\,024 (元)$$

(二) 从量关税的计算方法

从量关税是依据商品的数量、重量、容量、长度和面积等计量单位为标准来征收关税的。它的特点是不因商品价格的涨落而改变税额,计算比较简单。

从量关税额的计算公式为:

$$应纳税额 = 应税进口货物数量 \times 单位税额$$

(三) 复合关税的计算方法

复合税亦称混合税。它是对进口商品既征从量关税又征从价关税的一种办法。一般以从量为主,再加征从价税。

混合税额的计算公式为:应纳税额＝应税进口货物数量×单位税额＋应税进口货物数量×单位完税价格×适用税率。

（四）滑准关税的计算方法

滑准税是指关税的税率随着进口商品价格的变动而反方向变动的一种税率形式,即价格越高,税率越低,税率为比例税率。因此,实行滑准税率,进口商品应纳关税税额的计算方法,与从价关税的计算方法相同。其计算公式如下:

应纳关税税额＝应税进口货物数量×单位完税价格×滑准关税税率

（五）特别关税的计算方法

特别关税的计算公式如下:

特别关税＝关税完税价格×特别关税税率
进口环节消费税＝进口环节消费税完税价格×进口环节消费税税率
进口环节消费税完税价格＝（关税完税价格＋关税＋特别关税）
　　　　　　　　　　　　÷（1－进口环节消费税税率）
进口环节增值税＝进口环节增值税完税价格×进口环节增值税税率
进口环节增值税完税价格＝关税完税价格＋关税＋特别关税
　　　　　　　　　　　　＋进口环节消费税

三、关税的会计处理

（一）自营进口业务关税的核算

企业自营进口业务所计缴的关税,在会计核算上是通过设置"应交税费——应交进口关税"和"材料采购"账户加以反映的。应缴纳的进口关税,借记"材料采购",贷记"应交税费——应交进口关税";实际缴纳时,借记"应交税费——应交进口关税",贷记"银行存款"。也可不通过"应交税费——应交进口关税"账户,而直接借记"材料采购"账户,贷记"银行存款"、"应付账款"等账户（出口业务会计处理也是这样）。

【例6.9】 承例6.8,该企业的会计处理如下:
(1) 购进货物并计算进口关税时:
借:材料采购　　　　　　　　　　　　　　　4 447 200
　贷:应交税费——应交进口关税　　　　　　　741 200
　　　应付账款　　　　　　　　　　　　　　3 706 000

(2) 缴纳进口税金时：

借：应交税费——应交增值税（进项税额）　　　　756 024
　　应交税费——应交进口关税　　　　　　　　　741 200
　　贷：银行存款　　　　　　　　　　　　　　　　　　1 497 224

（二）自营出口业务关税的核算

企业自营出口业务所计缴的关税，在会计核算上是通过设置"应交税费——应交出口关税"和"营业税金及附加"等账户加以反映的。应缴纳的出口关税，借记"营业税金及附加"，贷记"应交税费——应交出口关税"；实际缴纳时，借记"应交税费——应交出口关税"，贷记"银行存款"。

【例6.10】　某企业有进出口经营权，对外出口货物一批，离岸价为230 000元，该货物出口关税税率为15%。海关开出关税税款的缴纳凭证，企业以银行转账支票付讫税款。

应纳出口关税＝230 000÷(1＋15%)×15%＝30 200（元）

(1) 出口货物时，会计处理为：

借：应收账款　　　　　　　　　　　　　　　　　　230 000
　　贷：主营业务收入　　　　　　　　　　　　　　　　230 000

(2) 计提出口关税时，会计处理为：

借：营业税金及附加　　　　　　　　　　　　　　　30 000
　　贷：应交税费——应交出口关税　　　　　　　　　　30 000

(3) 实际缴纳出口关税时，会计处理为：

借：应交税费——应交出口关税　　　　　　　　　　30 000
　　贷：银行存款　　　　　　　　　　　　　　　　　　30 000

（三）代理进出口业务关税的核算

在代理进出口业务中，受托方一般不垫付货款，大多以收取手续费形式为委托方提供代理服务。因此，由于进出口而计缴的关税均由委托单位负担，受托单位即使向海关缴纳了关税，也只是代垫或代付，日后仍要从委托方收回。

代理进出口业务所计缴的关税，在会计核算上也是通过设置"应交税费"账户来反映的，其对应账户是"应付账款"、"应收账款"、"银行存款"等。

企业直接或通过外贸公司代理从国外进口原材料时，将应支付的进口关税与进口原材料的价款、运费和保险费、国内费用一起直接计入进口原材料成本，借记"材料采购"，贷记"银行存款"科目，不涉及"应交税费"科目。

企业根据同外商签订的加工装配和补偿贸易合同而引进的国外设备，应支付的进口关税借记"在建工程——引进设备工程",贷记"银行存款"科目。

【例 6.11】 甲企业委托某外贸公司进口材料一批;这批材料的离岸价为 250 000 美元,另支付运输费 12 000 美元、包装费 1 600 美元、保险费 2 400 美元。这批材料的关税税率为 10%,增值税税率为 17%,外汇牌价为 1 美元=6.80 元人民币。外贸公司按货价的 2%收取手续费。

$$关税完税价格=(250\ 000+12\ 000+1\ 600+2\ 400)\times 6.8=1\ 808\ 800(元)$$
$$应纳进口关税=1\ 808\ 800\times 10\%=180\ 880(元)$$
$$进口应纳增值税=(1\ 808\ 800+180\ 880)\times 17\%=338\ 245.60(元)$$

(1) 受托方的会计处理如下:

① 代理支付货款时:

借:应收账款 1 808 800
  贷:银行存款 1 808 800

② 计提并缴纳进口关税时,会计处理为:

借:应收账款 519 125.60
  贷:应交税费——应交增值税 338 245.60
    应交税费——应交进口关税 180 880.00

③ 实际缴纳进口关税时,会计处理为:

借:应交税费——应交增值税 338 245.60
  应交税费——应交进口关税 180 880.00
  贷:银行存款 519 125.60

④ 确认代理收入时,会计处理为:

借:应收账款 36 176
  贷:主营业务收入 36 176

(2) 委托方——甲企业的会计处理如下:

① 实际收到外贸公司报来的账单和税收缴款书时,会计处理为:

借:材料采购 2 025 856.00
  应交税费——应交增值税 338 245.60
  贷:应付账款 2 364 101.60

② 实际支付款项时的会计处理为:

借:应付账款 2 364 101.60
  贷:银行存款 2 364 101.60

第五节 房产税会计

一、房产税概述

房产税是以房产为征收对象,依据房产价格或房产租金收入向房产所有人或经营人征收的一种税,其纳税范围为城市、县城、工矿区、建制镇。

(一) 房产税的纳税人

房产税的纳税人是房屋的产权所有人(不含外商、外企、外籍个人)。其具体规定是:产权属于全民所有的,其经营管理的单位为纳税义务人;产权出典的,承典人为纳税义务人;产权所有人、承典人不在房产所在地的,或者产权未确定及租典纠纷未解决的,房产代管或者使用人为纳税人。

(二) 房产税计税依据与税率

房产税的计税依据有从价计征和从租计征两种形式。按房产计税价值征税的,为从价计征;按照房屋租金收入计征的,为从租计征。

1. 从价计征

从价计征房产税依照房产原值一次减除10%~30%后的余值计算缴纳,税率为1.2%。具体减除幅度,由省、自治区、直辖市人民政府规定。没有房产原值作为依据的,由房产所在地税务机关参考同类房产核定。

2. 从租计征

房屋出租的,以房产租金收入为房产税的计税依据,税率为12%。

有关房产税的计税依据,应注意以下两方面的问题:

一是用于投资联营的房产,在计征房产税时应区别对待:以房产投资联营,投资者参与投资利润分红、共担风险的,按房产余值作为计税依据;以房产投资,收取固定收入,不承担风险的,因其实际上是以联营名义取得房产租金,应由出租方按租金收入计缴房产税。

二是融资租赁房屋,融资租赁房屋与一般房屋出租不同,其租金包括购进房屋价款、手续费、借款利息等,且融资租赁期满,房屋产权转移至承租方,实际上是变相的分期购买固定资产,计征房产税时以房产余值为计税依据。租赁期内房产纳税人由当地税务机关确定。

（三）房产税税收优惠

国家机关、人民团体、军队自用的房产，由国家财政部门拨付事业经费的单位自用的房产，宗教寺庙、公园、名胜古迹自用的房产，个人的房产免纳房产税。上述单位和个人用于生产经营的房产除外。

二、房产税的计算

房产税按年计算，分期缴纳。与房产税的计税依据相适应，房产税应纳税额的计算也分为两种：从价计征的计算和从租计征的计算。

从价计征应纳房产税的计算公式为：

房产税＝应税房产原值×(1－扣除比例)×1.2%

房产原值是"固定资产"账户中记载的房屋原价，扣除比例是省、自治区、直辖市人民政府规定的10%～30%的比例。

从租计征应纳房产税的计算公式为：

应纳税额＝租金收入×12%

【例6.12】 甲企业2008年度自有房屋10栋，每栋房产原值100万元，其中8栋用于生产经营，2栋房屋用于出租，年租金收入40万元。计算甲企业2008年应缴纳的房产税。（当地政府规定房产税计算余值的扣除比例为30%。）

自有房产年应纳税额＝800×(1－30%)×1.2%＝6.72（万元）

出租房产年应纳税额＝40×12%＝4.8（万元）

2008年应纳房产税额＝6.72＋4.8＝11.52（万元）

三、房产税的会计处理

企业按规定分期计提房产税时，应借记"管理费用"或"其他业务成本"，贷记"应交税费——应交房产税"；实际缴纳房产税时，借记"应交税费——应交房产税"，贷记"银行存款"账户。期末，"应交税费——应交房产税"账户的贷方余额反映企业应交而未交的房产税。

【例6.13】 承例6.12，如果该企业按季度预缴房产税，则该企业的会计处理如下：

(1) 每季度计提房产税时：

借:管理费用 16 800
　　其他业务成本 12 000
　　贷:应交税费——应交房产税 28 800
(2)缴纳房产税时:
借:应交税费——应交房产税 28 800
　　贷:银行存款 28 800

第六节　城镇土地使用税会计

一、城镇土地使用税概述

城镇土地使用税是以城镇土地为征税对象,对拥有土地使用权的单位和个人征收的一种税。我国现行城镇土地使用税具有如下特点:

第一,城镇土地使用税是对占有或使用土地的行为征税;

第二,城镇土地使用税征税对象是国有土地;

第三,城镇土地使用税征税范围广泛;

第四,城镇土地使用税征税实行差别幅度税额。

征收城镇土地使用税,变土地的无偿使用为有偿使用,通过经济手段加强对土地的管理,有利于合理利用城镇土地,提高土地使用效益;有利于调节土地级差收入;同时也有助于理顺国家与土地使用者之间的分配关系。

(一)城镇土地使用税的纳税人

城镇土地使用税的纳税义务人为在城市、县城、建制镇、工矿区范围内使用土地的单位和个人。单位,包括国有企业、集体企业、私营企业、股份制企业、外商投资企业、外国企业以及其他企业和事业单位、社会团体、国家机关、军队以及其他单位;个人,包括个体工商户以及其他个人。依照税法规定,城镇土地使用税的纳税义务人可分为以下几种类型:

(1)拥有土地使用权的单位和个人为纳税义务人;

(2)拥有土地的单位和个人不在土地所在地的,土地使用税纳税义务人为土地的实际使用人和代管人;

(3)土地使用权未确定或权属纠纷未解决,纳税义务人为实际使用人;

(4) 土地使用权共有的,共有各方均为土地使用税纳税义务人,由共有各方分别纳税。

(二) 城镇土地使用税征税范围

城镇土地使用税的征税范围是在城市、县城、建制镇和工矿区内的国家和集体所有的土地。

(1) 城市是指国务院批准设立的市,包括市区和郊区。
(2) 县城是指县人民政府所在地。
(3) 建制镇是指镇人民政府所在地。
(4) 工矿区是指工商业比较发达,人口比较集中,符合国务院规定的建制镇标准,但尚未设立建制镇的大中型工商企业所在地。工矿区的确定须经省、自治区、直辖市人民政府批准。

(三) 城镇土地使用税的税率

按照税法规定,大、中、小城市和县城、建制镇、工矿区土地使用税每平方米年税额如表 6.2 所示。

表 6.2 城镇土地使用税定额税率表

级 别	人 口	每平方米年税额(元)
大 城 市	50 万以上	1.5～30
中 等 城 市	20 万～50 万	1.2～24
小 城 市	20 万以下	0.9～18
县城、建制镇、工矿区	—	0.6～12

省、自治区、直辖市人民政府,应在税法规定的税额幅度内,根据市政府建设状况、经济繁荣程度等条件,确定所辖地区的税额幅度。经省、自治区、直辖市人民政府批准,经济落后地区土地使用税的适用税额标准可以适当降低,但降低额不得超过税法规定的最低税额的 30%。经济发达地区土地使用税的适用税额标准可以适当提高,但须报经财政部批准。

二、应纳税额计算

城镇土地使用税应纳税额的计算公式为:

全年应纳税额=实际占用应税土地面积(平方米)×单位税额

【例 6.14】 某市一家商场,其土地使用证记载占用土地的面积为 6 000 平方米,经确定属一等地段;该商场另设两个统一核算的分店,均坐落在市区三等地段,共占地 9 000 平方米。计算该商场全年应纳城镇土地使用税。(商场所在城市的城镇土地使用税单位税额为:一等地段年税额 8 元/平方米;三等地段年税额 5 元/平方米。)

年应纳税额=6 000×8+9 000×5=93 000(元)

三、城镇土地使用税的免缴

免缴城镇土地使用税的范围包括:
(1) 国家机关、人民团体、军队自用的土地;
(2) 由国家财政部门拨付事业经费的单位自用土地;
(3) 宗教寺庙、公园、名胜古迹自用的土地;
(4) 市政街道、广场、绿化地带等公共用地;
(5) 直接用于农、林、牧、渔业的生产用地;
(6) 经批准开山填海整治的土地和改造的废弃土地,从使用的月份起免缴土地使用税 5~10 年;
(7) 财政部另行规定免税的能源、交通、水利设施用地和其他用地。

除上述规定外,纳税人缴纳土地使用税确有困难需要定期减免的,由省、自治区、直辖市税务机关审核后,报国家税务局批准。

四、城镇土地使用税的缴纳

城镇土地使用税按年计算,分期缴纳。缴纳期限由省、自治区、直辖市人民政府确定。新征用耕地,自批准征用之日起满一年时开始缴纳土地使用税;征用的非耕地,自批准征用次月起缴纳土地使用税。土地使用税由土地所在地的税务机关征收。土地管理机关应当向土地所在地的税务机关提供土地使用权属资料。

五、城镇土地使用税的会计处理

企业应通过"应交税费——应交城镇土地使用税"账户对城镇土地使用税进行核算。该账户贷方反映企业应缴纳的城镇土地使用税,借方反映企业已经缴纳的城镇土地使用税;余额在贷方,表示应交而未交的城镇土地使用税。

企业按规定计算应缴纳的城镇土地使用税时,借记"管理费用"账户,贷记"应交税费——应交城镇土地使用税"账户;缴纳城镇土地使用税时,借记"应交税费——应交城镇土地使用税",贷记"银行存款"账户。

【例6.15】 承例6.14,如果该商场每季度缴纳一次城镇土地使用税,则该商场的会计处理如下:

(1) 每季度计提城镇土地使用税时:

借:管理费用　　　　　　　　　　　　　　　　　　　　　23 250
　　贷:应交税费——应交城镇土地使用税　　　　　　　　　23 250

(2) 上缴税金时:

借:应交税费——应交城镇土地使用税　　　　　　　　　　23 250
　　贷:银行存款　　　　　　　　　　　　　　　　　　　　23 250

第七节　车船税会计

一、车船税概述

车船税是对依法应当在车船管理部门登记的车船征收的一种税。

车船税的纳税人是车辆、船舶的所有人或管理人,即在我国境内拥有车船的单位和个人。单位是指行政机关、事业单位、社会团体以及各类企业。个人是指我国境内的居民和外籍个人。应税车船的所有人或管理人未缴纳车船税的,应由使用人代缴。

从事机动车交通事故责任强制保险业务的保险机构为机动车车船税的扣缴义务人,应当依法代收代缴车船税。

二、车船税的计算

车船税实行从量征收,车船税的计税依据按车船的种类和性能分别确定。

1. 载客汽车及摩托车以"辆"为计税依据。
2. 载货汽车、三轮汽车及低速货车以"整备质量(空车重量)"为计税依据。
3. 机动船舶以"净吨位"为计税依据。
4. 游艇以"艇身长度"为计税依据。

车船税应纳税额的计算公式为:

　　　年应纳税额＝计税依据×适用税额

【例 6.16】 某运输公司 2012 年拥有载货汽车 10 辆,货车整备质量全部为 5 吨;大型客车 15 辆;小型客车 20 辆。当地规定的车船使用税年税额为:载货汽车每吨 50 元;大型客车每辆 1 080 元;小型客车每辆 960 元。计算该公司 2012 年应纳的车船税。

年应纳车船税税额=10×5×50+15×1 080+20×960=37 900(元)

三、车船税的缴纳

车船税按年向地方税务机关申报缴纳,具体申报纳税期限由省、自治区、直辖市人民政府确定。车船税的纳税义务发生时间为车船管理部门核发的车船登记证书所记载日期的当月。车船税的纳税地点由省、自治区、直辖市人民政府根据当地实际情况确定,跨省、自治区、直辖市使用的车船,纳税地点为车船的登记地。

四、车船税的会计处理

企业应通过"应交税费——应交车船税"账户对车船税进行核算。企业按规定计算应缴纳的车船税时,借记"管理费用"账户,贷记"应交税费——应交车船税"账户;缴纳车船税时,借记"应交税费——应交车船税",贷记"银行存款"账户。

【例 6.17】 承例 6.16,运输公司的会计处理如下:

(1) 计提车船税时:

借:管理费用　　　　　　　　　　　　　　　　37 900
　　贷:应交税费——应交车船税　　　　　　　　　37 900

(2) 上缴税金时:

借:应交税费——应交车船税　　　　　　　　　　37 900
　　贷:银行存款　　　　　　　　　　　　　　　　37 900

第八节　车辆购置税会计

一、车辆购置税概述

车辆购置税是对购置应税车辆的单位和个人征收的一种税。车辆购置税具有以下特点：

第一，车辆购置税兼有财产税和行为目的税的性质；

第二，车辆购置税实行价外征收，税负不转嫁制度；

第三，车辆购置税在购置车辆的特定环节实行一次课征。

1. 车辆购置税的纳税人

车辆购置税的纳税人为在我国境内购置应税车辆的单位和个人。购置包括购买、进口、自产、受赠、获奖或者以其他方式取得并自用应税车辆的行为。单位是指国有企业、集体企业、私营企业、股份制企业、外商投资企业、外国企业以及其他企业和事业单位、社会团体、国家机关、部队以及其他单位。

2. 车辆购置税的征税范围

车辆购置税的征收范围包括汽车、摩托车、电车、挂车、农用运输车。

3. 车辆购置税的税率

车辆购置税实行统一比例税率，税率为10%。

4. 车辆购置税的优惠政策

（1）外国驻华使馆、领事馆和国际组织驻华机构及其外交人员自用的车辆免税；

（2）中国人民解放军和中国人民武装警察部队列入军队武器装备订货计划的车辆免税；

（3）设有固定装置的非运输车免税；

（4）国务院规定予以免税或者减税的其他情形，按规定免税或减税。

二、车辆购置税应纳税额计算

车辆购置税应纳税额的计算公式为：

$$应纳税额 = 计税价格 \times 10\%$$

车辆购置的计税价格根据不同情况，按照下列规定确定：

（1）纳税人购买自用的应税车辆的计税价格，为纳税人购买应税车辆而支付给销售者的全部价款和价外费用，不包括增值税税款。

（2）纳税人进口自用的应税车辆，其计税价格的计算公式为：计税价格＝关税完税价格＋关税＋消费税。

（3）纳税人以外汇方式结算应税车辆价款的，按照申报纳税之日的市场汇价折算成人民币后计算应纳税额。

（4）纳税人自产、受赠、获奖或者以其他方式取得并自用的应税车辆的计税价格，由主管税务机关参照规定的最低计税价格核定。最低计税价格并非固定不变，会随车价的上涨或下跌而调整。

国家税务总局参照应税车辆市场平均交易价格,规定不同类型应税车辆的最低计税价格。纳税人购买自用或者进口自用的应税车辆,申报的计税价格低于同类型应税车辆的最低计税价格,又无正当理由的,按照最低计税价格征收车辆购置税。

(5)纳税人通过非贸易渠道进口车辆的最低计税价格为同类型新车的最低计税价格。

(6)已经缴纳车辆购置税并办理登记手续的车辆,若更换发动机或底盘的,其最低计税价格按同类新车最低计税价格的70%计算。

【例6.18】 某公司3月份接受捐赠小轿车一辆自用,公司取得的发票上注明的金额为99 000元。经主管机关审核,国家税务总局规定该车型的最低计税价格为120 000元。计算该公司应缴纳的车辆购置税。

应纳车辆购置税税额=120 000×10%=12 000(元)

三、车辆购置税的缴纳

纳税人应自购买日、进口日、受赠、获奖等车辆取得日起,60天内进行纳税申报。纳税人购置应税车辆,应向车辆登记注册的主管税务机关申报纳税;购置不需要办理车辆登记注册手续的应税车辆,应向纳税人所在地的主管税务机关申报纳税。

车辆购置税实行一次征收制度。购置已征车辆购置税的车辆,不再征收车辆购置税。

四、车辆购置税的会计处理

企业以购买、进口、自产、受赠、获奖以及以其他方式取得并自用的应税车辆,按规定应缴纳的车辆购置税,以及企业购置的减税、免税车辆改制后用途发生变化,按规定应补交的车辆购置税,企业应在缴纳车辆购置税时,借记"固定资产"账户,贷记"银行存款"账户。车辆购置税的会计处理也可以通过"应交税费"账户进行。

【例6.19】 承例6.18,该公司缴纳车辆购置税时的会计处理为:
借:固定资产　　　　　　　　　　　　　　　　12 000
　　贷:银行存款　　　　　　　　　　　　　　　　　12 000

第九节 印花税会计

一、印花税概述

印花税是对经济活动和经济交往中书立、使用、领受具有法律效力凭证的行为征收的一种税。印花税特点及其意义主要体现在以下几方面：

第一，印花税的征税范围广泛。

税法列举的合同或具有合同性质的凭证、产权转移书据、营业账簿及权利、许可证照等，都必须缴纳印花税。因此，印花税涉及经济活动的各个方面。通过对各种应税凭证贴花和检查，可及时了解和掌握纳税人的经济活动情况，并促使各种经济活动的合法化、规范化。

第二，印花税实行"三自"的纳税方法。

即纳税人在书立、使用、领受应税凭证时，发生纳税义务的同时，先根据凭证所载计税金额和适用的税目、税率，自行计算应纳税额；再由纳税人自行购买印花税票，一次足额粘贴在应税凭证上；最后由纳税人按照有关税收法规的规定，对已粘贴的印花税票自行注销或画销。至此，纳税人的纳税义务履行完毕。印花税具有纳税人自行完税、轻税重罚的特点，有助于提高纳税人自觉纳税的法制观念。

（一）印花税的纳税人

印花税的纳税义务人为在我国境内书立、领受印花税法所列举凭证的单位和个人。按照书立、使用、领受应税凭证的不同，印花税纳税义务人分为立合同人、立据人、立账簿人、领受人和使用人。对由两方或两方以上当事人共同书立的应税凭证，当事人各方都是纳税人，各自就所持凭证的金额纳税。

（1）立合同人。立合同人是指合同的当事人。合同是指根据《中华人民共和国合同法》和其他有关合同法规订立的合同。具有合同性质的凭证，是指具有合同效力的协议、契约、合约、单据、确认书及其他各种名称的凭证。当事人指对凭证有直接权利义务关系的单位和个人。

（2）立据人。产权转移书据的纳税人是立据人。产权转移书据，是指单位和个人因产权的买卖、继承、赠与、交换、分割等所立的书据。

（3）立账簿人。

(4) 领受人。权利、许可证照的纳税人是领受人。领受人是领取或接受并持有该项凭证的单位和个人。

(5) 使用人。在国外书立、领受,但在国内使用的应税凭证,其纳税人是使用人。

(二) 印花税税目、税率

印花税的税目是指印花税法规规定的应税项目,它具体划分了印花税的征税范围。印花税的税率有比例税率和定额税率两种形式。

(1) 比例税率。各类合同以及具有合同性质的凭证、产权转移书据、营业账簿中记载资金的账簿等税目,适用比例税率。

(2) 定额税率。"权利、许可证照"和"营业账簿"税目中的其他账簿,适用定额税率。

印花税税目、税率表如表 6.4 所示。

表 6.4 印花税税目、税率表

税 目	范 围	税 率	纳税人	说 明
1. 购销合同	供应、预购、采购销结合及协作、调剂、补偿、易货等合同	按购销金额 0.3‰贴花	立合同人	
2. 加工承揽合同	加工、定作修缮、修理、印刷、广告、测绘、测试等合同	按加工或承揽收入 0.5‰贴花	立合同人	
3. 建设工程勘察设计合同	勘察设计合同	按收取费用 0.5‰贴花	立合同人	
4. 建筑安装承包合同	建筑、安装工程承包合同	按承包金额 0.3‰贴花	立合同人	
5. 财产租赁合同	租赁房屋、船舶、飞机、机动车辆、机械、器具、设备等	按租赁金额 1‰贴花,金额不足 1 元的,按 1 元贴花	立合同人	
6. 货物运输合同	民用航空运输、铁路运输、海上运输、内河运输、公路运输和联运合同	按运输费用 0.5‰贴花	立合同人	单据作为合同使用,按合同贴花
7. 仓储保管合同	仓储、保管合同	按仓储保管费用 1‰贴花	立合同人	仓库或栈单作为合同使用,按合同贴花

续表

税　目	范　围	税　率	纳税人	说　明
8. 借款合同	银行及其他金融组织和借款人(不包括银行同业拆借)所签订的借款合同	按借款金额0.05‰贴花	立合同人	单据作为合同使用,按合同贴花
9. 财产保险合同	财产、责任保证、信用等保险合同	按投保金额1‰贴花	立合同人	单据作为合同使用,按合同贴花
10. 技术合同	技术开发、转让、咨询、服务等合同	按所载金额0.3‰贴花	立合同人	
11. 产权转移书据	财产所有权和版权、商标专用权、专利权、专有技术使用权等转移书据	0.5‰	立据人	
12. 营业账簿	生产经营用账册	按实收资本和资本公积之和的0.5‰贴花,其他账簿每件贴花5元	立账簿人	
13. 许可证照	政府部门发给的房屋产权证、工商营业执照、商标注册证、专利证、土地使用证	每件贴花5元	领受人	

(三) 印花税的优惠政策

(1) 已缴纳印花税凭证的副本或者抄本,但以副本或抄本视同正本使用的,应另贴印花。

(2) 财产所有人将财产赠给政府、社会福利单位、学校所立的书据。

(3) 经财政部批准免税的其他凭证:

① 国家制定的收购部门与村民委员会、农民个人书立的农副产品收购合同。

② 无息、贴息贷款合同。无息、贴息贷款合同是指我国各专业银行按照国家金融政策发放的无息贷款,以及由各专业银行发放并按有关规定由财政部门或中国人民银行给予贴息的贷款项目所签订的贷款合同。

③ 外国政府或者国际金融组织向我国政府及国家金融机构提供优惠贷款所书立的合同。

二、印花税应纳税额的计算

纳税人应纳印花税额,应根据应税凭证的性质,分别按比例税率和定额税率计算。

应纳税额＝应税凭证计税金额(或应税凭证件数)×适用税率

在计算应纳印花税额时,应注意:

(1) 同一凭证载有两个或两个以上经济事项,使用不同税目、税率,如果分别记载金额,应分别计算应纳税额,相加后按合计税额贴花;如未分别记载金额,则按税率高的计税贴花。

(2) 按金额比例贴花的应税凭证,未标明金额的,应按照凭证所载数量及国家牌价计算金额;没有国家牌价的,按市场价格计算金额,然后按规定税率计算应纳税额。

(3) 应纳税凭证所载金额为外国货币,纳税人应按照凭证书立当日的中华人民共和国国家外汇管理局公布的外汇牌价折合人民币,计算应纳税额。

(4) 有些合同在签订时无法确定计税金额,如某些技术转让业务,转让收入按销售收入或实现利润的一定比例计算。对这类合同,可在签订时先按定额——5元贴花,以后结算时再按税金金额计税,补贴印花。

(5) 对股票交易征收印花税。股份制试点企业向社会公开发行的股票,因购买、继承、赠与所书立的股权转让书据,均依书立时证券交易市场当日实际成交价格计算的金额,由出让方按1‰的税率缴纳印花税。

【例6.20】 某公司于2008年3月开业,注册资金300万元,3月份发生经济业务如下:

领受房产证、工商营业执照、商标注册证、土地使用证各一件;资金账册中记载实收资本280万元,另有其他账簿8本;签订购销合同两份,共记载金额170万元;签订货物运输合同两份,支付运费3万元,装卸费0.3万元。

试计算该公司3月份应缴纳的印花税。

领受权利、许可证照应缴纳的印花税:$4 \times 5 = 20$（元）

账簿应缴纳的印花税:$2\,800\,000 \times 0.5‰ + 8 \times 5 = 1\,440$（元）

订立购销合同应纳税额:$1\,700\,000 \times 0.3‰ = 510$（元）

订立货物运输合同应纳税额:$33\,000 \times 0.5‰ = 16.5$（元）

三、印花税的会计处理

由纳税人根据税法规定自行计算应纳税额,自行购买并一次贴足印花税票的

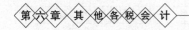

方法,不会形成税款债务。因此,印花税的会计处理可以不设置"应交税费"账户,在缴纳税金时直接贷记"银行存款"账户。缴纳印花税应借记的账户,则应视业务的具体情况确定。在固定资产、无形资产购销、租赁、转让业务中,购买方(或承受方、承租方)和销售方(或转让方、出租方)均应缴纳印花税。前者将印花税计入"固定资产"、"无形资产"、"管理费用"等账户,后者则计入"固定资产清理"、"其他业务支出"、"管理费用"等账户。

【例6.21】 经税务机关核查,某公司"实收资本"和"资本公积"合计金额为650 000元,已贴印花税票35元。税务机关责令其补税,并处以应补缴印花税4倍的罚款。

(1) 应补印花税=650 000×0.5‰-35=290(元)。

借:管理费用　　　　　　　　　　　　　　　290
　　贷:银行存款　　　　　　　　　　　　　　　290

(2) 应交罚款=290×4=1 160(元)。

借:营业外支出　　　　　　　　　　　　　　1 160
　　贷:银行存款　　　　　　　　　　　　　　　1 160

第十节　契税会计

一、契税概述

契税是在因房屋买卖、典当、赠与或交换而转移土地、房屋权属时,依据当事人双方订立的契约,由承受的单位和个人缴纳的财产税。土地、房屋权属是指土地使用权和房屋所有权。

(一) 契税的纳税人

契税的纳税人是境内转移房屋、土地产权的承受人。买卖契约中,买者为纳税人;房屋典当时,受典人是纳税人;房屋赠送他人时,受赠人是纳税人。

(二) 契税的征税对象

契税的征税对象是境内转移土地、房屋权属的行为。具体包括下列行为:

(1) 国有土地使用权出让,指土地使用者向国家交付土地使用权出让费用,国家将国有土地使用权在一定年限内让予土地使用者的行为。

（2）土地使用权转让，指土地使用者以出售、赠与、交换或者其他方式将土地使用权转移给其他单位和个人的行为。

（3）房屋买卖，指房屋所有者将其房屋出售，由承受者交付货币、实物、无形资产或者其他经济利益的行为。以下几种特殊情况，视同买卖房屋：

① 以房屋抵债或实物交换房屋；

② 以房产投资或作股权转让；

③ 买卖拆料或翻建新房。

（4）房屋赠与。

（5）房屋交换。

土地、房屋权属以下列方式转移的，视同土地使用权转让、房屋买卖或者房屋赠与征收契税：① 以土地、房屋权属作价投资、入股；② 以土地、房屋权属抵债；③ 以获奖方式承受土地、房屋权属；④ 以预购方式或者预付集资建房方式承受土地、房屋权属。

除上述情况外，税收法规对公司改制、改组中的契税有关的行为作出如下界定：

（1）公司制改造中，对不改变投资主体和出资比例改制成的公司制企业承受原企业土地、房屋权属的不征收契税；对独立发起、募集设立的股份有限公司承受发起人房屋、土地权属的，免征契税；对国有、集体企业改制成全体职工持股的有限责任公司或股份有限公司承受原企业土地、房屋权属的，免征契税；对其余涉及土地、房屋权属转移的，征收契税。

（2）企业合并。企业合并中新设方或者存续方承受被解散方土地、房屋权属，合并前各方为相同投资主体的，不征契税，其余征收契税。

（3）企业分立。企业分立中派生方、新设方承受原企业土地、房屋权属，不征契税。

（4）股权重组。股权重组主要包括股权转让和增资扩股两种形式。在股权转让中，单位、个人承受企业股权，企业的房屋、土地权属不发生转移，不征收契税；在增资扩股中，对以土地、房屋权属作价入股或作为出资投入企业的，征收契税。

（三）契税的税率及计税依据

契税实行3%～5%的幅度税率，各省、自治区、直辖市人民政府可以在此幅度税率规定的范围内，根据当地情况确定本地区契税税率。

契税的计税依据为不动产价格。不同房屋、土地权属转移方式下，契税计税依据如下：

(1) 国有土地使用权出让、土地使用权出售、房屋买卖,以成交价格为计税依据。成交价格指土地、房屋权属转移合同确定的价格,包括承受者应交付的货币、实物、无形资产或者其他经济利益。

(2) 土地使用权赠与、房屋赠与,由征收机关参照土地使用权出售、房屋买卖的市场价格核定。

(3) 土地使用权交换、房屋交换。土地使用权交换、房屋交换价格不相等的,由多交付货币、实物、无形资产或者其他经济利益的一方缴纳税款,计税依据为所交换的土地使用权、房屋价格的差额。交换价格相等的,免征契税。

税法规定,转移土地、房屋权属以外汇结算的,成交价格按照纳税义务发生之日中国人民银行公布的市场汇率中间价折合成人民币计算。

为避免偷逃税款,税法规定,成交价格明显低于市场价格并且无正当理由的,或者所交换土地使用权、房屋价格的差额明显不合理并且无正当理由的,征收机关参照市场价格核定计税依据。

二、契税优惠

契税优惠政策主要包括以下内容:

(1) 国家机关、事业单位、社会团体、军事单位承受土地、房屋用于办公、教学、医疗、科研和军事设施的,免征契税。

(2) 城镇职工按规定第一次购买公有住房的,免征契税。

(3) 因不可抗力灭失住房而重新购买住房的,酌情准予减征或者免征契税。不可抗力,是指自然灾害、战争等不能预见、不能避免并不能克服的客观情况。

(4) 土地、房屋被县级以上人民政府征用、占用后,重新承受土地、房屋权属的,是否减征或免征契税,由省、自治区、直辖市人民政府确定。

(5) 纳税人承受荒山、荒沟、荒丘、荒滩土地使用权,用于农、林、牧、渔业生产的,免征契税。

符合减征或免征契税规定的纳税人,应当在签订土地、房屋权属转移合同后10日内,向土地、房屋所在地的契税征收机关办理减征或免征契税手续。

三、契税的申报和缴纳

纳税人应当自纳税义务发生之日起10日内,向土地、房屋所在地的契税征收机关办理纳税申报,并在契税征收机关核定的期限内缴纳税款。纳税人签订土地、房屋权属转移合同的当天或纳税人取得其他具有土地、房屋转移合同性质凭证的当天,契税纳税义务发生。

纳税人办理纳税事宜后,契税征收机关应当向纳税人开具契税完税凭证。纳税人应当持契税完税凭证和其他规定的文件材料,依法向土地管理部门、房产管理部门办理有关土地、房屋的权属变更登记手续。纳税人未出具契税完税凭证的,土地管理部门、房产管理部门不予办理有关土地、房屋的权属变更登记手续。

四、契税的会计处理

纳税人取得土地使用权、房屋所有权,应计入所取得的土地使用权和房屋的成本。契税核算可以通过"应交税费——应交契税"账户核算,也可在实际缴纳契税时,直接贷记"银行存款"账户。

【例6.22】 甲企业将其拥有的库房6间,与乙企业拥有的一座厂房相交换,双方协议规定由甲企业支付差价110万元,当地政府规定的契税税率为3%。

应纳税额 = 1 100 000 × 3% = 33 000(元)

实际缴纳契税时:

借:固定资产　　　　　　　　　　　　　　　33 000
　　贷:银行存款　　　　　　　　　　　　　　33 000

复习与思考

一、思考题

1. 简述资源税的计税依据是如何确定的?
2. 土地增值税的税率有何特点,如何确认适用税率?
3. 资源税的计税依据如何确定,资源税的作用主要表现在哪些方面?
4. 印花税有何特点,如何进行会计处理?
5. 简述契税和车辆购置税的会计处理方法。

二、计算题

1. 某企业2008年度自建两栋完全一样的办公楼,6月1日建成并办理固定资产入账手续,入账金额共为800万元;8月1日将一栋办公楼用于出租,收取三年租金7.2万元。计算该企业2008年度应缴纳的房产税。(当地政府规定房产税计算余值的扣除比例为30%。)

2. 某企业坐落于某中等城市,占用土地的面积为36 000平方米,其中企业自办的托幼机构占用土地2 000平方米,当地政府核定的城镇土地使用税年税额为5元/平方米,计算该企业全年应纳城镇土地使用税。

3. 某运输公司 2012 年拥有载货汽车 40 辆(每辆整备质量全部为 10 吨),拥有载客汽车 10 辆,其中核定载客人数 30 人的 6 辆,核定载客人数 8 人的 4 辆,当地规定的车船使用税年税额为:载货汽车单位税额为每自重吨 80 元;载客人数 30 人的大型客车每辆 900 元;载客人数 8 人的小型客车每辆 660 元。计算该公司 2012 年应纳的车船税。

4. 某施工企业 2008 年 1 月与建筑单位签订了总金额 3 000 万元的建筑安装工程承包合同,同年 11 月份,该施工企业将所承包的建设项目的一个单项工程转包给另一施工企业,并且签订转包合同,合同价 200 万元。计算该施工企业应缴纳的印花税。

5. 甲将其拥有的价值 70 万元的两套两室住房与乙交换一套四室住房,另取得乙支付的差价 12 万元,当地政府规定的契税税率为 3%。计算甲应缴纳的契税。

三、业务题

1. 某房地产开发企业建造普通住宅一幢出售,共取得收入 6 800 万元。企业为开发该项目支付地价款 1 300 万元,房地产开发本为 3 000 万元,开发费用按地价款和开发成本的 10% 计算。相关税费如下:营业税税率 5%,城市维护建设税税率为 7%,教育费附加率为 3%。要求:根据资料分别计算允许扣除项目金额、增值额、增值率和应纳土地增值税金额,并进行相应的账务处理。

2. 某企业从德国进口货物一批,货价为 400 万元,支付运输费 80 万元,保险费按货价加运费的 0.3% 确定,其他杂费 10 万元,该货物适用的关税税率为 20%,增值税税率为 17%。计算该企业进口这批货物应缴纳的关税及海关代征的增值税,并进行会计处理。

3. 某企业用外购液体盐加工固体盐,平均每 4 吨液体盐加工 1 吨固体盐,该企业 2008 年 5 月份共销售固体盐 200 000 吨,按规定液体盐和固体盐应纳税单位税额分别为 5 元/吨和 25 元/吨。计算该企业应纳资源税税额,并进行相应的账务处理。

第七章 纳税筹划基本知识

学习目标

了解纳税筹划的含义与特征；
明确纳税筹划与逃税的区别；
掌握纳税筹划的主要内容；
重点掌握纳税筹划的客观原因和逃税应当承担的法律责任。

第一节 纳税筹划的含义

一、纳税筹划的概念

纳税筹划(Tax Planning)，是指通过对涉税业务进行策划，制作一套完整的纳税操作方案，从而达到节减税费的目的。关于纳税筹划包括的内容，目前国内主要有三种观点：一是认为纳税筹划专指节税筹划，也就是认为节税筹划与纳税筹划是相同的范畴；二是将纳税筹划向外延伸到各种类型的少缴税或不缴税的行为；三是对各种纳税事务的筹划，涉及纳税人纳税事务的各个方面，但不能违背国家有关的法律、法规。

综合各方面的观点，我们认为：纳税筹划是企业的一种理财活动，是指纳税人为实现经济利益最大化的目的，在国家法律、法规允许的范围内，对其纳税事务进行系统安排，以获得最大的经济利益的行为。具体内容包括合理避税、合法节税、转嫁筹划和涉税零风险四个方面。

二、纳税筹划的特征

(一) 行为的合法性或"非违法性"

合法性是指纳税筹划不仅要符合税法的规定,还应当符合政府的政策导向。纳税筹划的合法性,是纳税筹划区别于其他税务行为的一个最典型的特点。这具体表现在企业采用的各种纳税筹划方法以及纳税筹划实施的效果和采用的手段都应当符合税法的规定,应当符合税收政策调控的目标。即使有一些方法可能跟税收政策调控目标不一致,企业可以从自身的行为出发,但也应在不违法的情况下,才能采用一些避税行为。

(二) 时间的超前性

超前性是指经营或投资者在从事经营活动或投资活动之前,就把税收作为影响最终成果的一个重要因素来设计和安排。也就是说,企业对各项经营和投资等活动的安排事先有一个符合税法的准确计划,而不是等到企业的各项经营活动已经完成,税务稽查部门进行稽查后让企业补交税款时,再想办法进行筹划。因此,一定要让企业把税收因素提前放在企业的各项经营决策活动中去考虑,也是要把税收观念自觉地落实到企业的各项经营决策活动中去。

(三) 现实的目的性

纳税筹划的目的,就是要减轻税收负担,同时也要使企业的各项税收风险降为零,追求无纳税风险条件下的经济利益最大化。

(四) 行为主体的专业性

纳税筹划的开展,并不是某一家企业、某一工作人员凭借自己的主观愿望就可以实施的一项计划,而是一门集会计、税法、财务管理、企业管理等各方面知识于一体的综合性学科,专业性很强。一般来讲,在国外,纳税筹划都是由会计师、律师或税务师来完成的;在我国,随着中介机构的建立和完善,它们也将承担大量纳税筹划的业务。如果企业经营规模比较小,企业可以把纳税筹划方案的设计交给中介机构来完成;如果规模再大一些的,考虑到自身发展的要求,可以在财务部下面或与财务部并列设立一个税务部,专门负责纳税筹划。从目前来讲,我国在税收政策的传递渠道和传递速度方面,还不能满足纳税人进行纳税筹划的要求,也许企业得到的税收政策是一个过时的政策信息,而实际政策已经做了调整。若不及时地了解这种政策的变化,盲目采用纳税筹划,可能会触犯税法。

三、纳税筹划与逃税的区别

逃税是纳税人有意违反税法的规定,使用欺骗、隐瞒的手段不缴或少缴应纳税款的违法行为。逃税与纳税筹划存在着本质的区别。

(一) 经济行为上

逃税是对实际已经发生的应税经济行为全部或部分的否定;而纳税筹划只是对某项应税经济行为的实现形式和过程在事前进行合理合法的安排,其行为符合减轻纳税负担的相关法律法规的规定。

(二) 行为性质上

逃税是公然违反税法,与税法对抗的一种行为,是法律所不允许的;而纳税筹划是在尊重税法、遵守税法的前提下,利用法律的规定,结合纳税人的具体情况,选择最有利的纳税方案,或利用税法的缺陷和漏洞进行减轻税负的活动,其行为的性质是合法的,至少是不违法的。

(三) 法律后果上

逃税是法律明确禁止的违法行为,因而一旦被税务机关查实,纳税人就要为此承担相应的法律责任,受到相关法律的制裁;而纳税筹划是通过某种合法的形式承担尽可能少的税收负担,其行为无论是形式上还是事实上都是符合法律规定的,各国政府对此一般是默许和保护的,至少是不禁止的。如果纳税筹划已严重地影响到政府的财政收入,政府会采取修改与完善有关税法的规定等措施,以堵塞可能被纳税人所利用的漏洞。

(四) 对法的影响

逃税是纳税人对税法的对抗和蔑视的行为,纳税人逃税能否得逞与税法本身是否科学与完善的关系不大,要防止逃税就要加强征管,严格执法,加大对逃税行为的打击力度;而进行纳税筹划,就需要纳税人既熟悉税法条文和理解税法精神,又掌握必要的筹划技术,才能达到节税的目的。如果说纳税筹划是在一定程度上利用了税法的缺陷和漏洞,则从另一个方面来看,它也能促进税法的不断完善,使之更加科学、合理。

四、纳税筹划的意义

(一) 有利于资源优化配置

在市场经济比较成熟的国家,一般只有管理规范、规模较大的企业才配有专门的纳税筹划的专业人员。通过专业人员的筹划,在企业运营的整个过程中,充分考虑了税收的影响,可使纳税人财务利益最大化,包括使纳税人税后利润最大。在市场经济条件下,利润的高低决定了资本的流向,而资本总是流向利润最大的行业、企业,所以资本的流动代表的是实物资产和劳动力流动,实际上代表着资源在全社会的流动配置。资源向经营管理规范、规模大的企业流动,实现规模经济,可以达到全社会资源的最优配置。纳税筹划有利于资本向效益好、管理规范的企业流动,使资源配置达到优化,有利于社会的整体利益。

(二) 有利于保证国家长远利益的实现

从长远和整体看,纳税筹划不仅不会减少国家的税收总量,甚至可能增加国家的税收总量。纳税筹划有利于企业贯彻国家的宏观调控政策,实现国民经济有计划按比例发展。企业进行纳税筹划,虽然降低了税负,但是产业结构的合理,可促进生产进一步发展,企业收入和利润会随之增加,从整体和发展的角度来看,国家的税收收入也将同步增长,使经济效益和社会效益达到紧密、有机的结合,从而保障国家长远利益的实现。

(三) 有利于更好地掌握和实施税收法规

纳税筹划的前提是尊重税法的严肃性,有利于在全社会逐步树立法律的权威,这是法制社会的基石。如果视法律为儿戏,通过不正之风来解决纳税问题,那将会导致社会基石的崩塌。研究纳税筹划、实施纳税筹划的人越多,反映出法律在人们意识中的地位越重,也就越有利于社会的进步。纳税筹划人为了帮助纳税人节减税费,总是要随时随地、密切地注意着国家税收法规和最新税收政策的出台。一旦税法有所变化,纳税筹划人就会从追求纳税人的最大利益出发,采取相应行动,趋利避害,把税法的意图迅速融入纳税人的经营活动的过程中。从这方面来说,纳税筹划在客观上起到了更快、更好地贯彻和落实税收法律法规的作用。

(四) 有利于纳税人利益最大化

从纳税人方面看,纳税筹划可以节减纳税人的税费,有利于纳税人的财务利益最大化。纳税筹划通过税收方案的比较,选择纳税较轻的方案,减少纳税人的现金流出或减少本期现金的流出,增加可支配资金,有利于纳税人的发展。

第二节 纳税筹划的客观原因

纳税筹划是一定历史时期的特定产物,它的产生具有主观和客观两方面的原因。从主观方面来看:任何纳税筹划行为,其产生的根本原因都是经济利益的驱动,即经济主体为追求自身经济利益的最大化。我国绝大多数企业都有到经济特区、开发区及税收优惠地区从事生产经营活动的愿望和要求,其主要原因就是税收负担较轻、纳税数额较少。我们知道,利润等于收入减去成本、再减去税收,在收入不变的情况下,降低企业或个人的费用成本及税收支出,可以获取更大的经济收益。很显然,税收作为生产经营活动的支出项目,应该越少越好,无论它是怎样地公正合理,都意味着纳税人直接经济利益的一种损失。从客观方面来看:任何事物的出现总有其内在原因和外在刺激因素。纳税筹划的内在动机可以从纳税人尽可能减轻纳税负担的强烈欲望中得到根本性答案。而其客观因素主要有以下几个方面:

一、纳税人定义上的可变通性

任何税种都要对特定的纳税人给予法律的界定。这种界定理论上包括的对象和实际上包括的对象差别很大,其原因在于纳税人定义的可变通性,正是这种可变通性诱发纳税人的纳税筹划行为。特定的纳税人要缴纳特定的税,如果某纳税人能够说明自己不属于该税种的纳税人,并且理由合理充分,那么他自然就不用缴纳该税种。通常有三种情况:一是该纳税人确实转变了经营内容,过去是某种税的纳税人,现在成为了另一种税的纳税人;二是内容与形式脱离,纳税人通过某种手段使其形式上不属于某税种的纳税义务人,而实际上并非如此;三是该纳税人通过合法手段转变了内容和形式,使纳税人无须缴纳该种税。

例如:某职业撰稿人月收入为8万元,他的纳税情况可以有以下三种选择:
(1) 按工薪所得纳税:

应纳税额=(80 000-3 500)×35%-5 505=21 270(元)
(2) 按劳务报酬纳税:

应税所得额=80 000×(1-20%)=64 000(元)

应纳税额＝20 000×20％＋30 000×30％＋14 000×40％＝18 600（元）
(3) 按稿酬所得纳税：
应税所得额＝80 000×(1－20％)＝64 000（元）
应纳税额＝64 000×20％×(1－30％)＝8 960（元）

通过以上的计算分析可以看出，相同收入的情况下，以不同纳税人身份出现，其纳税负担是不同的。

二、纳税对象金额的可调整性

税额计算的关键取决于两个因素：一是课税对象金额；二是适用税率。纳税人在既定税率的前提下，由课税对象金额派生的计税依据愈小，税额就愈少，纳税人税负就愈轻。为此纳税人可想方设法尽量调整课税对象金额，使税基变小。如企业按销售收入交纳营业税时，纳税人尽可能地使其销售收入变小。由于销售收入有可扣除调整的余地，从而使某些纳税人在销售收入内尽量多增加可扣除项目。

例如：某人数不超过100人，资产总额不超过3 000万元的工业企业，年底计算应税所得额为30.01万元。若不调整纳税对象金额，则：
(1) 应交企业所得税＝300 100×25％＝75 025（元）。
(2) 若该企业在结账前支付咨询费100元，对纳税对象金额进行调整，则该企业应交企业所得税为：
应纳税所得额＝300 100－100＝300 000（元）
应交企业所得税＝300 000×20％＝60 000（元）
(3) 两者相比可节税75 025－60 000＝15 025（元）。

三、税率上的差别性

税法中不同的税种有不同的税率，同一税种中不同税目也可能有不同的税率，这种广泛存在的差别性，为企业和个人进行纳税筹划提供了良好的客观条件。

例如同样是喝茶的地方，而要缴纳的营业税可以有不同的税率选择：
(1) 茶艺馆按3％的税率纳税，属于营业税中"文化体育业"税目；
(2) 茶馆按5％的税率纳税，属于营业税中"服务业"税目；
(3) 音乐茶座按20％的税率纳税，属于营业税中"娱乐业"税目。

四、全额(全率)累进临界点的突变性

全额累进税率和超额累进税率相比，累进税率变化幅度比较大，特别是在累进

级距的临界点左右,其变化之大,令纳税人心动。这种突变性诱使纳税人采用各种手段使课税金额停在临界点的低税率一方。

(1) 全额累进的临界点。例如个人购买彩票单注奖金在1万元以下(含1万元)免交个人所得税;单注奖金在1万元以上的按20%全额征收个人所得税。

(2) 全率累进的临界点。例如土地增值税暂行条例规定:土地开发增值率在20%以下的(含20%)免征土地增值税,而超过20%~50%的则要按30%的税率全额征收土地增值税。

五、起征点的诱惑力

起征点是课税对象金额最低征税额,低于起征点可以免征税款,而当超过时则应全额征税,因此纳税人总想使自己的应纳税所得额控制在起征点以下。

例如营业税暂行条例规定:按期纳税的,起征点为月销售额5 000~20 000元,我省定为20 000元;按次纳税的,起征点为每次(日)营业额500元。

六、各种减免税是纳税筹划的温床

税法中一般都有相关的减免照顾,以便扶持特殊的纳税人。然而,正是这些规定诱使众多纳税人争相取得这些优惠,千方百计使自己符合减免条件,如新产品可以享受税收减免,不是新产品也可以出具证明或使产品具有某种新产品特点来享受这种优惠。现行的税收减免主要包括:法定减免;特殊减免;临时减免。

第三节 纳税筹划的必要性

一、维护企业自身的合法权益

在税收法律关系中,权利主体双方的法律地位是平等的,但主体双方又是行政管理者与被管理者的关系,双方的权利与义务并不对等,这是税收法律关系的一个重要特征。在企业作为独立的市场主体的情况下,企业与国家的利益关系出现了实际上的对立。在其他条件一定的情况下,国家多征税,企业就少得利;国家少征税,企业就多得利。企业为了维护自身的合法权益,进行纳税筹划是一种必然的选择。

二、纳税筹划是减轻企业税负的有效途径

当纳税人面临沉重纳税负担时,在目前条件下可有三种选择:
(1) 逃税是违法的;
(2) 消极对待将会被市场竞争所淘汰;
(3) 进行纳税筹划才是迎接挑战,正确面对目前法律法规的明智选择。

三、企业竞争国际化的趋势使纳税筹划更具必要性

竞争的国际化,要求我们遵循国际惯例。在国外企业"避税"的合法化,也迫使国内企业必须利用纳税筹划来控制企业内部财务成本,减少税费支出,以达到"节流"的目的,从而增强我国企业的国际竞争力。

第四节 纳税筹划的目标分析

纳税筹划的目标是指企业通过纳税筹划希望达到的结果。对纳税筹划进行准确的目标定位,直接关系到纳税筹划的成败。纳税筹划从不同的角度可以分为以下几种:

一、实现税负最小化

纳税人对减轻自身税负的追求,是纳税筹划产生的最初原因。但随着现代财务理念的发展,人们发现纳税筹划单纯地以实现税负最小化为目标存在很多缺陷,主要表现在以下三个方面:

(1) 没有充分考虑纳税筹划方案对相关收入和成本的影响,容易导致决策的片面性。若减少的税负是以减少更多的收入或增加更多的成本为代价,显然是得不偿失的。

(2) 没有及时考虑货币时间价值。不同纳税筹划方案下相关收益的流入或成本的流出可能发生在不同的时点,不同时点的现金流量的现值是不一样的,而税负最小化没有考虑货币时间价值因素,这在纳税筹划方案涉及长期决策时很可能出现失误。

（3）没有全面考虑相关风险。不同的纳税筹划方案所面对的风险往往是不同的,有的方案可能实现比较低的税负,但面临较多不确定的负面因素,此时若仅仅考虑税负的高低就不能做出正确的决策。

减轻税负是纳税筹划最直接的动机,也是纳税筹划兴起和发展的直接原动力。没有节税动机,就不可能有纳税筹划。但绝不能把"税负最小化"作为唯一目标。

二、实现税后利润最大化

税后利润最大化目标,可以克服税负最小化目标的第一个缺陷,是目前理论和实务界比较流行的观点。这种观点认为,由于税后利润＝收入－成本－税金,要实现税后利润最大化,就要追求在收入增加、成本减少的同时,尽可能地减少税金的缴纳,使收入减去成本再减去税金后的值最大,即税后利润最大。但这一目标的提出,也没能解决货币时间价值和相关风险计量的问题,在纳税筹划方案涉及不同期间的现金流量时有可能导致决策失误。还可能引起企业只注重对本年度利润的追求,造成纳税筹划的短期行为,不能兼顾企业的长远发展。当然,在一年内的短期纳税筹划决策中,该目标是较为有效的选择。

三、获取资金时间价值最大化

资金是有时间价值的,企业通过一定的手段将本期应该缴纳的税款延期缴纳,以获得资金的时间价值,也是纳税筹划的目标之一。虽然这笔税款迟早是要缴纳的,但本期无偿占用这笔资金就相等于从财政部门获得了一笔无息贷款,并且没有财务风险。然而,获取资金时间价值最大化是在应纳税金一定的情况下进行的,企业不能单纯地为了获取资金时间价值最大化而无限度地迟缴税款,在晚缴与少缴之间应进行合理地选择。

四、实现纳税风险最小化

实现纳税风险最小化虽然不一定能够直接获取税收上的好处,但能间接的获得一定的经济利益,主要表现在以下三个方面：

（1）实现纳税风险最小化可以保证纳税人不至于遭受税务机关的经济处罚,避免发生不必要的经济损失。

（2）实现纳税风险最小化可以避免企业发生不必要的名誉损失,使企业的品牌和产品更容易被消费者接受,从而有利于企业的生产经营。

(3) 实现纳税风险最小化主要是通过达到涉税零风险状态来实现的。有利于企业的长远发展和规模扩大。

五、实现企业价值最大化

这种观点认为,纳税筹划属于财务管理范畴,纳税筹划的目标应与财务管理的目标一致。现代财务理论基本上确立了以企业价值最大化作为财务管理的目标,企业的内在价值,应当是未来企业能够创造的现金净流量的现值,是对未来现金流入和流出、现金流量的时间价值和风险综合评价的结果。将企业价值最大化作为纳税筹划的目标,可以弥补负最小化和税后利润最大化目标的缺陷,能够综合考虑纳税筹划方案引起的相关收益和成本以及时间价值和风险因素,因此,是目前认为的理想目标定位。企业价值最大化目标在纳税筹划中的主要应用是在长期纳税筹划方案的决策时引入净现值法,即计算长期纳税筹划方案可能带来的相关现金流量的净现值,并以此作为评价纳税筹划方案优劣的依据。由于计算净现值时采用的折现率往往既考虑了时间价值因素也考虑了风险因素,因此可以帮助决策者更为准确地作出判断。

当然,这一目标同样也存在缺陷,主要表现在实际运用中的两个方面:

(1) 在计算纳税筹划方案带来的净现值时,如何确定折现率,即如何准确计量纳税筹划方案的时间价值因素。

(2) 如何确定风险因素的影响,是采用风险调整贴现率法还是调整现金流量法,这是当今财务理论很难解决的课题,也将成为制约企业价值最大化目标和净现值法在纳税筹划中应用的因素。

企业在进行纳税筹划时应注意纳税筹划目标之间的相互联系。企业价值最大化目标是纳税筹划中的最高目标,也是企业长期发展必须关注的目标,在很多情况下还应包含其他几个目标。在具体的纳税筹划中,如果企业在实现其他几个目标的过程中违背了企业价值最大化的目标,那么也就违背了企业的长远发展规划,该项纳税筹划方案就应该修正。事实上,纳税筹划决策的长期目标重点在于通过降低企业的纳税负担和纳税风险,来保证企业的持续安全的盈利,最终实现企业价值最大化。

第五节　纳税筹划的主要内容

纳税筹划是指一切采用合法和"非违法"的手段进行纳税方面的策划和有利于

纳税人的财务安排。从外延上说,它应该包括合理避税、合法节税、转嫁筹划和涉税零风险。

一、合理避税筹划

(一)避税筹划的含义

避税筹划是相对于逃税而言的一个概念,是指纳税人在充分了解现行税法的基础上,利用税法中的漏洞、空白等缺陷,通过掌握相关会计知识,在不触犯税法的前提下,对经济活动的筹资、投资、经营等活动做出巧妙的安排,达到规避或减轻税负目的的行为。这种安排手段是处在合法和非法之间的,是一种"非违法"的活动。这种筹划虽然违背了立法精神,但其获得成功的重要前提是纳税人对税收政策进行了认真研究,并在法律条文形式上对法律予以认可,这与纳税人不尊重法律的偷税、逃税有着本质的区别。对于纳税人的这种筹划,税务机关不应该予以否定,更不应该认定为偷税、逃税并给予法律制裁。国家所能做的应该是不断地完善税收法律规范,填补空白,堵塞漏洞,使得类似的情况不再发生,也就是采取反避税措施加以控制。

(二)避税筹划的特征

(1)非违法性。逃税是违法的,节税是合法的,只有避税处在逃税与节税之间,属于"非违法"性质。

(2)策划性。逃税属于低素质纳税人的所为,而避税者往往素质较高,通过对现行税法的了解甚至研究,找出其中的漏洞和空白,并加以巧妙安排,这就是所谓的策划性。

(3)权利性。避税筹划实质上就是纳税人在履行应尽法律义务的前提下,运用税法赋予的权利,保护既得利益的手段。避税并没有不履行法律规定的义务,避税不是对法定义务的抵制和对抗。

(4)规范性。避税者的行为是规范的,他是围绕税法的漏洞和空白展开的,是纳税人智慧的选择。

(三)避税与逃税的区别

1. 经济方面

(1)经济行为上。逃税是对一项已发生的应税经济行为全部或部分的否定;而避税只是对某项应税经济行为的实现形式或过程进行某种人为的解释和安排,使之变成一种非税行为。

(2) 税收负担上。逃税是在纳税人的实际纳税义务已发生并且确定的情况下，采取不正当或不合法的手段逃避其纳税义务，结果是减少其应纳税款，是对其应有税收负担的逃避，不能称之减轻税负；而避税只是减轻或解除税收负担，采取的是正当或不违法的手段，对经济活动的方式进行组织和安排。

(3) 税基结果上。逃税直接表现为全社会税基总量的减少；而避税却并不改变全社会的税基总量，仅仅造成税基中适用高税率的那部分税收向低税率或免税的那部分转移。故逃税是否定应税经济行为的存在，避税是改变应税经济行为的原有形态。

2. 法律方面

(1) 法律行为上。逃税是公然违反相关法律法规，践踏税法，与法律对抗的行为。它在形式上表明纳税人有意识地采取谎报和隐匿有关纳税情况和事实等非法手段达到少缴或不缴税款的目的，其行为具有欺诈的性质。在纳税人因疏忽和过失而造成同样后果的情况下，尽管纳税人可能并非具备故意隐瞒这一主观要件，但其疏忽过失本身也是法律所不允许的。而避税是在遵守税法、拥护税法的前提下，利用法律的缺陷进行的税负减轻的实践活动。尽管这种行为也是出自纳税人的主观意图，但在形式上它是遵守税法的。

(2) 法律后果上。逃税行为是法律上明确禁止的，一旦被有关当局查明属实，纳税人就要承担相应的法律责任。在这方面，世界各国的税法对隐瞒纳税事实的逃税行为都有相关处罚规定。根据逃税情节的轻重，可以对当事人作出行政、民事以及刑事等不同性质的处罚。所谓情节的轻重，一般取决于逃税行为造成的客观危害以及行为本身的恶劣程度。避税在通过某种合法的形式实现其实际纳税义务时，与法律规定的要求，无论从形式上或实际上都是吻合的，因而它一般会受到各国政府的默许和保护，政府对其所采取的措施，只能是不断修改与完善相关税法，堵塞可能为纳税人所利用的漏洞，填补其空白。

(3) 对税法的影响上。逃税是公然违反税法，无论逃税的成功与否，纳税人都不会去钻研税法，研究如何申报纳税，而是绞尽脑汁去搜寻逃税成功的更好途径，从这方面看，逃税是纳税人藐视税法的行为。避税的成功，需要纳税人对税法非常熟悉和充分理解，必须能够了解什么是合法，什么是非法，以及合法与非法的临界点，在总体上确保自己经营活动和有关行为的合法性，知晓税收管理中的固有缺陷。

(四) 案例解析

案例：甲公司承揽一座大厦的建筑工程，工程总造价为3 000万元，施工单位为乙公司,承包金额为2 600万元。

(1) 如果甲公司与乙公司签订了分包合同,则甲公司适用3‰的营业税率:

甲公司应交营业税:$(3\,000-2\,600)\times 3\% = 12$(万元)。

(2) 如果双方没有签订分包合同,甲公司只负责组织协调业务,收取中介服务费,则400万元的收入应属"服务业"税目,适用5‰的税率,那么:

甲公司应交营业税:$(3\,000-2\,600)\times 5\% = 20$(万元)。

(3) 分包合同的签订,可为甲公司节税$8(=20-12)$万元。

这里签订的分包合同就是避税筹划的手段。

二、合法节税筹划

(一) 节税筹划的含义

节税筹划是指纳税人在不违背税法立法精神的前提下,充分利用税法中固有的起征点、免征额、减免税等一系列的优惠政策和税收奖惩等倾斜调控政策,通过纳税人对筹资活动、投资活动以及经营活动的巧妙安排,达到少缴税或不缴税的目的。这种筹划也是政府从各方面给予支持的。

(二) 节税筹划的特点

1. 合法性

避税不能说是合法的,只能说是非违法的,逃税是违法的,而节税是合法的。它不仅合法,而且不违背税法的立法精神。

2. 政策导向性

如果纳税人通过节税筹划最大限度地利用税法中固有的优惠政策来享受其利益,其结果正是税法中优惠政策所要引导的,因此,节税本身就是优惠政策借以实现宏观调控目的的载体。

3. 策划性

节税与避税一样,需要纳税人充分了解现行税法知识和财务知识,结合企业全方位的筹资、投资和经营业务,进行合理合法的策划。没有策划就没有节税筹划。

(三) 节税与避税的共同点

(1) 主体相同,都是纳税人所为;

(2) 目的相同,都是纳税人想减少纳税义务,达到少缴税或不缴税的目的;

(3) 所处环境相同,都处在同一税收征管环境和同一税收法律法规环境中;

(4) 可以互相转化,两者之间有时界线不明,往往可以互相转化;

(5) 对两者的判断要有特定的时空观。不同的国家对同一项经济活动内容有不同标准,在一国是合法的节税行为,在另一个国家有可能是违法的逃税行为。即使在同一个国家,有时随着时间的推移,两者之间也可能相互转化。因此对它们的判断离不开同一时间和同一空间这一特定的时空尺度。

(四) 节税与避税的不同点

避税是以非违法的手段来达到减轻纳税义务的目的的,因此在相当程度上它与逃税一样危及国家税法,直接后果是国家财政收入的减少;间接后果是税收制度有失公平和社会腐败扩大化。所以,国家在默许避税的同时,也要千方百计地采取反避税措施。

节税是以合法的手段来达到减轻纳税义务的目的的,并且符合政策导向性,对实现宏观调控目标起到积极的促进作用。因此,政府不仅不会反节税,而且要保护和提倡节税筹划。

(五) 案例解析

案例:某企业将8 000万元自有资金投资于城市公共交通,获得国家税收优惠待遇,即减免企业所得税。预计第一年至第三年将被免税3 000万元;第四至第六年将被减税2 700万元。我国现行税法规定,企业从事国家重点扶持的公共基础设施项目的投资经营的所得,自项目取得第一笔生产经营收入所属纳税年度起,第一年至第三年免征企业所得税,第四年至第六年减半征收企业所得税。

三、利用价格手段的转嫁筹划

(一) 税负转嫁的标准

税负转嫁是指商品流通过程中,纳税人提高销售价格或压低购进价格,将税负转移给购买者或供应者。判断标准如下:

(1) 转嫁和商品价格是直接联系的,与价格无关的问题不能纳入税负转嫁的范畴;

(2) 转嫁是个客观过程,没有税负的转移过程不能算税负转嫁;

(3) 税负转嫁是纳税人的主动行为,与纳税人主动行为无关的价格再分配性质的价值转移不能算税负转嫁。

(二) 转嫁筹划与逃税、避税、节税的主要区别

(1) 转嫁不影响税收收入,它只导致归宿不同;而逃税、避税、节税都会直接导致税收收入减少。

(2) 转嫁筹划主要依靠价格变动来实现;而逃税、避税、节税的实现途径则是多种多样的。

(3) 转嫁筹划不存在法律上的问题,更没有法律责任;而逃税、避税、节税都不同程度地存在法律上的麻烦和法律责任问题。

(4) 商品的供求弹性将直接影响税负转嫁的程度和方向;而逃税、避税、节税则不受其影响。

(三) 税负转嫁筹划与避税的关系

1. 两者的联系

(1) 两者都是为了减少税负,获得更多的可支配收入;

(2) 两者都没有违法行为,税务机关不得用行政或法律手段加以干预。

2. 两者的区别

(1) 基本前提不同:税负转嫁的前提是价格自由浮动;而避税则不依赖价格。

(2) 产生效应不同:税负转嫁对价格产生直接影响,一般不直接影响税收收入;而避税对税收收入产生直接影响,对价格则不产生影响。

(3) 适应范围不同:税负转嫁受制于价格、商品供求弹性和市场供求状况;避税则灵活多变、方法多样。

(4) 受影响程度不同:税负转嫁有时对纳税人也会产生不利影响,因此有时纳税人会主动放弃;避税则不会。

(四) 商品课税的税负转嫁规律

(1) 课税范围广的,易转嫁,反之则难以转嫁;

(2) 课税对象的性质直接关系到税负转嫁的难易程度。

(五) 案例解析

案例:内地某集团公司(企业所得税率为33%)在深圳特区设立一子公司(企业所得税率为7.5%),2006年底集团公司把成本为1 000万元的一批货物,按1 400万元的价格卖给深圳的子公司,深圳的子公司再以1 500万元价格出售该批货物。

(1) 按正常核算该集团公司共应负担税款:

公司本部应交企业所得税:(1 400-1 000)×33%=132(万元)。
子公司应交企业所得税:(1 500-1 400)×7.5%=7.5(万元)。
集团公司共应负担税款:132+7.5=139.5(万元)。

(2) 利用价格手段进行税负转嫁筹划:

由于深圳特区的子公司的企业所得税税率为7.5%,公司本部决定将该批货物按1 100万元作价卖给深圳的子公司,深圳的子公司再以1 500万元的价格出售该批货物。公司共应负担税款为:

公司本部应交企业所得税:(1 100-1 000)×33%=33(万元)。
深圳子公司应交企业所得税:(1 500-1 100)×7.5%=30(万元)。
集团公司共缴纳税款:33+30=63(万元)。

(3) 两者相比可节税:139.5-63=76.5(万元)。

四、实现涉税零风险

(一) 涉税零风险的含义

涉税零风险是指纳税人账目清楚,纳税申报正确,缴纳税款及时、足额,不会出现任何关于税收方面的处罚,即在税收方面没有任何风险,或风险极小,可以忽略不计的一种状态。

(二) 涉税零风险的意义

涉税零风险状态的实现也是企业纳税筹划追求的重要目标之一。实现涉税零风险状态至少有以下好处:
(1) 实现涉税零风险可以避免不必要的经济损失;
(2) 实现涉税零风险可以避免不必要的名誉损失;
(3) 实现涉税零风险可以使企业账目更加清楚,更有利于企业改善管理;
(4) 实现涉税零风险可降低纳税人的精神成本。

(三) 案例解析

案例:某商场2006年商品销售利润率为40%,销售100元商品,其成本为60元,商场是增值税一般纳税人,购货均能取得增值税专用发票,为促销欲采用以下三种方式:一是商品7折销售;二是购物满100元者赠送价值30元的商品(成本18元,均为含税价);三是购物满100元者返还30元现金券。

假定消费者同样是购买一件价值100元的商品,对于商家来说以上三种方式

的应纳税情况及利润情况如下(暂不考虑城市维护建设税和教育费附加等其他税费):

(1) 7折销售,即价值100元的商品售价70元:

应缴增值税=70÷(1+17%)×17%−60÷(1+17%)×17%=1.45(元)

利润额=70÷(1+17%)−60÷(1+17%)=8.55(元)

应缴企业所得税额=8.55×33%=2.82(元)

税后净利润=8.55−2.82=5.73(元)

(2) 购物满100元,赠送价值30元的商品:销售100元商品应缴增值税=100÷(1+17%)×17%−60÷(1+17%)×17%=5.81(元)。

赠送30元商品视同销售:应缴增值税=30÷(1+17%)×17%−18÷(1+17%)×17%=1.74(元)。

合计应缴增值税=5.81+1.74=7.55(元)

现行税法规定,为其他单位和部门的有关人员发放现金、实物等应按规定代扣代缴个人所得税;税款由支付单位代扣代缴。为保证让利顾客30元,商场赠送的价值30元的商品应不含个人所得税额,该个人所得税应由商场承担,商场代顾客缴纳的个人所得税为:30÷(1−20%)×20%=7.5(元)

考虑个人所得税后:利润额=100÷(1+17%)−60÷(1+17%)−18÷(1+17%)−7.5=11.3(元)。

由于赠送的商品成本及代顾客缴纳的个人所得税款不允许税前扣除,因此应纳企业所得税=[100÷(1+17%)−60÷(1+17%)]×33%=11.28(元)。

税后利润=11.30−11.28=0.02(元)

(3) 购物满100元返还现金券30元:

应缴增值税=[100÷(1+17%)−60÷(1+17%)]×17%=5.81(元)

应代顾客缴纳个人所得税7.5元(计算同上)。

利润额=100÷(1+17%)−60÷(1+17%)−30−7.5=−3.31(元)

应纳企业所得税额11.28元(计算同上)。

税后利润=−3.31−11.28=−14.59(元)

三种不同方案的净利润比较如表7.1所示。

表7.1 三种方案的净利润比较

优惠方式	增值税(元)	企业所得税(元)	净利润(元)
打七折	1.45	2.82	5.73
赠商品	7.55	11.28	0.02
返现金券	5.81	11.28	−14.59

企业为了控制纳税风险,必须对其优惠方案进行分析比较,千万不能为了促销而违反税法的规定,造成纳税风险而受到处罚。

五、逃税的法律责任

逃税主要包括:逃避缴纳税款、欠税、骗税、抗税几种形式。逃税绝不是纳税筹划,要承担相应的法律责任。对此,税收征管法和刑法都有明确的规定:

(一)逃避缴纳税款的法律责任

税收征管法规定:纳税人伪造、变造、隐匿、擅自销毁账簿、记账凭证,或者在账簿上多列支出或者不列、少列收入,或者经税务机关通知申报而拒不申报或者进行虚假的纳税申报,不缴或者少缴应纳税款的,是偷税。对纳税人偷税的,由税务机关追缴其不缴或者少缴的税款、滞纳金,并处不缴或者少缴的税款百分之五十以上五倍以下的罚款;构成犯罪的,依法追究刑事责任。

刑法第二百零一条规定:纳税人采取欺骗、隐瞒手段进行虚假纳税申报或者不申报,逃避缴纳税款数额较大并且占应纳税额的百分之十以上的,处三年以下有期徒刑或者拘役,并处罚金;数额巨大并且占应纳税额的百分之三十以上的,处三年以上七年以下有期徒刑,并处罚金。扣缴义务人采取前列手段,不缴或者少缴已扣、已收税款,数额较大,依照前款的规定处罚。对多次实施前两款行为,未经处理的,按照累计数额计算。对第一款行为,经税务机关依法下达追缴通知后,补缴应纳税款,缴纳滞纳金,已受行政处罚的,不予追究刑事责任;但是,五年内因逃避缴纳税款受过刑事处罚或者被税务机关给予两次以上行政处罚的除外。

(二)欠税的法律责任

纳税人欠缴应纳税款,采取转移或者隐匿财产的手段,妨碍税务机关追缴欠缴税款的,由税务机关追缴欠缴的税款、滞纳金,并处欠缴税款百分之五十以上五倍以下的罚款;构成犯罪的,依法追究刑事责任。

纳税人欠缴税款数额在一万元以上不满十万元的,处三年以下有期徒刑或者拘役,并处或者单处欠缴税款一倍以上五倍以下罚金;数额在十万元以上的,处三年以上七年以下有期徒刑,并处欠缴税款一倍以上五倍以下罚金。

(三)骗税的法律责任

以假报出口或者其他欺骗手段,骗取国家出口退税款的,由税务机关追缴其骗取的退税款,并处骗取税款一倍以上五倍以下的罚款;构成犯罪的,依法追究刑事责任。对骗取国家出口退税款的,税务机关可以在规定期间内停止为其办理出口退税。

骗税数额较大的,处五年以下有期徒刑或者拘役,并处骗取税款一倍以上五倍以下罚金;数额巨大或者有其他严重情节的,处五年以上十年以下有期徒刑,并处骗取税款一倍以上五倍以下罚金;数额特别巨大或者有其他特别严重情节的,处十年以上有期徒刑或者无期徒刑,并处骗取税款一倍以上五倍以下罚金或者没收财产。

(四)抗税的法律责任

以暴力、威胁方法拒不缴纳税款的,是抗税,除由税务机关追缴其拒缴的税款、滞纳金外,还应依法追究刑事责任。情节轻微,未构成犯罪的,由税务机关追缴其拒缴的税款、滞纳金,并处拒缴税款一倍以上五倍以下的罚款。

以暴力、威胁方法拒不缴纳税款的,处三年以下有期徒刑或者拘役,并处拒缴税款一倍以上五倍以下罚金;情节严重的,处三年以上七年以下有期徒刑,并处拒缴税款一倍以上五倍以下罚金。

复习与思考

一、思考题

1. 什么是纳税筹划,纳税筹划的主要内容有哪些?
2. 纳税筹划有哪些主要特征?
3. 纳税筹划与逃税有哪些主要区别?
4. 如何理解纳税筹划的客观原因?
5. 什么是逃税,逃税应当承担哪些法律责任?

二、案例题

1. 李先生2010年度在一私营企业打工,约定年收入为60 000元。要求计算、分析、讨论下列问题:① 以雇工关系签署合同,按工薪所得计算缴纳个人所得税,李先生的纳税负担;② 以提供劳务的形式签署用工合同,按劳务报酬计算缴纳个人所得税,李先生的纳税负担;③ 分析两种纳税方案的差异以及引起差异的原因。

2. 某建筑安装材料公司属于增值税一般纳税人,从事两项业务:一是批发建筑安装材料,年销售收入93.6万元,进项税10.8万元;另一项是提供安装服务,年劳务收入70.2万元。要求计算、分析、讨论下列问题:① 作为增值税一般纳税人,两项业务合并纳税,该企业的流转税负担率;② 两项业务分别核算、分别纳税,该企业的流转税负担率;③ 若将安装劳务收入提高为93.6万元,而将建材销售收入降低为 70.2 万元,并创造混合销售条件进行纳税,该企业的流转税负担率;④ 比较不同纳税情况的差异,并说明以上方案涉及哪些涉税事项和纳税筹划方法。

3. 某企业为增值税的一般纳税人,年销售收入 100 万元(不含税),其中,有一半的购货单位需要开具增值税发票,另一半的购货单位仅需要开具普通发票。该企业购进的原材料适应的税率为 17%,而且均能取得增值税发票,但金额仅为销售额的 20%。要求计算、分析、讨论下列问题:① 作为增值税一般纳税人纳税,该企业的增值税负担率;② 若在保留老厂的基础上,重新注册一新厂。老厂仍为一般纳税人,新厂为小规模纳税人,两厂年销售额均为 50 万元。实行分别纳税,该企业的增值税负担率;③ 若将原企业分拆成年销售收入均为 50 万元的小规模纳税人,并分别进行纳税,该企业的增值税负担率;④ 比较不同纳税情况的差异,并说明可能的风险。

三、讨论题

1. 为什么说纳税筹划是企业减轻税负的有效途径?
2. 你认为纳税筹划的最佳目标是什么,为什么?

第八章 纳税筹划平台

学习目标

了解纳税筹划的漏洞平台和空白平台；
明确纳税筹划的弹性平台和规避平台；
掌握纳税筹划的价格平台；
重点掌握纳税筹划的优惠平台。

第一节 价 格 平 台

一、价格平台含义

价格平台是指纳税人利用市场经济中经济主体的自由定价权，以价格的上下浮动作为纳税筹划的操作空间而形成的一个范畴，其核心内容是转让定价。

转让定价是指在经济活动中，有经济联系的企业各方为均摊利润或转移利润而在产品交换或买卖过程中，不是依照市场买卖规则和市场价格进行交易，而是根据他们之间的共同利益或为了最大限度地维护他们之间的收入进行的产品或非产品转让。从法律方面讲，企业之间转让定价或转让利润是合法的。

二、价格平台模型分析

(一) 转让定价简单模型

假定甲企业所得税税率为 x，乙企业所得税税率为 y，而且满足 $x > y$。按照正

常价格进行交易,甲企业的利润为 S_A,乙企业的利润为 S_B。则甲、乙两企业应纳企业所得税为:

$$T = S_A x + S_B y$$

假定甲、乙两企业为关联企业,双方协定按内部价格进行交易,采取措施为:甲企业卖给乙企业的产品比正常价低,乙企业卖给甲企业的产品比正常价高。假定经交易后,甲企业的利润为 S_A'(显然 $S_A' < S_A$),乙企业的利润为 S_B'(显然 $S_B' < S_B$),而且满足 $S_B' - S_B = S_A - S_A'$。则甲、乙两企业应纳企业所得税为:

$$T' = S_A' x + S_B' y$$
$$T' - T = (S_A' - S_A)x + (S_B' - S_B)y$$
$$= (S_B - S_B')x + (S_B' - S_B)y$$
$$= (y - x)(S_B' - S_B)$$

由于 $S_B' - S_B > 0, y < x$,因而 $T' - T < 0$。

很显然,当两企业所承受的税率不相同时,将利润从税率高的企业向税率低的企业转移将有利于关联企业整体税负的减少。其基本结论如下:

(1) 当甲企业适用税率较高时,采取低价出货、高价进货的策略,使乙企业实现更多利润,减少应纳税额。

(2) 当乙企业所适用的税率较高时,采取高价进货,低价出货的策略,可减少应纳税额。

(二) 转让定价扩展模型

以上甲、乙企业同是一个利益集团时的转让定价简单模型,但在现实生活中这样的例子并不多见,因而,简单模型不能说明企业间转让定价原理的全部,有必要引入转让定价扩展模型。

仍假定甲企业所处地适用税率为 x,乙企业所处地适用税率为 y,而且也满足 $x > y$,但是甲和乙两企业不属于同一利益集团,即非关联企业。

同样,按照整体税负最小化观点,甲企业在与乙企业进行交易时,仍然可以采用提高进价、压低售价的方法,减少本企业的利润以减轻自身税负。但这样就使非关联企业方获益,自己反倒吃亏,因而这里要引入丙企业。假定丙企业与乙企业同处一地,其适用税率也为 y,而且假定丙企业与甲企业是关联企业。其基本思路是甲企业与丙企业先按内部价格核算,再由丙企业与乙企业按市场价格进行正常交易。

丙企业要与乙企业按市场价格进行交易,因而,甲企业和丙企业的总利润 S_A。(这里假定这种交易不会增加成本)。如果甲企业的利润变为 S_A',则丙企业的利润增加 $(S_A - S_A')$,其应纳企业所得税为

$$T'=S_A{}'x+(S_A-S_A{}')y.$$

而转让定价前甲企业应纳企业所得税为 $T=S_A{}'x$,因而

$$T'-T=(S_A{}'-S_A)x+(S_A-S_A{}')y=(y-x)(S_A-S_A{}')$$

因为 $S_A>S_A{}',y<x,T'-T<0$。

很显然,这种筹划照样能节省税款。与简单模型相比较,增加了丙企业这个中间环节,也会相应地增加一些成本。

(三) 转让定价的一般模型

由于现实经济生活极其纷繁复杂,甲企业可能与乙企业同在一地,适用相同的税率,有时并不涉及到商品交易,只是集团内部管理费用等的分摊,还有可能并不马上涉及交易,只是涉及某种税的征收,如进口环节的关税及代征的增值税和消费税。这时上面的模型便不能很清楚地说明问题,因此应引入信箱公司。

信箱公司并不是实质意义的公司。它没有专门的业务,只是为了起中介作用,帮助企业进行利润转移。有时,一个信箱公司仅几个人,一部电话,一个办公室,但营业利润却大得惊人。无论企业与何地的何种公司进行何种交易,都可以经由信箱公司倒手,将利润进行转移。因此,这就要求信箱公司设置在避税地,即税负较低的地区。

因而转让定价一般模型的思路是:无论与哪一方企业进行交易或发生资金流动,只要筹划转移成本低于转让定价所带来的利润,都可以由信箱公司进行中转,将利润转入低税区以实现少纳税的目标。

三、运用价格平台进行纳税筹划应注意的问题

(1) 要进行成本效益分析。对纳税人而言,价格平台的有效利用意味着应纳税款的节省和经济利益的获得。这在一定程度上也促使社会经济资源受灵敏价格的导向,向着更加高效的领域流动。对国家而言,价格平台的有效利用则意味着财政收入的减少和经济利益的受损。相应地,国家会采取一定的措施对价格体制进行完善,对转让定价行为进行限制,促进国家法制建设进一步向前迈进。

(2) 价格的波动应在一定的范围内。经济主体拥有自主定价权,为纳税筹划利用价格平台进行决策创造了有利的条件,但税务机关在价格明显不合理时可以进行调整。因此,价格的波动幅度应控制在一定的范围内。

(3) 纳税人可以运用多种方法进行全方位、系统地筹划安排。

四、案例解析

案例：某集团公司有甲、乙、丙三个公司，分别设立在 A、B、C 三国，A、B、C 三国的企业所得税率分别为 40%、30% 和 10%。甲公司专门生产某特种车辆零部件，乙公司购进甲公司的零部件经组装成整车出售。若按市场价格，甲公司的一套零部件售价为 2.8 万元，成本为 2 万元，乙公司的整车每辆售价为 3.6 万元。2006 年度，甲公司共向乙公司提供了 100 套零部件，乙公司经组装成整车后全部销售出去，则：

(1) 正常核算下集团公司总税负为 56(32+24) 万元。

甲公司应纳企业所得税为：$(2.8-2)\times100\times40\%=32$（万元）。

乙公司应纳企业所得税为：$(3.6-2.8)\times100\times30\%=24$（万元）。

(2) 为了减轻集团公司整体税负，该集团公司对销售策略进行了调整，即甲公司以每套 2.1 万元的价格将零部件卖给丙公司，丙公司再以每套 3.5 万元的价格转卖给乙公司，则进行纳税筹划后集团公司总税负为 21(=4+3+14) 万元。

甲公司应纳企业所得税额为：$(2.1-2)\times100\times40\%=4$（万元）。

乙公司应纳企业所得税额为：$(3.6-3.5)\times100\times30\%=3$（万元）。

丙公司应纳企业所得税额为：$(3.5-2.1)\times100\times10\%=14$（万元）。

(3) 经纳税筹划后集团公司总税负减轻了 35(=56-21) 万元。

第二节 优惠平台

一、优惠平台的含义

税收优惠政策是指税法对某些纳税人和征税对象给予鼓励和照顾的一种特殊规定。如免除其应缴纳的全部或部分税款，或者按照其缴纳税款的一定比例给予返还等，从而减轻其税收负担。

优惠平台是指纳税人进行纳税筹划时所凭借的国家税法规定的优惠政策形成的一种操作空间。纳税人利用优惠平台有三个层次：

(1) 被动接受型。纳税人总是被动地接受税收优惠政策，有听天由命、任其自然的感觉。

(2) 主动接受型。通过各种渠道积极、主动地获取税务信息，充分利用各种税收优惠政策。

(3) 积极创造型。主动地为自己创造条件，进行挂靠，使原本不符合税收优惠政策要求的经济行为符合政策要求，从而获取税收减免，减轻自身税负。

二、优惠平台筹划方法

（一）直接利用筹划法

国家为了促进某些行业的发展，给予在这些行业进行生产经营活动的企业或个人以必要的税收优惠政策。由于这些税收优惠政策是国家从宏观上调控经济、引导资源流向的工具，符合国家总体的经济目标，属于阳光下的政策，因而纳税人可以光明正大地加以利用，为自己企业的生产经营活动服务。如果纳税人经过核算其成本和收益，觉得转向经营该优惠行业可以获取更高的经济利益，则可以直接转向该行业，这种决策属于投资筹划的范畴。比如，国家对某些生产性企业给予税收上的优惠，则企业可根据自己的实际情况，就地改变生产经营范围，使自己符合优惠条件，从而获得税收上的好处。

（二）临界点筹划法

产品的价格与生产和销售该类产品的企业的经济效益并不成正比；产品的产量与生产厂商获取的利润也并不成正比。价格和产量的数值确定在什么位置，企业获利最大，这就涉及到临界点问题。

企业或个人在利用临界点法进行纳税筹划时，一方面应通过比较各种筹划方法所带来的税收负担的轻重，确定是否使用这种方法；另一方面也可以比较企业的产量、价格和成本，以寻找最佳节税临界点。

由于同时存在企业所得税和个人所得税，因此企业经营中存在着大量的节税临界点及相应的方法。一笔企业所得无论留在企业内缴纳企业所得税，还是转移给个人缴纳个人所得税都有一个临界点问题，这个临界点可用来作为是否转移的参考依据。对企业来说，在流转税问题上往往存在同一流转额缴纳两个完全不同的销售税，因而也有一个节税临界点问题。企业在联营、合营、信托等过程中，也有一个临界点节税筹划。这种筹划的关键在于寻找最佳税负，借以保护企业及个人合法权益。

（三）人的流动筹划法

这里的人包括自然人和法人，因而人的流动筹划法包括个人改变其居所和公司法人改变其居所两方面的筹划。

从国际的大环境来看,各国的税收政策大相径庭,其差异主要表现在以下几个方面,即税率差异、税基差异、纳税对象差异、纳税人差异、税收征管上的差异和税收优惠差异等,跨国纳税人可以巧妙地利用这些差异进行国际间的纳税筹划。这里主要研究国内的地区差别税收政策。

从国内而言,我国为了促进某些地区的快速发展,曾给予了这些地区比较大的税收优惠政策,比如经济特区、沿海经济开放区、高新技术产业开发区以及西部地区等。纳税人可以根据自己企业的需要,或选择在这些优惠地区注册,或干脆将生产经营转移到这些优惠地区,前一种筹划实际不需要将企业全部搬过去,而只需注册便可,只是一种名义上的流动,实际上可能部分流动,也可能根本就不流动。而后一种流动则是实实在在的流动,全部或部分生产和经营活动被转移到这些优惠地区,以享受国家给予这些地区的税收优惠政策,减轻企业的税收负担,提高企业的经济效益。

(四)挂靠筹划法

企业或个人如果不经筹划便在税收优惠之列,可以享受减轻或免除税负的优待,那当然是最好的,但在现实经济生活中,事情并不总是这样简单。在某些情况下,企业或个人的很多条件符合税收优惠规定,但却因为某一个或某几个条件不符合而不能享受优惠待遇;在另外一些情况下,企业或个人可能根本就不符合税收优惠条件,无法享受优惠待遇。在这时,纳税人要想成为享受优惠待遇的一员,以减轻自己的税负,就可以采用挂靠筹划法。

挂靠筹划法是指企业或个人原本不能享受税收优惠待遇,但经过一定的策划,通过挂靠在某些能享受优惠待遇的企业或产业、行业,使自己也能符合优惠条件。在实际生活中,挂靠筹划方法很多,比如挂靠新产品筹划,本来不一定是新产品,但经过某些部门的批准,被冠以新产品的帽子,从而堂而皇之地享受优惠。再如,本来不是科研单位所需的进口仪器设备,通过和某些科研机构联合,披上科研机构的合法外衣,使自己企业享受减免税。

挂靠筹划法的策划相当重要,其首要的一点就是争取获得某些旗号,并且能够得到税务机关的认可。如果税务机关不认可,任何筹划都是没有意义的,都不能为企业或个人带来任何实际收益。故而,这种筹划弹性空间很大。有些企业或个人与现行优惠规定表面看上去风马牛不相及,但经过某些策划安排,居然也能享受相关优惠。

三、案例解析

案例：某集团公司所属建材企业原来使用黏土生产墙体材料，年缴纳企业所得税三千多万元，现在改用本集团公司的炉渣、粉煤灰生产墙体材料，享受减免企业所得税。该企业一方面享受了国家税收优惠政策，每年少缴纳企业所得税税款三千多万元；另一方面，提高了对废弃资源炉渣、粉煤灰的利用，利国又利己。我国现行税法规定：企业从事规定的符合条件的环境保护、节能节水项目的所得，自项目取得第一笔生产经营收入所属纳税年度起，第一年至第三年免征企业所得税，第四年至第六年减半征收企业所得税。

第三节 漏洞平台

一、漏洞平台的含义

漏洞平台是建立在税收实务中征管方的大大小小的漏洞上的操作空间，漏洞在一个国家的税法之中是必然存在的，而且分布在立法、执法的各个环节之中。纳税人可以充分利用漏洞平台所揭示的技巧来争取自己并不违法的合理权益。

在税收实务中，所有导致税法失效、低效的因素都可以被称为漏洞，即广义的漏洞。包括空白、狭义上的漏洞、理论水平、技术手段等方面；狭义的漏洞与空白相对应，两者的差别在于利用范围的大小不同。

产生漏洞的原因是：时间的变化常常使相对完善的税法漏洞百出；地点常常是令税法立法者和征管者头痛的一件事；人员的素质是导致税收漏洞的主观原因；技术手段往往限制了税制的完善以及税收效率的提高；法律体系内部结构的不协调也常常造成税收漏洞；税收工作执法难度大也是产生漏洞的因素。

二、漏洞平台筹划方法

（一）漏洞平台的选择

在利用漏洞平台进行筹划中，面临立法漏洞和执法漏洞的选择。选择前者不会违法；选择后者是利用征管方某些不足而在打法律的擦边球，其空间比较大。

（二）成本—收益分析

（1）税法漏洞筹划所需要的条件：要有精通财务与税务的专业化财会人才；要具有一定的纳税操作经验；要有严格的财会纪律和保密措施。

（2）必须将成本与收益进行对比，按照稳妥性原则，若没有收益或收益很低都应停止筹划。

（3）在执法漏洞的利用中，成本的弹性更大，风险更高。

（三）风险—收益分析

（1）存在风险的原因：钻税法的空子，违背了立法者的意图；钻执法人员的空子，违背了执法人员的意愿。

（2）降低风险的途径：严格依照现有税法的条文办事；做到高度的保密性；坚持必要的稳妥原则。

（3）违法操作得不偿失：把违法的风险与违法的获益进行对比，超出了纳税筹划的范畴。

（四）进行漏洞平台筹划时应注意的事项

（1）合理处置缴费与纳税的关系；

（2）区别不同性质、不同层次的漏洞；

（3）注意塑造良好的外部形象，尤其是在税收征管方心中的依法纳税形象。

三、案例解析

案例1：2010年3月某单位张先生拿上年年终奖6 000元，而李先生因工作业绩好拿年终奖6 001元。按国家税务总局2005年1月26日颁发的《关于调整个人取得全年一次性奖金等计算个人所得税方法问题的通知》规定：纳税人取得全年一次性奖金，单独作为一个月工资、薪金所得计算纳税。从2005年1月1日起，先将雇员当月内取得的全年一次性奖金，除以12个月，按其商数确定适用税率和速算扣除数，并按下列公式计算其应纳税额：应纳税额＝雇员当月取得全年一次性奖金×适用税率－速算扣除数。现按该规定分别计算分析如下：

（1）张先生年终奖应交个人所得税为300元。

首先将6 000除以12，得出其商数为500，其次对照九级超额累进税率表查出：适用税率为5%，速算扣除数为0，按公式其年终加薪的应纳税额为：6 000×5%－0＝300（元）。

(2) 李先生年终奖应交个人所得税为575.1元。

首先将6 001除以12,得出其商数为500.0833,其次对照九级超额累进税率表查出:适用税率为10%,速算扣除数为25,按公式其年终加薪的应纳税额为6 001×10%－25＝575.1(元)。

(3) 两者相比李先生因多拿1元奖金而比张先生多交275.1(＝575.1－300)元的个人所得税,这就是税法漏洞所造成的。

案例2:现有甲、乙、丙、丁四名纳税人,月收入相同,均为5 100元。其中甲的工薪收入为3 500元,劳务报酬和稿酬收入各为800元,按现行税法规定,甲不需要纳税;而乙工薪收入为3 500元,劳务报酬为1 600元,则乙要缴税160元;丙的收入全部为工薪收入,则要缴税55元;丁的收入全为劳务报酬,则要缴税860元。月收入额完全相同的四个人,所缴纳的税款完全不同,这也是税法漏洞所造成的,因而,也可利用它进行纳税筹划。

甲、乙、丙、丁四人应纳税额如表8.1所示。

表8.1 甲、乙、丙、丁四人应纳税额计算表

	工 薪 所 得	劳 务 报 酬	稿 酬 收 入	合 计
甲	3 500－3 500＝0	800－800＝0	800－800＝0	0
乙	3 500－3 500＝0	(1 600－800)×20%＝160		160
丙	(5 100－3 500)×10%－105＝55			55
丁		(5 100－800)×20%＝860		860

案例3:根据现行个人所得税法规定,个体工商业户的生产经营所得和个人对企、事业单位的承租、承包所得,适用5%～35%的五级超额累进税率,纳税人根据其生产经营情况按应纳税所得额的级距计算应纳所得税额。但是,在个人所得税的实际征收管理过程中,征收机关又根据纳税人建账建制的情况将对纳税人的征收所得税的方法分为查账征收和依据销售额附征两种。在这两种征收方法下,纳税人的税收负担水平是完全不同的。

现有个体工商业户王某2006年度取得销售收入20万元,因按要求建立了核算体系,本年实际发生的成本、费用为15万元,其应税所得额为5万元。

(1) 因为王某建了账,实行查账征收:

其应纳所得税为:50 000×35%－6750＝10 750(元)。

王某的实际税收负担率为:10 750÷50 000×100%＝21.5%。

(2) 如果实行附征的办法,收入和费用的情况不变,当地税务机关核定王某所

从事的行业的销售收入利润率是 5%,则:

当年应税所得额为:200 000×5%=10 000(元)。

当年应纳所得税额为:10 000×10%-250=750(元)。

王某的实际税收负担率为:750÷50 000×100%=1.5%。

可见,两种不同情况下的税收负担相差很大。假定个体户的实际销售利润率远远高于税务机关核定的利润率,申请采用附征的办法对纳税人有利;如果纳税人的实际销售利润率低于核定的利润率或者发生了亏损,则用查账征收的办法会更为有利。纳税人应该清楚两种纳税办法的优劣,应尽量争取对己有利的课征办法。当然,具体的纳税方法也不完全由纳税人自己来决定。

第四节 空 白 平 台

一、空白平台的含义

纳税筹划的空白平台是一个动态化的平台,一部税法、一国税制是在治税实践中不断得到补充和完善的。税制中的空白会不断被发现、被补充。因而,空白平台建立的基础只能是不断缩小的税法空白范畴。利用空白平台进行筹划虽不符合国家的立法意图,但也不违法,因而是可行的。

(一)税法空白与税法漏洞的区别

从文字的内涵来判别:漏洞一般是指税法对某项内容有文字规定,但因为语法或字词有歧义而导致对税法理解的多样性,另外也可以指文字规定不利于征税,从而为避税大开绿灯;空白是指税法文字规定中对较大部分内容的忽略,但在总规定中却有所体现。

利用反观的方法来判别:漏洞只需要修改、完善税法来堵塞;而空白则需要制定新的税法或补充已有税法的相关条款来填补。

(二)税法空白与税法未规定的区别

从立法的内容上来看:税法空白是依据税法总纲应该具有而实际上没有的税法内容,它的产生是因为立法者的失误或水平不够;税法未规定的内容则可能要体现立法者的意图,如引导消费方向、调整产业结构、扶持贫困地区等。

从立法的意图上来看:税法空白是立法者无意识的失误;税法未规定的内容则可能是立法者有意识的回避。

两者的相同点是税法中都没有相关的文字规定。

(三) 税法空白产生的原因

(1) 社会经济状况的复杂、多样和多变的特点决定了税法无法包罗万象。
(2) 在一定历史阶段人类能力所存在的极限使税法中的空白得以生存。
(3) 相对稳定的税法与瞬息万变的客观情况是空白存在的自然条件:传导机制的失误,如税法未必能够全面、准确无误地体现立法者的意图;立法的滞后性问题,如立法者制定税法是依据已经过去的经济状况,从制定草案到审议、通过,再到执行需要一个时间过程。

(四) 空白平台的可操作性

(1) 税法空白的相对稳定性决定了空白平台的可操作性;
(2) 空白处于违法与合法的中间地带,为空白平台筹划的存在提供了机会;
(3) 在利用立法空白进行筹划时,还可能意外地发现执法空白可供利用。

二、空白平台筹划方法

(一) 空白平台筹划的应用范围

(1) 流转税作为目前的主体税种是空白平台筹划的重点;
(2) 所得税作为未来的主体税种也不应该被忽视;
(3) 其他重点税种也应关注,如资源税、财产税和行为税等。

(二) 空白平台筹划的要求

(1) 利用两类空白的共同要求:对税法的熟练掌握;具体操作过程中的谨慎与合法。
(2) 利用空白平台应注意的问题:不可不择手段地人为开辟执法空白;不可任意地扩大空白平台的范围。
(3) 利用空白平台的途径:利用立法空白,要依据税法的组成要素,重点利用征税对象、税目、纳税环节、纳税期限、纳税地点和减免税;利用执法空白,主要利用执法的薄弱环节和权力分配的真空环节。

(三) 空白平台筹划的注意事项

(1) 纳税人对税法了解的准确性和及时性；
(2) 筹划领域的隐蔽性；
(3) 筹划过程的合法性；
(4) 筹划方法的灵活性。

三、案例解析

案例1：我国某纺织品公司专门生产加工各种纺织品，其生产的手套因为物美价廉而畅销世界各国，其中美国阿拉斯加石油工人使用的手套几乎全部由该公司生产。美国纺织品生产厂商因为我国产品的打入而遭受排挤，因而这些厂商联合起来影响美国政府，从而使美国政府出台了一项税收政策，即对中国出口的纺织品规定较高的进口关税税率，其中针对手套的税收政策是征收100%的进口关税。由于税负的大幅上升，中国纺织企业生产的手套在美国市场上的竞争力受到严重影响。该公司管理层迫于压力，开始研究美国税法，发现美国税法中有一条关于纺织品的规定，即进口纺织残次品按吨征收进口关税，而且税率很低。于是公司销售部门改变销售策略，不再将手套包装精美后出口，而是将大批左手手套捆在一起出口。由于手套都是左手单只，海关认定为残次品，该公司轻松获得税收上的优惠。过一段时间，该公司又从另一海关向美国出口一批手套，全是成捆的右手手套，也被海关认定为残次品，这样，该公司的产品到美国后经包装，以较低的价格销往阿拉斯加，最终在市场上获得了一定的份额。

该公司便是巧妙地利用了美国税法中的空白，即仅对成双手套征高税，而对单只手套却没有规定。既然没有规定，该公司便将其与残次品联系起来，从而巧妙地获取税收上的好处。

案例2：某公司利用其在网络方面的优势，和很多企业进行网上电子交易，其生产的产品通过常规交易的份额非常少。由于网络是一个新生事物，关于电子商务的研究也是近几年才兴起与发展的，因而这方面的税收问题显然是个很大的空白，亟待税收立法的进一步完善。该公司利用税法中的这块空白，大规模地发展网上电子交易，从而节减了大量税款。

第五节 弹性平台

一、弹性平台的含义

弹性平台筹划是指利用税法中税率的幅度弹性来达到减轻纳税人税负效果的纳税筹划行为。

(一) 弹性平台的存在依据

1. 税率幅度的存在

税率幅度在我国税法中是很普遍的。如资源税中大部分税目税率都是存在跨度的,而且浮动的幅度很大;城镇土地使用税、车船使用税等税种均存在税率幅度。正是因为税率幅度的存在,为弹性平台提供了法律许可的依据。

2. 执法人员执法弹性的存在

税率幅度的存在是执法幅度存在的一大前提。因为税率存在跨度,才使得征税时有从高从低的差别。另外,征税对象所处等级的准确界定也是较为复杂的,尤其在资源税中,某种资源究竟处于何种优劣程度,是很难准确界定的。当然,造成执法弹性幅度存在还有两大人为因素,一是征管人员自身水平和能力;二是征纳双方关系密切与否。很明显,若征税方技术水平高,则执法弹性幅度不会很大;若征纳双方关系密切,则执法过程中税率偏低的可能性会很大。

(二) 弹性平台的可操作性

弹性平台的存在依据决定了其可操作程度的高低。在适用税率界定越困难的情况下,其可操作程度越高;执法人员自身水平越低,职业道德水平越低,可操作程度越高。在鼓励优惠和限制惩罚方面的幅度利用中,其可操作程度还取决于纳税人自身的表现。表现越好,享受的优惠越多,受到的限制和惩罚越少。

(三) 弹性平台的性质

(1) 弹性平台比空白平台更具公开性。空白平台讲究对空白领域的保密性,而弹性平台的客观依据是公之于众,固定于税法之中的。

(2) 弹性平台的筹划必须有征税方的认可。不管这种认可是积极的,还是消

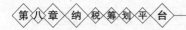

极的,都需要通过征税方对计税依据、优惠程度、惩罚程度的确定来实现。

(3) 弹性平台有一项总原则和三项分原则。总原则是增加利润、降低损失;分原则是税率、税额最小,优惠最大,惩罚最小。

二、弹性平台筹划方法

使用弹性平台进行筹划可利用的弹性幅度的类型包括税率、税额幅度,鼓励优惠幅度,限制惩罚幅度。

(一) 税率幅度和税额幅度

税率幅度在我国税法中也有较多使用,如契税的税率为3‰~5‰,营业税中的娱乐业的税率为5%~20%,它主要体现在各种税收优惠办法中;税额幅度主要体现在资源税、土地使用税和车船使用税三个税种之中,如资源税中的原油税额为每吨8~30元,黑色金属原矿竟然达到了每吨2~30元,有色金属原矿更达到了每吨0.4~30元。

(二) 鼓励优惠性幅度

鼓励优惠性幅度具体包括确定计税依据时减征额、扣除额的幅度,延迟纳税幅度,优惠税率的幅度。在鼓励优惠性幅度类型中,纳税人可以从多方面来达到节税效果。首先,纳税人拥有延期纳税的权利,在资金周转困难时,可以申请延期纳税,这相当于获得一笔短期无息贷款。其次,在扣除额幅度中,企业所得税有公益救济捐赠的列支幅度、职工福利费的扣除幅度和业务招待费列支幅度等。一般来讲,企业要争取尽可能多的扣除额,这样就可以减少税基,减轻税负。

(三) 限制惩罚性幅度

限制惩罚性幅度具体包含加成征收比例幅度,处罚款项幅度等。处罚款项幅度又包含倍数幅度和款额幅度。在限制惩罚性幅度类型中,纳税人应尽可能减少征税方对自己的限制和惩罚。其实,从严格意义上讲,限制惩罚性幅度已经不能算是纳税筹划,但限制和惩罚,尤其是后者,都是因为税收而生,可以视为变相税负。限制惩罚性幅度也很普遍,很多税种中都有所体现,如对增值税专用发票的管理中和对印花税中印花税票的管理。惩罚措施的制定往往依据情节严重程度,而情节严重与否在很大程度上取决于执法人员的主观判断及纳税人的认错态度。故而作为纳税人,在受罚之时,应及时认错,以免受到加重处罚。另外,惩罚幅度中有倍数幅度和款额幅度,纳税人虽然不能自行选择,但应充分考虑两种幅度的利用价值。

三、案例解析

案例1：某矿山开采企业开采某种有色金属原矿，其应税产品的资源等级在《几个主要品种的矿山等级表》中未列出，故而税额的评定由省人民政府来完成。矿山开采者主要让评定者测定了相对的贫矿地带，于是评定认为资源等级较低，因而适用的税额比邻近矿山的税额标准少了25%。

此案例利用了资源税中因级差收入而设定的弹性税率。资源税是由地方税务系统负责征管的税种（海洋石油企业除外）。因为各地资源分配状况不一致，矿产的多少、优劣存在很大的等级差别，其销售收入也不相同，如对其实行统一的税率，势必造成矿产企业的苦乐不均，这与税收的公平、效率原则是相违背的。不仅贫矿开采者会丧失积极性，而且矿山开采者会趋富弃贫，造成矿产资源的浪费。案例中矿山开采企业的筹划活动，使得本企业应税矿产品的等级偏低，从而适用的税额标准低于邻近矿山25%。没有筹划，则可能会和邻近矿山的标准接近。应该讲，这类筹划活动是否成功在较大程度上也取决于政府评定者的工作态度。若工作不细心，筹划成功的可能性便大；反之，成功的可能性便小。

案例2：某省的甲单位用地面积很大，在选址问题上有三种方案：一是在省会城区；二是在某中等城市；三是在省会城市的城郊接合地区。该单位最后选定了城郊接合地区，适用的城镇土地使用税税额为0.5元/平方米，占地面积为5万平方米。如果当初选择大城市中心区，则土地使用税为5元/平方米，占地面积压缩为2万平方米。若选择第二套方案，则适用的土地使用税税额为2元/平方米，占地面积为4万平方米。

该案例筹划的关键是它利用了土地使用税税率的幅度，选择了其最低点。但本例选址筹划时应该注意到纳税筹划的成本。当选择了城郊接合地区后，办公效率是否受到影响，影响程度有多大，这都应该在作出筹划决策前考虑周到。

第六节 规避平台

一、规避平台的含义

规避平台建立在众多临界点基础之上，当突破某些临界点时，所适用的税率减少或优惠增多,便是规避平台筹划的工作原理。故而其筹划目标指向便集中于这些临界点。在规避平台筹划中,筹划客体是税收,筹划依据是临界点。

(一)规避平台的特征

1. 很大的公开性

规避平台筹划完全是依赖税法中众多临界点而生存的。而这些临界点是公开的,而且是立法者下意识设定的,为的是体现税收公平和效率原则。规避平台筹划很难说总是违背立法者意图,有时其性质应属于节税范畴,如为了享受税收优惠政策,将办厂时间定得超过规定的时间,如果规定办厂不低于10年才能享受优惠,办厂者就可以在条件允许的情况下办10年,而尽量避免只办7年、8年或9年。

2. 技术要求不很高

由于税目、税基、税率都是一一对应的,纳税人一般都知道创造条件,突破临界点来争取降低税率,减轻税负,获得优惠,增加利润。规避平台成本可能较大,与其他平台筹划不同,其他平台的技术要求高,技术成本较大,但规避平台的经济成本可能很高,因为规避平台利用的是临界点引起的"质"的突破,但如果距临界点太远,那么要突破它,就得有足够的"量"变,这其中可能会耗掉许多成本,所以在规避筹划时应避免舍本逐末、本末倒置的做法。因为纳税筹划不是单纯为少纳税而筹划,而是为获得最大经济效益而筹划。

3. 筹划领域难以包含大税种

因为国家的重点主体税种虽存在众多临界点,但一是计算复杂,难以通过规避平台进行筹划;二是避税者太多,难以征管,国家的反避税措施也比较完善,财政收入是有保障的。当然,大税种中也存在众多规避税收的机会。

(二)规避平台与其他平台的区别

1. 规避平台与弹性平台的区别

弹性平台利用的是幅度;而规避平台利用的却是点。弹性平台是尽可能使适用税率变低,但无法突破幅度的端点;但规避平台要使适用税率变低,就必须突破高低差别税率所对应税基的临界点,否则一切都将是徒劳的。

2. 规避平台与空白平台、漏洞平台的区别

规避平台比空白平台、漏洞平台更具有存在的合理性,因而也更具公共性。税法的漏洞与空白以及执法的漏洞与空白大都是由失误等原因形成,并不是下意识的。税务征管方也最怕纳税人会抓住这些小辫子。但规避平台中的临界点是立法者意图的体现。要平衡税负,提高效率,促进国民经济发展,没有差别待遇是不行的,没有临界点的界定将使经济秩序紊乱不堪。所以说,规避平台使用的安全系数相对较高。

(三)规避平台的组成

规避平台建立的基础是临界点,所以其组成分类也以临界点为标准。临界点可分为税基临界点和优惠临界点两大类。税基临界点的规避平台主要是在税基减小上做文章;而优惠临界点规避平台则多是为了享受优惠待遇。两类临界点决定了规避平台的两大组成部分:一是税基临界点的规避;二是优惠临界点的规避。前者主要有起征点、税率跳跃临界点;后者主要有时间临界点、人员临界点、优惠对象临界点等。

二、规避平台筹划方法

(一)税基临界点规避筹划

免征额是指收入没有达到规定标准的不征税,达到规定标准以上的,就其超过标准以上的部分进行征税。例如我国个人所得税法规定:工薪所得每人每月扣除2 000元后的收入为应税收入,这里的2 000元就是免征额。

起征点是指收入没有达到规定标准的不征税,达到规定标准以上的,就其全部收入进行征税。所以,起征点上下部分的税负变化很大。例如,某税法条款规定,若税基大于等于10 000元,即开始征收20%的税款,也就是说起征点为10 000元,税率为20%。某甲取得的应税收入恰好是10 001元,某乙取得的收入为9 999元。于是甲需要缴税,税后净收入为8 000.8($=10\ 001 \times (1-20\%)$)元,而乙无需缴税,净收入也就是9 999元。

(二)税率跳跃临界点规避筹划

税率跳跃临界点在许多类应税商品、应税行为中都可适用,价格、应税行为的变化可导致税率跳挡。例如,我国消费税法规定:每条价格在70元以上的卷烟税率为56%,而每条价格在70元以下的卷烟税率为36%,两类卷烟的税率差别很大。这里的分界点便成了税率跳跃变化的临界点。如卷烟价格在分界点附近,纳税人只要稍微降低价格,便可从低适用税率。

(三)优惠临界点规避筹划

税收优惠政策是国家推动经济发展的重要税收杠杆。优惠政策的实施意味着纳税人获利，国家财政收入减少。但从辩证角度来看，国家也对优惠政策作出了许多条件上的限定，这样就能比较充分地体现出国家政策的导向。在我国，税收优惠政策普遍存在于税法之中，优惠临界点也很多，所以应用范围非常广泛。优惠临界点可分为三类，即时间临界点、人员临界点和优惠对象临界点。

1. 时间临界点主要集中在办厂时间的限制上

例如，我国企业所得税法的减免税优惠中规定：企业从事规定的国家重点扶持的公共基础设施项目的投资经营的所得，自项目取得第一笔生产经营收入所属纳税年度起，第一年至第三年免征企业所得税，第四年至第六年减半征收企业所得税；从事规定的符合条件的环境保护、节能节水项目的所得，自项目取得第一笔生产经营收入所属纳税年度起，第一年至第三年免征企业所得税，第四年至第六年减半征收企业所得税。时间临界点还存在许多种具体情况。

2. 人员临界点在我国原企业所得税法中有较多体现

我国现行税收政策规定：对新办的服务型企业（除广告业、桑拿、按摩、网吧、氧吧外）当年新招用下岗失业人员达到职工总数30％以上（含30％），并与其签订1年以上（含1年）期限劳动合同的，经劳动保障部门认定，税务机关审核，在相应期限内免征营业税、城市维护建设税、教育费附加和企业所得税，最长不超过3年；对新办的商贸企业（从事批发、批零兼营以及其他非零售业务的商贸企业除外），当年新招用下岗失业人员达到职工总数30％以上（含30％），并与其签订1年以上（含1年）期限劳动合同的，经劳动保障部门认定，税务机关审核，在相应期限内免征城市维护建设税、教育费附加和企业所得税，最长不超过3年。在利用人员临界点进行纳税筹划时，操作难度较小。某些时候，劳动就业服务企业和社会福利生产单位只需要多用几个下岗失业人员，便能达到享受优惠的条件。

3. 优惠对象临界点往往会影响企业的身份

如我国在确定是否为生产性外商投资企业兼营非生产性业务时，以当年生产性经营收入超过全部业务收入的50％为判断依据。其实，在增值税的混合经营行为和兼营行为中，也存在比重临界点的问题。如商业企业与工业企业一般纳税人的评定标准中便有经营收入临界点的规定。优惠对象的临界点有时也包含资金项目的临界点，如外商投资企业享受优惠时，对投资金额的规定。

在规避平台的筹划方法中，实际上还存在另外一类相反性质的筹划。因为税收惩罚也存在临界点的问题。当遭遇税收惩罚时，应尽量减轻违法的严重程度，使受惩罚的力度尽量小一些。如印花税票管理，情节严重者受罚程度高，这时纳税人就应该积极认错，补缴税款，使自己的行为低于情节严重的标准。

三、案例解析

案例1:某理发店靠两张椅子经营,当地服务业营业税税率为5%,起征点为每月5 000元。1月份,小店经营收入为5 100元,应纳营业税税款为255元,净收入为4 845元;2月份,小店经营收入只有4 900元,不需要缴纳营业税,净收入为4 900元。由于店主发现自家的小店的营业额一般都在5 000元左右,遂决定将营业额控制在5 000元以内。于是该店以后每月的税款均为零。该小店避税筹划利用的是起征点。规避起征点,使营业额低于起征点就无需缴纳税款。应该说,起征点的设定是对小规模经营者的一种照顾,实质上是一种优惠办法。如果营业状况较好,则不应该将营业额控制在5 000元之下,因为增加的营业收入会远大于应纳税款;如果月末发现营业额刚刚超过起征点,就应及时进行控制。

案例2:张某在某城市拥有一套住房,已经居住了4年零11个月,这时他要到另一城市工作,需要出售该套住房。而我国《土地增值税暂行条例实施细则》第12条规定,个人因工作调动或改善居住条件而转让原自用住房,经向税务机关申报核准,凡居住满5年或5年以上的,免予征收土地增值税;居住满3年未满5年的,减半征收土地增值税。居住未满3年的,按规定计征土地增值税。很显然,如果张某再等1个月出售该套住房便可以免缴土地增值税,而如果现在马上出售,便会因为使用年限超过3年而未满5年,只能享受减半征收土地增值税的优惠。合乎理性的做法便是将住房于1个月后转让而不是马上转让。当然,如果这时遇到比较好的买主,也可以出售,而且该种筹划方法仍然可以使用,即和买主签订一份远期(1个月后)转让合同,同时签订一个为期1个月的租赁合同,只要租金和售价之和等于买主理想中的价位,这种交易便能成功。这样买主可以马上住进去,房地产所有人又可以享受足够的税收优惠。

如果要转让使用年限较短的住房,比如仅住了1年,要用上面的筹划方法进行筹划便不具备可能性。这时,可能的做法是寻找一个愿意和自己交换住房,而且对方住房又合乎自己要求的当事人。根据我国税法的规定,个人之间互换自有居住用房地产的,经当地税务机关批准,可以免征土地增值税。由于经济的不断发展,人的流动越来越频繁,因而个人自有住房发生转移的可能性也越来越大,个人自有住房转让的纳税筹划也越来越普遍。

案例3:我国企业所得税法规定:企业所得税的税率为25%,对符合条件的小型微利企业,减按20%的税率征收企业所得税。符合条件的小型微利企业是指:工业企业,年度应纳税所得额不超过30万元,从业人数不超过100人,资产总额不超过3 000万元;其他企业,年度应纳税所得额不超过30万元,从业人数不超过80

人,资产总额不超过 1 000 万元。

按此规定的临界点筹划方法是:年应纳税所得额若不能大于 32 万元时,应将其控制在 30 万元以内:

若年应纳税所得额为 30 万元,净利润 = 30×(1−20%) = 24（万元）。

若年应纳税所得额为 31 万元,净利润 = 31×(1−25%) = 23.25（万元）。

也就是说当企业的年应纳税所得额为 31 万元时,所得到的净利润比年应纳税所得额为 30 万元时还要少 0.75 万元。

设:纳税均衡点为 X,则 $30×(1−20\%) = X(1−25\%)$,所以 $X=32$。

也就是说:在其他条件一定的情况下,当企业的年应纳税所得额若不能大于 32 万元时,则应将其控制在 30 万元以内,否则将得不偿失。

复习与思考

一、思考题

1. 什么是纳税筹划的价格平台,如何利用价格平台进行纳税筹划?
2. 什么是纳税筹划的优惠平台,利用优惠平台进行纳税筹划的方法有哪些?
3. 什么是纳税筹划的漏洞平台,税法空白与税法漏洞有何区别?
4. 什么是纳税筹划的弹性平台,利用弹性平台进行纳税筹划的方法有哪些?
5. 什么是纳税筹划的规避平台,规避平台有哪些主要特征?

二、案例题

1. 甲国 A 公司是乙国 B 公司的母公司,A 公司控制 B 公司 100% 的股权。甲国所得税率为 40%,乙国所得税率为 30%。A 公司对 B 公司销售一批零件,由 B 公司加工后出售。A 公司成本为 50 万元,正常售价为 100 万元;B 公司成本是在 A 公司售价的基础上加 25 万元,正常售价为 200 万元。A 公司按 100 万元的正常价格将零件销售给 B 公司,或以 75 万元的价格将零件卖给 B 公司,B 公司加工后以 200 万元售价出售最终产品。试分析比较两种情况下企业所得税的负担。

2. 某啤酒厂的主打产品在当地份额接近饱和,但如果较大幅度地下调销售价格,销售数量仍会上升。调查结果显示,如果每吨啤酒售价由 3 055 元（不含增值税,下同）调整为 3 015 元,则销售量会比上年的销售量增加 3%;如果调整为 2 995 元,则预计销售量增加 3.5%。企业计算后发现,如果售价为 3 015 元,则每吨可增加 50.45 元收益,而如果售价定为 2 995 元,则每吨可增加 44.83 元收益。试分析比较哪个方案更优。

3. 钻石手表厂为一般纳税人,生产的精美型手表每支售价 1 万元,正好列为高档手表行列。该厂财务主管提议:将该精美型手表价格降为 9 900 元/支。试分析该方案是否可行,若只考虑消费税因素,该精美手表有多大的降价空间?

三、讨论题

1. 举例说明我国税收实体法中有哪些漏洞,纳税人应如何合理利用,税务管理部门应如何有效应对?

2. 我国哪些税法中使用了跳跃税率,纳税人在什么情况下才能有效利用税率跳跃临界点进行纳税筹划?

第九章 纳税筹划技术

学习目标

了解纳税筹划的抵免和退税技术;
明确纳税筹划的分拆和扣除技术;
掌握纳税筹划的税率差异和延期纳税技术;
重点掌握纳税筹划的免税和减税技术。

第一节 免税技术

一、免税的含义

免税是国家对特定的地区、行业、企业、项目或情况(特定的纳税人或纳税人的特定应税项目,或由于纳税人的特殊情况)所给予纳税人完全免税的照顾或奖励。免税一般分为法定免税、特定免税和临时免税三种。在这三类免税中,法定免税是主要方式,特定免税和临时免税是辅助方式,是对法定免税的补充。世界各国对特定免税和临时免税都有极严格的控制,尽量避免这类条款产生的随意性和不公正性。我国税法中存在较多的特定免税条款和临时免税条款。

免税实质上相当于财政补贴,包括照顾性的免税和奖励性的免税,照顾性免税一般是在比较苛刻的条件下取得的,所以纳税筹划不能利用这项条款达到节税的目的,只有取得国家奖励性质的免税才能达到目的。

现行税法对服务业的免税规定为:托儿所、幼儿园、养老院、残疾人福利机构提供的养育服务,免缴营业税;婚姻介绍、殡葬服务,免缴营业税;医院、诊所和其他医疗机构提供的医疗服务,免缴营业税。

二、纳税筹划的免税技术的含义

免税技术是指在合法、合理的情况下,使纳税人成为免税人,或使纳税人从事免税活动,或使征税对象成为免征对象的纳税筹划技术。

免税技术的特点主要有:绝对节税;技术简单;适用范围较窄;限制条件较多;具有一定的风险性。

三、免税技术要点

(1) 尽量争取更多的免税待遇。在合法合理的情况下,尽量争取免税待遇,争取尽可能多的免税项目。免税越多,节减的税负支出也就越多,企业可以支配的税后利润也就越大。

(2) 尽量使免税期最长化。在合理合法的情况下,尽量使其享受的免税期限最长化,免税期越长,节减的税就会越多。

四、案例解析

案例:某科技公司年技术转让所得为 500 万元时,有税前利润 100 万元;年技术转让所得为 510 万元时,有税前利润 102 万元。

(1) 如果年技术转让所得 500 万元,则不存在纳税义务,净收益为 100 万元;
(2) 如果年技术转让所得 510 万元,则:

  应交企业所得税额 $=102\times 15\% \div 2=7.65$(万元)

  净收益 $=102-7.65=94.35$(万元)

(3) 两者相差 5.65($=100-94.35$)万元。

我国现行企业所得税法规定:符合条件的技术转让所得免征、减征企业所得税,是指一个纳税年度内,居民企业技术转让所得不超过 500 万元的部分,免征企业所得税;超过 500 万元的部分,减半征收企业所得税。

第二节 减税技术

一、减税的含义

减税是国家对特定的地区、行业、企业、项目或情况(特定纳税人或纳税人的特定应税项目,或由于纳税人的特殊情况)给予纳税人减征部分税收的照顾或奖励。如我国税法规定对遭受风、火、水、地震等自然灾害的企业在一定时期给予减税的优惠待遇,就属于税收照顾性质的减税。

二、纳税筹划的减税技术的含义

减税技术是指合法和合理的情况下,使纳税人减少应纳税款而直接节税的纳税筹划技术。与缴纳全额税款相比,减征的税款越多,节税的效果也就越好。减税技术的特点包括:尽量争取减税待遇并使其最大化;尽量使减税期限最长化。

三、减税筹划的方法

(一) 减免税范围的筹划

筹划时,一要注重从货物本身的性质、特点及相关规定出发,严格界定征税货物和免税货物界限。如单位和个体经营者销售自己使用过的属于货物的固定资产,无论销售者是否属一般纳税人,凡不同时具备下述三个条件的,均应比照销售自己使用的游船、摩托车和应征消费税的汽车,依4%的征收率减半计征增值税:属于企业固定资产目录所列货物;企业按固定资产管理,并确已使用过的货物;销售价格不超过其原值的货物。二要注重其他附加的条件,包括生产销售或进口货物的主体、用途等。如,《增值税暂行条例》规定,进口的仪器、设备,直接用于科学研究、科学试验和教学的免征增值税,用于其他方面的,应当征税。进口仪器设备用途是必要的条件。

(二) 减免税期限的筹划

按减免税时间长短,可分为定期减免和无期限减免两种。对于定期减免税,纳税人享受该种优惠的起止时间是关键,要特别注意保留好减免税期头一个月和临近最后一个月的相关凭证,防止将减免税期以前的销售推迟入账,记入减免税期内,也要防止减免税期满后实现的收入提前入账或买空卖空,先开假发票虚列销售,待以后月份再作退货处理变相延长减免税期限,逃避纳税责任。

(三) 减免税销售额的筹划

筹划时,首先以减免税范围、时限为前提,对减免税产品(商品)与非减免税产品(商品)严格分开核算,并按月逐户核对减免税产品(商品)的数量、销售和库存,防止混报错报。

(四) 主要减免税政策规定

(1) 企业的下列收入为免税收入:国债利息收入;符合条件的居民企业之间的股息、红利等权益性投资收益;在中国境内设立机构、场所的非居民企业从居民企业取得与该机构、场所有实际联系的股息、红利等权益性投资收益;符合条件的非营利组织的收入。

(2) 企业的下列所得,可以免征、减征企业所得税:从事农、林、牧、渔业项目的所得;从事国家重点扶持的公共基础设施项目投资经营的所得;从事符合条件的环境保护、节能节水项目的所得;符合条件的技术转让所得;国家重点扶持和鼓励发展的产业和项目。

(3) 企业的下列支出,可以在计算应纳税所得额时加计扣除:开发新技术、新产品、新工艺发生的研究开发费用;安置残疾人员及国家鼓励安置的其他就业人员所支付的工资。

(4) 其他优惠:创业投资企业从事国家需要重点扶持和鼓励的创业投资,可以按投资额的一定比例抵扣应纳税所得额;企业综合利用资源,生产符合国家产业政策规定的产品所取得的收入,可以在计算应纳税所得额时减计收入;企业购置用于环境保护、节能节水、安全生产等专用设备的投资额,可以按一定比例实行税额抵免。

四、案例解析

案例: 某企业准备出售已使用的机器设备等固定资产一批,原值 100 万元,已计提折旧 3 万元。

(1) 如果销售价格定为 101 万元出售,则:

$$\text{应纳税额} = 101 \div (1 + 4\%) \times 2\% = 1.94 \text{ (万元)}$$

出售净收益＝101－1.94＝99.06（万元）

(2) 如果销售价格定为 99.9 万元,则不存在纳税义务。

(3) 其收益增加了 0.84(＝99.9－99.06)万元,同时由于销售价格降低,企业完全有理由向购买方提出更为有利于己方的付款条件。

相关法规规定,纳税人销售自己使用过的固定资产(包括游艇、摩托车、汽车),只要是属于企业固定资产目录所列的货物,并且是企业按固定资产管理的已使用货物,其销售价不超过购进该固定资产原值的货物就不纳税。如果不同时具备上述三个条件的,则无论企业会计制度规定如何核算,都要按 4% 的征收率减半征收增值税。

第三节 分拆技术

一、分拆的含义

分拆是指把一个自然人(或法人)的应税所得或应税财产分成多个自然人(或法人)的应税所得或应税财产。

二、纳税筹划的分拆技术的含义

分拆技术是指在合法和合理的情况下,使所得、财产在两个或更多个纳税人之间进行分拆而直接节税的纳税筹划技术。

出于调节收入等社会政策的考虑,各国的所得税和一般财产税大多都是采用累进税率,计税基数越大,适用的最高边际税率也越高。使所得、财产在两个或更多个纳税人之间进行分拆,可以使计税基数降至低税率税级,从而降低最高边际适用税率,以节减税收。分拆技术主要具有以下特点:绝对节税;适用范围较窄;分拆技术较为复杂。

三、分拆技术与税率差异技术的区别

(1) 分拆技术是通过使纳税人的计税基数合法和合理地减少而节税;税率差异技术则不是。

(2) 分拆技术主要是利用国家的社会政策来节税;而税率差异技术主要是利用国家的财经政策。

四、分拆技术的要点

(1) 分拆合理化。使用该技术,除要合法化以外,还要注意合理化,使分离出去的部分尽量往低税率上靠,否则就没有意义。

(2) 节税最大化。通过合理的分离,使分离后的企业达到最大化节税的目的。

五、案例解析

案例1:某乳品厂生产用鲜奶由内设的牧场提供,可抵扣的进项项目为向农民收购的草料及小部分辅助生产用品,但该企业生产的产品则适用17%的增值税税率,全额减除进项后,其增值税税负达10%以上。

纳税筹划的做法是:将牧场与乳品厂分开独立核算,并办理工商和税务登记,牧场生产的鲜奶卖给乳品厂进行加工销售,牧场和乳品厂之间按正常购销关系进行结算。因此,牧场自产自销未经加工的农产品(鲜奶),符合政策规定的农业生产者自产自销的农业产品,可享受免税待遇;乳品厂向牧场收购的鲜奶,可按收购额的13%抵扣增值税,因而其税负可大大地降低。

案例2:某设计人员利用业余时间为某项工程设计图纸,同时担任该项工程的顾问,设计图纸获取报酬3万元。该设计人员要求建筑单位在其担任工程顾问的期间,将该报酬分10个月支付,每月支付3 000元,试分析该设计人员的税负变化。

方案一:建筑单位向设计人员一次性支付3万元劳务报酬。应交个税为:

应纳税所得额 = 30 000 × (1 − 20%) = 24 000 (元)

应纳税额 = 20 000 × 20% + 4 000 × 30% = 5 200 (元)

或

应纳税额 = 30 000 × (1 − 20%) × 30% − 2 000 = 5 200 (元)

方案二:分月支付,每次应纳税额为:

(3 000 − 800) × 20% = 440 (元)

10个月共负担税款 = 440 × 10 = 4 400 (元)

该设计人员可以少纳税:5 200 − 4 400 = 800 (元)。

由于分次纳税,纳税人可以通过一次收入的多次支付,既少扣费用,又免除一次收入畸高的加成征收,从而减轻了纳税负担。

第四节 扣除技术

一、扣除的含义

扣除是指从计税金额中减去一部分以求出应税金额。扣除规定普遍地适用于所有纳税人。这里的扣除是指税前扣除,在计算应缴税款时,对于构成计税依据的某些项目,准予从计税依据中扣除一部分。准予税前扣除是税收制度的重要组成部分,许多税种对扣除项目、扣除多少都作了比较详细的规定。这些准予扣除的项目、扣除的范围,有些是对所有纳税人通用的,有些只是对某些特定的纳税人或征税对象而设计的,应严格区分开来。例如《增值税暂行条例》中规定,企业应纳税额为当期销项税额减去当期进项税额后的余额。如,纳税人在计算企业所得税额时,允许将支付给员工的工资、限制性支出等项目按照标准进行扣除,从而减少企业应纳税所得额。

二、纳税筹划扣除技术的含义

扣除技术是指在合法和合理的情况下,使扣除额增加而直接节税,或调整各个计税期的扣除额而相对节税的纳税筹划技术。在同样多收入的情况下,各项扣除额、宽免额、冲抵额等越大,计税基数就会越小,应纳税额就会越少,所节减的税款就会越多。扣除技术的特点是:可用于绝对节税和相对节税;技术较为复杂;适用范围较大;具有相对稳定性。

三、扣除技术要点

1. 扣除项目最多化

企业应尽量将税法允许的扣除项目一一列出,凡是符合扣除要求的项目,都要依法给予扣除,列入成本,因为扣除项目越多,计税基数就越小,节减的税收就越多。

2. 扣除金额最大化

在税法允许的情况下,尽量使各项扣除的项目按上限扣除,用足用活扣除政策,因为扣除金额的最大化,就意味着应交税基的最小化,扣除的金额越大,应交的税款就越小,企业税后利润就越多。

3. 扣除最早化

在税法允许的范围之内,尽可能地使各种允许扣除的项目尽早得到扣除,因为扣除越早,企业交纳的税款就越少,节省的税款就越多,企业早期的现金净流量就越大,相对节减的税款就越多。

四、案例解析

《增值税暂行条例》规定,企业应纳税额为当期销项税额减去当期进项税额后的余额。如,纳税人在计算企业所得税额时,允许将支付给工人的工资、限制性支出等项目按照标准进行扣除,从而减少企业应纳税所得额。

案例:某教授到外地某企业讲课,关于讲课的劳务报酬,该教授面临着两种选择:一种是企业向教授支付讲课费5万元人民币,往返交通费、住宿费、伙食费等一概由该教授自己负责;另一种是企业支付教授讲课费4万元,往返交通费、住宿费、伙食费等全部由企业负责。

方案一:教授自负交通费、住宿费及伙食费:

应纳个人所得税额 $= 50\,000 \times (1-20\%) \times 30\% - 2\,000 = 10\,000$ (元)

扣除个税后该教授实际收到讲课费 $= 50\,000 - 10\,000 = 40\,000$ (元)

但讲课期间该教授的开销为:往返飞机票3 000元,住宿费5 000元,伙食费2 000元。因此该教授实际的净收入为30 000元。

方案二:由企业承担交通费、住宿费及伙食费,并支付该教授讲课费4万元,由企业为该教授代扣代缴个人所得税:

个人所得税额 $= 40\,000 \times (1-20\%) \times 30\% - 2\,000 = 7\,600$ (元)

扣除个税后该教授实际收到讲课费 $= 40\,000 - 7\,600 = 32\,400$ (元)

可见,由企业支付交通费、住宿费及伙食费,教授可以获得更多的实际收益。而对于企业来讲,其实际支出没有增加,反而有可能有所减少。对于企业来讲,提供住宿比较方便,伙食问题也好解决,因而,这方面的开支对企业来说可以比个人自理时省去一些,企业的负担也不会加重;费用的分散和减少,使得企业列支更加方便,企业较乐意接受。

第五节 税率差异技术

一、税率差异的含义

税率差异是指性质相同或相似的税种适用税率的不同。主要是出于财政、经济政策的原因,体现国家的税收鼓励政策。

二、纳税筹划税率差异技术的含义

税率差异技术是指在合法和合理的情况下,利用税率的差异而直接节减税款的纳税筹划技术。与按高税率缴纳税款相比,按低税率少缴纳的税款就是节减的税款。税率差异技术的特点是:绝对节税;技术较为复杂;适用范围较大;具有相对确定性。

三、税率差异技术要点

1. 尽量寻求税率最低化

尽可能地寻找税率最低的地区、产业,使其适用税率最低化,而且税率差异越大,企业的获利能力就越高,可支配的税后利润就越多,企业的竞争力就越强。

2. 尽量寻求税率差异的稳定性和长期性

税率差异一般具有时间性和稳定性两个特征,但并不是一成不变的,随着时间的推移和税法制度的改变会发生变化,如随着政策的变化和享受优惠政策时间的到期,税率也就会发生变化,因此,应想办法使企业税率差异的时间最长化和稳定化。

四、案例解析

案例1:某小型商业企业,原为小规模纳税人。在上年度结算时,销售收入接近180万元。为了暂不认定为增值税一般纳税人而增加税负,可适当控制年度销售收入或保持财务核算不健全,因而达不到一般纳税人的条件,继续按小规模纳税

人的标准申报纳税。假设该小规模纳税人今年的销售收入为180万元,该地区一般纳税人增值税的综合负担率为4%,则:

(1)纳税人身份为一般纳税人时应纳税:180×4%=7.2(万元)。

(2)纳税人身份为小规模纳税人时应纳税:180×3%=5.4(万元)。

(3)两者相比可节税7.2-5.4=1.8(万元)。

案例2:某首饰企业开发了一种既含铂金又含黄金的新型项链,该项链的产品成分结构既可以认为是金基首饰,又可以被认为是铂金首饰。按现行税收规定,金基首饰是在零售环节纳税,消费税税率为5%,而铂金首饰是在生产环节纳税,税率为10%。那么,这个企业可以在进行纳税鉴定时选择在零售环节按5%的税率进行申报纳税,从而减少支付5%的消费税税款。

第六节 抵免技术

一、税收抵免的含义

税收抵免是指从应纳税额中扣除税收抵免额。税收抵免的形式主要包括:纳税人已纳税款的抵免;为避免双重征税的抵免;优惠或奖励性抵免;基本扣除性抵免。纳税筹划涉及的税收抵免主要是利用国家为贯彻其政策而制定的税收优惠性或奖励性税收抵免和基本扣除性抵免。

二、纳税筹划抵免技术的含义

抵免技术是指在合法和合理的情况下,使税收抵免额增加而绝对节税的纳税筹划技术。抵免额越大,冲减应纳税的数额就越大,应纳税额则越小,节税越多。抵免技术的特点是:绝对节税;技术较为简单;适用范围大;具有相对稳定性。

三、抵免技术要点

1. 抵免项目最多化

在税法规定的可以抵免的范围内,尽可能地把能参与抵免的项目全部抵免,因为用于抵免的项目越多,节减的利润越多。

2. 抵免金额最大化

在税法允许的范围内,尽可能地使抵免项目的金额最大化,因为抵免的金额越大,应纳税额就越小。

四、案例解析

案例1:某企业源于中国境外的所得为100 000元,已在境外交纳的企业所得税为20 000元(该国适用税率20%),按我国现行企业所得税税率25%计算。

应补交的税款为:100 000×25%－20 000＝5 000(元)。

这里的20 000元就是抵免额;而25 000元(100 000×25%)是抵免限额。

案例2:某企业预计当年的应纳企业所得税额为300万元,原计划进行1 000万元的节能环保投资,以后年度再追加2 000万元的投资;现改为当年一次性投入3 000万元节能环保专用设备的投资。

(1)若投资1 000万元,当年只能抵免100万元企业所得税;

(2)若投资3 000万元,当年就能抵免300万元企业所得税;

(3)两者相差200(＝300－100)万元。

企业购置并实际使用《环境保护专用设备企业所得税优惠目录》、《节能节水专用设备企业所得税优惠目录》和《安全生产专用设备企业所得税优惠目录》规定的环境保护、节能节水、安全生产等专用设备的,该专用设备的投资额的10%可以从企业当年的应纳税额中抵免;当年不足抵免的,可以在以后5个纳税年度结转抵免。

第七节 延期纳税技术

一、延期纳税的含义

延期纳税是指对纳税人应纳税款的部分或全部延缓一定时期再缴纳税款的一种特殊规定。狭义的延期纳税专门指纳税人按照国家有关延期纳税规定进行的延期纳税;广义的延期纳税还包括纳税人按照国家其他规定可以达到延期纳税目的的有意纳税安排。各国制定延期纳税规定的主要原因包括:避免先征后退,节约征税成本;防止纳税人税负畸轻畸重;鼓励和促进投资。

二、纳税筹划延期纳税技术的含义

延期纳税技术是指在合法和合理的情况下,使纳税人延期缴纳税款而相对节税的纳税筹划技术。延期缴纳本期税款并不能减少纳税人纳税的绝对额。虽然采用延期纳税技术不能使应交纳的税款免纳或少纳,但它使应该交纳的税款可以向后推迟一段时间,而且不需支付任何报酬,这就相当于从政府手中拿到了一笔无息贷款,节省了利息支出,变相降低了应纳税额。延期纳税技术的特点主要有:相对节税;技术复杂;适用范围广;具有相对确定性。

三、延期纳税技术要点

1. 延期项目最多化

在税法规定的时间内,尽量争取缓纳的时间最长,因为延期的时间越长,相对节减的税款也就越多。

2. 延长期限最长化

争取在税法允许的范围内,找足找齐各种原因,经税务机关批准,使这些项目进入延期纳税项目的行列,因为延期纳税的项目越多,企业当期的现金流量也就越大,节税也就越多。

四、案例解析

案例:我国南方某公司因年初雪灾造成资金周转困难,向税务机关申请将2月份的800万元的应交流转税缓交3个月。按9%的贷款利率计算,可节省利息:$800 \times 9\% \div 12 \times 3 = 18$(万元)。

我国现行税法规定:对纳税有困难的,经批准可以延期申报、延期缴纳。无法按时申报时可以延期申报。根据《征管法实施细则》规定:纳税人、扣缴义务人按照规定的期限办理纳税申报或者报送代扣代缴、代收代缴税款报告表确有困难,需要延期的,应当在规定的期限里向税务机关提出书面延期申请,经税务机关核准,在核准的期限里办理。无法按时纳税时可以延期纳税。根据《征管法》规定:纳税人、扣缴义务人按照法律、行政法规规定或者税务机关依照法律、行政法规的规定期限,缴纳或解缴税款。纳税人因有特殊困难,不能按期缴纳税款的,经县以上税务局(分局)批准,可以延期缴纳税款,但最长不得超过三个月。

第八节 退税技术

一、退税的含义

退税是指税务机关按规定对纳税人已纳税款的退还。退税的类型主要有:税务机关误征或多征的税款;纳税人多缴纳的税款;零税率商品已纳国内流转税款;符合国家退税奖励条件的已纳税款。退税技术筹划涉及的退税主要是让税务机关退还符合国家退税奖励条件的已纳税款。

我国税法规定:纳税人超过应纳税额缴纳的税款,税务机关发现后应当立即退还;纳税人自结算缴纳税款之日起三年内发现的,可以向税务机关要求退还。

二、纳税筹划退税技术的含义

退税技术是指在合法和合理的情况下,使税务机关退还纳税人已纳税款而直接节税的纳税筹划技术。退税技术的主要特点包括:绝对节税;技术要求较为简单;适用范围较小;具有一定的风险性。

三、退税技术的要点

1. 尽量争取退税项目最多化

在税法规定的范围内,要尽量争取更多的退税待遇,退税的项目越多,收到的退税金额就会越多。

2. 尽量使退税数额最大化

因为退还税款的数额越大,企业的税后利润也就越多。

四、案例解析

案例:某外资企业2006年将上年利润的50%,即100万元再投资于该企业,预计经营期为15年。经税务机关核准,退还其再投资部分已缴纳的40%的税款。该企业适用33%的所得税率,则:

退税额＝再投资额÷(1－原实际适用的企业所得税税率与地方所得税税率之和)×原实际适用的企业所得税税率×退税率＝100÷(1－33％)×30％×40％＝17.91(万元)

用税后利润进行再投资使该企业获得了17.91万元的退税额。

该企业利用了再投资退税的优惠政策。根据我国原企业所得税法规定,外商投资企业的外国投资者,将从企业取得的利润直接再投资于企业,增加注册资本,或者作为资本投资开办其他外商投资企业,经营期不少于5年的,经投资者申请和税务机关批准,退还其再投资部分已缴纳企业所得税税款的40％。另外,在设立外资企业时被认定为产品出口企业或先进技术企业的,再投资时,有两种政策可以选择:一是按"再投资于本企业",享受退税40％的优惠;二是按"再投资举办、扩建产品出口企业或先进技术企业",享受退税100％的优惠。对于企业来说,当然是后者更具有节税效应,所需要的只是到有关部门办理其确认手续,即扩建的企业为产品出口企业或先进技术企业的证明。

复习与思考

一、思考题

1. 什么是减税、免税？纳税筹划的免税技术的要点有哪些？
2. 什么是纳税筹划的扣除技术？如何利用扣除技术进行纳税筹划？
3. 什么是纳税筹划的税率差异技术？分拆技术与税率差异技术有何区别？
4. 什么是税收抵免？税收抵免的形式主要有哪些？
5. 什么是退税？退税的类型主要有哪些？如何利用退税技术进行纳税筹划？

二、案例题

1. A公司是玻璃幕墙生产企业,为增值税一般纳税人,同时具备建筑安装施工资质。A公司拟与B公司签订销售合同,初步商定由A公司提供其生产的玻璃幕墙并负责安装。玻璃幕墙的价格为468万元,安装费为117万元,合同金额共计585万元;玻璃幕墙应承担的增值税进项税额为60万元。试计算分析在混合销售情况下的流转税负担额;若将该合同分拆成468万元的销售合同和117万元的建筑安装合同,试计算分析A公司的流转税负担额。

2. 某公司年销售额120万元(不含税),年应税所得额40万元;会计核算制度较健全,符合一般纳税人的条件,适用增值税的税率为17％;但准予从当期销项税额中抵扣的进项税额较少,只占销项税额的15％。若将其分拆成两个相同规模的小规模纳税人不会影响其销售额和销售利润。试分析分拆与不分拆两种情况下的增值税和企业所得税的差异。

3. 某企业为增值税一般纳税人,有一宗业务货款共计 2 000 万元(不含税价格)。若采取直接收款方式销售货物,有 60% 的应收账款无法在近期收回;若采取分期收款方式销售货物,其中:甲商品货款 800 万元,可在当期收到 600 万元,余款 200 万元一年后收回;乙商品货款 500 万元,可在当期收到 200 万元,余款 300 万元两年后收回;丙商品货款 700 万元,可在一年后收到 200 万元,余款 500 万元两年后收回。试分析两种不同收款方式销售的增值税负担情况。

三、讨论题

1. 举例说明自己掌握了哪些行之有效的减免税优惠政策,若利用这些优惠政策进行纳税筹划需要创造什么条件?

2. 我国现行税收法规规定企业在哪些情况下可以延期纳税,纳税人应如何利用延期纳税政策进行纳税筹划?

第十章 纳税筹划技巧

学习目标

了解企业设立的纳税筹划；
明确企业资产重组的纳税筹划；
掌握企业筹资与投资的纳税筹划；
重点掌握企业购销环节的纳税筹划。

第一节 企业设立的纳税筹划

一、选择企业组织形式的纳税筹划

（一）公司制与合伙制企业的选择

（1）舍掉其他因素，总体税负合伙制一般低于公司制。公司制企业的营业利润在企业环节课征企业所得税，为企业所得税的纳税义务人。而税后利润作为股息分配给投资者，投资者还要缴纳一次个人所得税，又成为个人所得税的纳税义务人。而合伙制企业则不作为公司对待，营业利润不交企业所得税，不构成企业所得税的纳税义务人，只课征各个合伙人分得收益的个人所得税。

例如：纳税人甲、乙、丙经营一家商店，年盈利 300 000 元。

① 如果按合伙制企业只课征个人所得税（假定三人分配比例相同）。

应纳税额为$(100\ 000 \times 45\% - 13\ 505) \times 3 = 94\ 485$（元）。

② 如按公司制：

首先课征企业所得税，税率为 25%。则：

应纳税额＝300 000×25％＝75 000（元）

税后利润＝225 000元，全部作为股息分配（假定三人分配比例相同），甲、乙、丙还要再交一道个人所得税，为（75 000×35％－5 505）×3＝62 235（元）。

共计纳税＝75 000＋62 235＝137 235（元）

③ 两者相比，后者多缴税款42 750(＝137 235－94 485)元。显然两者税负是不一致的。因此，他们选择了开办合伙制企业。

（2）在比较两种课征方法的税收利益时，不仅要看名义上的差别，还要看实际上的差别。

（3）要比较合伙制、公司制的税基、税率结构和税收优惠待遇等多种因素。

（二）分支机构的选择

分公司不构成独立的纳税义务人，与母公司并表后缴纳企业所得税，而子公司则构成独立的企业所得税的纳税义务人。因此，在设计企业所得税时，要考虑设立子公司还是分公司。

1. 分公司只承担有限纳税义务

对于初创阶段在较长时间无法盈利的企业，一般设置为分公司，这样可以利用公司扩张成本抵冲总公司的利润，从而减轻税负。

例如：某总公司在国内有两家分公司A和B，某纳税年度总公司实现利润1 000万元，其分公司A实现利润100万元，B亏损150万元，企业所得税率为25％。

（1）选择分公司的总体税负：

(1 000＋100－150)×25％＝237.5（万元）

（2）选择子公司的总体税负：

公司本部应纳所得税额＝1 000×25％＝250（万元）

A子公司应纳所得税额＝100×25％＝25（万元）

B子公司由于当年亏损150万元，无须交纳所得税。

公司总体税负为275(＝250＋25)万元。

（3）两者比较相差37.5(＝275－237.5)万元。

选择设立分公司比设立子公司可节税37.5(＝275－237.5)万元。

2. 子公司承担全面纳税义务

对于扭亏为盈迅速的行业，可设置子公司，这样可以享受税法中的优惠待遇，在优惠期内的盈利无须纳税。

例如：某公司在深圳和厦门两地各设一家子公司，2006年总公司税率为33％，子公司税率均为15％。本部实现利润1 000万元，深圳和厦门的子公司各实现利润 100 万元。规定子公司税后利润的 50% 交总公司。

(1) 选择子公司的总体税负：

公司本部应纳企业所得税：1 000×33%=330（万元）。

深圳子公司应纳企业所得税：100×15%=15（万元）。

厦门子公司应纳企业所得税：100×15%=15（万元）。

总公司分回利润：2×(100-15)×50%=85（万元）。

分回利润应补税：85×(33%-15%)=15.3（万元）。

公司总体税负：330+15+15+15.3=375.3（万元）。

(2) 选择分公司的总体税负：

公司总体税负：(1 000+100+100)×33%=396（万元）。

(3) 两者比较相差 20.7(=396-375.3) 万元。

选择设立子公司比设立分公司可节税 20.7(=396-375.3) 万元。

（三）合资与合作的选择

A 国一家公司准备在我国投资建一加工企业，经分析，公司决定采用中外合作企业的形式，不由该公司直接投资，而由该公司设在 B 国的子公司投资。因为根据产品的特点预测企业在开办初期将面临亏损。如果采用中外合资企业的投资形式，其亏损只能在合资企业内部弥补。但如果采用中外合作企业，其亏损可以在 A 国总公司内弥补。通过总公司弥补亏损的办法，可以减轻企业开办初期的压力。假设 A 国总公司某年应纳税所得为 1 000 万美元，按 A 国公司所得税的规定应缴 34% 的公司所得税，即 340 万美元。又假设其投资的中外合作企业应由其负担部分的亏损为 200 万美元，则 A 国总公司在弥补亏损后的应税所得额为 800 万美元，应纳税款降为 272 万美元，可少缴 68 万美元税款。

改由 B 国的子公司投资，又是一种策略。B 国的子公司所得税税率为 40%，假设其应税所得为 500 万美元，则其应纳税款为 200 万美元。如果为中外合作企业弥补 200 万美元的亏损，该子公司就可以少缴纳 80 万美元的税款。与在 A 国总公司弥补亏损相比，可以多得到 12(=80-68) 万美元的减税金额。

二、选择企业注册地点的纳税筹划

世界各国、各地区的税收政策，总的来说都是根据当地经济发展情况而制定的。不同的国家、同一个国家的不同地区的税收政策大不相同。由于税收政策存在着地域性的差异，故此企业设立时注册地点的选择非常重要。从全球范围来看，跨国企业可以选择国际避税港等低税负的地区来注册公司的所在地。从一个国家的范围来看,企业可以选择税率较低的地方注册公司。一般而言,人们在选择注册地时,应选择主体税种税负低的地方进行注册。

(一)国际避税港注册筹划

国际注册地筹划主要是指将公司注册在"避税港"等国际低税负地区,以减轻企业的税收负担。它一般是指一个国家或地区的政府为促进国(区)外资本流入,在本国或本地区划出的一定区间范围,规定在此范围投资的企业可以享受不纳税或少纳税的待遇。企业可以根据自身的具体情况,选择符合自身实际的国际避税地进行企业注册。

(二)国内低税率地注册筹划

为了实现我国的经济发展战略,国家制定了一系列针对不同地区的税收优惠政策,如我国原企业所得税法规定,设立在经济特区、经济技术开发区、沿海港口城市以及"老、少、边、穷"地区的企业都可享受税收优惠;设在经济特区的外商投资企业,按15%的税率缴纳企业所得税。

(三)同一地区城乡注册的筹划

对于一些规模较小的企业,进行前面两种方式的注册筹划便显得不切实际。但对于这种企业来说,可以考虑在城市、乡镇与农村之间进行注册筹划。因为在同一地区的城市、乡镇与农村之间的城市维护建设税、房产税、土地使用税的征收税率是不同的,乡镇与农村的这些小税种的税率比城市低。

三、选择投资行业的纳税筹划

投资行业选择是指投资者根据国家产业政策和税收优惠的规定,通过对投资行业的选择,以达到减轻税收负担的目的。国家在扶持某些行业发展的同时,也会充分考虑地区间的发展平衡,以达到全面发展,其扶持某行业一个重要手段就是利用税收的减免政策来引导投资,因而我们在进行投资决策时,要研究国家税收政策,顺应国家政策导向,这样可为企业节约更多的税收成本。对投资产业的选择可分为两个方面,即在同一投资地点,选择税负轻的行业进行投资;在不同投资地点,选择税负相对轻的地点和行业进行投资。

四、选择投资方式的纳税筹划

投资方式是指投资者以何种方式投资。一般包括现汇投资、有形资产投资、无形资产投资等方式。投资方式选择法是指纳税人利用税法的有关规定,通过对投资方式的选择,以达到减轻税收负担的目的。投资方式选择法要根据所投资企业的具体情况来具体分析,如中外合资经营企业,投资者可以用货币方式投资,也可以用建筑物、厂房、机械设备或其他物料、工业产权、专有技术、场地使用权等作价投资。

(一) 有形资产投资方式

税法规定,按照合同规定作为外国合营者出资的机械设备、零部件和其他物料,合营企业以投资总额内的资金进口的机械设备、零部件和其他物料,以及经审查批准,合营企业以增加资本新进口的国内不能保证供应的机械设备、零部件和其他物料,可免征关税和进口环节的增值税。

(二) 无形资产投资方式

以无形资产的方式进行投资,不仅可以获得一定的超额利润,而且还能达到节税的目的。例如:甲、乙双方为中外双方投资者,准备开办一家中外合资企业。创办过程中,甲方须向乙方购买一项技术,价值500万元,须缴纳50万元的预提所得税;但是如果改为将该技术转由乙方用无形资产对合资企业进行投资,则乙方出让该项专有技术无需交纳50万元的税款。

(三) 现汇投资方式

现汇投资方式一般是指以货币直接进行投资的方式。例如:中外合资经营者在投资总额内或以追加投入的资本进口机械设备、零部件等可免征关税和进口环节的增值税。这就是说合资中外双方均以货币方式投资,用其投资总额内的资本或追加投入的资本进口的机械设备、零部件等,同样可以享受免征关税和进口环节增值税的照顾,达到节税的效果。

第二节 企业筹资与投资的纳税筹划

一、企业筹资的纳税筹划

企业为了从事生产经营活动和举办其他活动,必须从不同的资金所有者那里筹措和集中资金以满足企业的需要。

（一）发行股票与债券的选择

发行股票属于增加权益资金，其优点是风险小，无固定利息负担；不利之处是其成本——股息，必须从税后利润中支付，且股息还要征个人所得税。

发行债券或借款，属于扩大借入资金，借入资金的成本——利息，可在税前列支，具有资金成本低的优点；缺点是到期要还本付息，风险较大。

在投资总额中压缩注册资本比例，增加借款所支出的利息，可节省企业所得税；同时，在分配利润时，由于按股权分配，既能减少投资风险，又能享受财务杠杆利益，提高权益资本的收益水平及普通股的每股股金。

例如：某企业欲筹集资本1000万元，有两种方案可供选择，A方案为1000万元全部以发行股票方式筹集（每股1元，共1000万股），B方案为发行股票筹集600万元（每股1元，共600万股），发行债券400万元（年利率5%，年利息20万元）。

假设预计实现税前利润300万元，则A方案税前利润为300万元，应纳税额为75（=300×25%）万元，税后利润225万元，每股收益0.225元；B方案税前利润为280（=300−20）万元，应纳税额为70（=280×25%）万元，税后利润210万元，每股收益0.35元。

可见B方案不仅比A方案节税5万元，而且每股收益比A方案多0.125元。

按现行财务制度规定，企业筹资的利息支出，凡在筹建期间发生的，计入开办费，自企业投产营业起，按照不短于五年的期限分期摊销；在生产经营期间发生的，计入财务费用。其中，与购建固定资产或无形资产有关，在资产尚未投入使用或者虽已投入使用，但尚未竣工决算的，计入购建资产的价值。因此，企业应尽可能加大筹资利息支出计入财务费用的份额，缩短筹建期和资产的购建期，增加可扣除项目金额。

（二）利用银行贷款的纳税筹划

由于在企业的筹资中，债务筹资的成本可以抵减应纳税所得额，使企业少交纳所得税，所以利用向银行贷款进行纳税筹划就成为企业的一种选择。因为企业归还利息后，企业利润总额有所降低，实际税负比未支付利息时降低了。

例如：A企业利用5年时间积累的200万元购买设备，投资收益期为5年，每年平均盈利20万元，所得税率为25%。该企业盈利后应纳税为：

每年应纳企业所得税=20×25%=5（万元）

5年应纳企业所得税总额=5×5=25（万元）

如果企业不是依靠自己积累资金，而是向银行或其他金融机构贷款进行投资，则该企业可提前5年时间进行此项目,而为积累200万元所需要的5年时间也就可以节省下来了。假如企业在积累资金的5年里,企业从银行贷款进行投资,贷款投资额为200万元,年平均盈利仍为20万元,企业每年向银行支付利息10万元,扣除利息后,企业每年盈利10万元,则每年纳税额为:

企业5年应缴企业所得税=10×25%×5=12.5(万元)

两者相比可节税12.5(=25-12.5)万元。

可见,对该企业来说,采用贷款方式进行投资给企业带来许多好处:其一,该企业可以提前5年进行它所需要的投资活动;其二,贷款使企业承担的资金风险减少;其三,企业所得税负担减轻了。

(三)债务资本与权益资本的选择

从纳税角度看,自我积累筹资方式所承受的税收负担重于金融机构贷款所承受的税收负担,贷款筹资所承受的税收负担重于企业、经济组织之间拆借所承担的税收负担,而相互融资所承担的税负又大于社会筹资承担的负担。这是因为从资金的实际使用者使用资金所承担的风险角度看,自我积累风险最大,社会集资风险最小。

例如:甲公司因发展需要融资400万元,融资后息税前利润为80万元,企业所得税税率为25%,债务资金成本率为10%。现有三种融资方案可供选择:

方案1:完全以权益资本融资;

方案2:债务资本与权益资本融资的比例为10∶90;

方案3:债务资本与权益资本融资的比例为50∶50。

当企业的息税前利润为80万元时,税前投资回报率=80÷400×100%=20%,大于10%(债务资金成本率),税后投资回报率会随着企业债务融资比例的上升而上升。因此,应当选择方案三,即50%的债务资本融资和50%的权益资本融资,这种方案下的纳税额最小,即:

应纳企业所得税=(80-400×50%×10%)×25%=15(万元)

此外,进行联营从某种角度来说也是一种筹资渠道。企业可考虑以一个主体企业为核心,与有一定生产设备或其他优势的企业组成联营企业,这样有利于充分利用各方的场地、劳动力、设备,实现资源配置的优势互补。

(四)举债与租赁的选择

企业因生产经营需要增加设备等固定资产,而现有资金又不足时,可通过融资租赁和举债购买两种办法取得资产。融资租赁可以及时取得设备的使用权,并且支付的租金支出可在税前列支,从而减轻所得税税负。举债购买设备取得的资产,超期使用可为企业带来额外的收益,同时举债购买固定资产支付的利息可在所得税前列支,减少应纳税所得额。两者各有利弊,必须根据自己的实际情况,对现金流量、货币时间价值或资金成本、税后现金流出量、税收收益等做详细比较后选择。

根据我国会计制度和税法的规定,用于固定资产投资的支出,不能作为当期费用在税前列支,而只能按规定的标准提取折旧。这样,投资者不仅要在前期投入较大数额的资金,而且在生产中只能按规定比例进行抵扣。

采用融资租赁方式取得固定资产,对承租人来说,可以在经营活动中,以支付租金的方式冲减其经营利润,减少税基,从而减少应交纳的企业所得税税额;对出租人来说,不必为如何使用或利用这些设备及如何从事经营活动而操心,可以轻而易举地稳定获得租金收入。实现真正意义的承租方和出租方的双赢局面。

当出租方和承租方同时属于一个大的利益集团时,为了共同的利益,可以通过租赁方式直接、公开地将资产从一个主体转移到另一个主体,从而实现将利润转到低税率的地区,享受到更多的税收优惠,从而实现整个集团利益的最大化。

例如:2006 年国内某企业集团内部的甲企业某项生产线价值 200 万元,未出租前,该设备每年生产产品的利润为 25 万元,应纳税额为 $8.25(=25 \times 33\%)$ 万元。进行纳税筹划后将该生产线租给同一集团的乙企业,为融资租赁方式(租赁期为八年),每年租赁费 15 万元。

根据税法规定,租赁后,甲企业应纳营业税 0.75 万元,租赁收入并入所得额,应纳企业所得税,假设甲企业租赁后,税率仍为 33%,则应纳所得税 4.95 万元,则甲企业共纳税 5.7 万元。而乙企业为融资租赁,可以提取折旧,每年 19 万元。假设租入后生产线仍能获利润 25 万元,则扣除折旧后,利润为 6 万元,如果乙企业无其他利润,则适用 27% 的税率,应纳税额 1.62 万元,则甲、乙两企业共节税 0.93 万元,即使乙企业有其他利润来源,适用 33% 的税率,也可节税 0.57 万元。

又如:张国梁和张国栋为亲兄弟,兄弟俩分别经营个体工商业户甲和乙,甲 2006 年经营效益较好,年应纳税所得额为 8 万元;乙 2006 年经营效益较差,年应纳税所得额为 5 000 元。

(1) 如果甲、乙两个体工商业户不进行纳税筹划,则:

　　甲应纳所得税额 $= 80\,000 \times 35\% - 6\,750 = 21\,250$ (元)

　　乙应纳所得税额 $= 5\,000 \times 5\% = 250$ (元)

　　甲、乙两个体户合计应纳所得税额 $= 21\,250 + 250 = 21\,500$ (元)

(2) 如果甲、乙两个体工商业户进行纳税筹划,乙个体工商业户将设备租赁给甲个体工商业户,每年向甲收取租赁费为 4 万元,则:

　　甲应纳所得税额 $= 40\,000 \times 30\% - 4\,250 = 7\,750$ (元)

　　乙应纳所得税额 $= 45\,000 \times 30\% - 4\,250 = 9\,250$ (元)

甲、乙两个体户合计应纳所得税额＝7 750＋9 250＝17 000（元）

(3) 甲、乙两个体户合计少纳所得税额＝21 500－17 000＝4 500（元）。

二、企业投资的纳税筹划

（一）固定资产投资的纳税筹划

我国原企业所得税法规定：外商投资企业在我国境内投资符合国家产业政策的技术改造项目，购买国产设备投资的40％可从技改项目当年新增的所得税中抵免，当年不足以抵扣的在5年内给予抵扣，其购进的设备仍可按原值计提折旧；但如果是新投资则可减免税。

例如：某中外合资企业，由于设备落后，至2006年2月累计亏损2 000万元，为扭转局面，该企业决定通过银行贷款2 000万元进行投资。设定此笔款用于购买国产设备和用于投资办高新技术企业的税前利润均为：第一年400万元，第二、三年各为800万元，第4年为1 000万元，第5年为1 200万元。

用于购买设备，则前三年获得的2 000万元利润，可用于弥补以前年度亏损，不用交税，后两年获得的利润为2 200万元，应纳税款726万元；按规定，购买国产设备进行技术改造的企业可抵扣的税款限额为800万元，显然，企业取得的4 200万元利润全部不用交所得税，扣除2 000万元借款后，净收益为2 200万元。

用于在高新技术开发区内创办高新技术企业，则前两年免税，第三至第五年按15％的税率征税，应交所得税为450（＝3 000×15％）万元。企业取得的4 200万元利润，扣除2 000万元借款和450万元税收后，净收益为1 750万元。

比较：由于前有亏损可抵，第一方案比第二方案多取得的税收优惠为450（＝2 200－1 750）万元。如果无亏损可抵扣，则第一方案应交税款为586（＝4 200×33％－800）万元，获得的净收益为1 614万元；第二方案比第一方案多取得税收优惠136万元。

（二）风险投资纳税筹划

在投资过程中，如果有多个投资方案，必须在综合考虑税收、资金的时间价值及风险之后才能做判断。

例如：某企业有1亿元人民币，准备投资一项新产品的开发，最佳生产周期为三年。由于很多因素处于不确定状态，只能预计一个概率，设定两个方案，资金年贴现率为6％，甲方案的风险率为2％，乙方案的风险率为4％，两个方案的收益情况如表10.1所示。

表 10.1　两个方案的收益情况

方案	可能出现的市场情况	第一年 概率	第一年 税后收益	第二年 概率	第二年 税后收益	第三年 概率	第三年 税后收益
甲	较好	0.3	7 000	0.2	8 000	0.3	5 000
甲	一般	0.5	6 000	0.6	7 000	0.4	4 000
甲	较差	0.2	5 000	0.2	6 000	0.3	3 000
乙	较好	0.3	6 000	0.2	9 000	0.3	9 000
乙	一般	0.5	4 000	0.6	6 000	0.4	8 000
乙	较差	0.2	2 000	0.2	3 000	0.3	4 000

1. 不考虑资金的时间价值时(E 为收益期望值)

(1) 甲方案为：

$E_1 = 7\,000 \times 0.3 + 6\,000 \times 0.5 + 5\,000 \times 0.2 = 6\,100$（万元）

$E_2 = 8\,000 \times 0.2 + 7\,000 \times 0.6 + 6\,000 \times 0.2 = 7\,000$（万元）

$E_3 = 5\,000 \times 0.3 + 4\,000 \times 0.4 + 3\,000 \times 0.3 = 4\,000$（万元）

(2) 乙方案为：

$E_1 = 6\,000 \times 0.3 + 4\,000 \times 0.5 + 2\,000 \times 0.2 = 4\,200$（万元）

$E_2 = 9\,000 \times 0.2 + 6\,000 \times 0.6 + 3\,000 \times 0.2 = 6\,000$（万元）

$E_3 = 9\,000 \times 0.3 + 8\,000 \times 0.4 + 4\,000 \times 0.3 = 7\,100$（万元）

(3) 三年内总的期望值为：

甲方案 $E_甲 = 6\,100 + 7\,000 + 4\,000 = 17\,100$（万元）

乙方案 $E_乙 = 4\,200 + 6\,000 + 7\,100 = 17\,300$（万元）

从上面的计算比较可以看出，三年内总的期望值乙方案优于甲方案。

2. 考虑资金的时间价值时

(1) 甲方案为：

$E_甲 = 6\,100 \div (1 + 6\%) + 7\,000 \div (1 + 6\%)^2 + 4\,000 \div (1 + 6\%)^3$

$= 15\,343.17$（万元）

(2) 乙方案为：

$E_乙 = 4\,200 \div (1 + 6\%) + 6\,000 \div (1 + 6\%)^2 + 7\,100 \div (1 + 6\%)^3$

$= 15\,263.53$（万元）

(3) 在考虑资金时间价值后，三年总收益甲方案优于乙方案。

3. 同时考虑资金的时间价值和风险价值(甲方案风险率 2%加贴现率 6%，则包含风险的贴现率为 8%，乙方案的风险贴现率为 10%)

(1) 甲方案为：

$$E_甲 = 6\,100 \div (1+8\%) + 7\,000 \div (1+8\%)^2 + 4\,000 \div (1+8\%)^3$$
$$= 14\,824.84\,(万元)$$

(2) 乙方案为:
$$E_乙 = 4\,200 \div (1+10\%) + 6\,000 \div (1+10\%)^2 + 7\,100 \div (1+10\%)^3$$
$$= 14\,111.20\,(万元)$$

(3) 在考虑资金时间价值和风险价值后,甲方案还是优于乙方案。因此,该企业的1亿元资金应按照甲方案投资于新产品的生产项目。

第三节 企业购销的纳税筹划

一、采购环节的纳税筹划

(一) 购货对象的选择

我国原增值税暂行条例规定,增值税的抵扣或征收的税率为17%、13%、6%、4%,一般纳税人接受普通发票,不能抵扣增值税进项税额。在实际操作中,选择哪个类型增值税抵扣率的供应商是纳税筹划的一个要点。

例如:有A、B、C三家公司可供货,A公司是一般纳税人,能开17%增值税专用发票;B公司是小规模纳税人,能提供6%增值税专用发票;C公司只能开普通发票。假如三家公司商品的不含税进价为1 000元,不含税商品销售价为2 000元,则选择B公司更有利。理由是:

从A公司购进,支付的价款和税款合计1 170元,货物销售后取得2 340元,向税务机关交纳增值税款170元。

从B公司购进,支付的价款和税款合计1 060元,货物销售后取得2 340元,向税务机关交纳增值税款280元。

表面看,两者结果一样,但如果考虑资金的时间价值,则B的代价小于A,因为它推迟了110元的支付时间。

(二) 购货运费的筹划

现行政策规定:购进货物支付的运费,如果取得普通发票可按票面金额计算抵扣7%的增值税进项税额,如果支付运费的定额发票不能抵扣,对此的纳税筹划做法是：

(1) 建立自己的运输企业,通过关联企业的交易关系,压低运费,提高货物进价,达到既增加进项税,又减少运输企业应交的营业税；

(2) 将商品的部分进销差价转化为运费；

(3) 向运输方索取普通发票,依法进行抵扣。

二、销售环节的纳税筹划

(一) 企业产销规模的纳税筹划

在企业生产经营过程中,有人认为企业的产销规模应该是越大越好。其实不然,产销规模增大,并不代表企业的利润会成正比增大。相反,企业实力在产销规模的无效扩张中反而会被削减。从实际经验来看,企业产销规模纳税筹划的首要的任务应该是科学确定合理的产销规模水平。

(二) 企业产销结构的纳税筹划

从产销规模与产销结构两者的关系对照来看,产销结构的筹划是必要的。产销结构可由企业自己决策选定,而且不同的产销结构往往会产生不同的税收负担,因而产销结构的筹划活动又是可能的。一般步骤如下：

(1) 确定筹划的具体对象；

(2) 分析本企业产销结构的历史记录,并和其他企业相比较,找出原产销结构的长处和不足；

(3) 根据企业自身现状,参照税法的具体规定,在企业经营目标的指导下选定新的产销结构。

(三) 企业销售地点的筹划

销售地点筹划的存在依据是地区性税负差别。国家为了鼓励某些地区的发展,一般会在税法上体现地区倾斜政策,差别税负的出现便成了销售地点筹划的依据。

销售地点筹划的必然性来源于企业生存发展的客观要求。选择适当的销售地点,减轻企业税收负担,增加税后利润,这符合纳税人进行纳税筹划的利己动机。一国之内存在低税区,全球范围内更存在许多避税地、避税港。这些地区一般只对少量物品征税,而且税率也特别低,于是这又为跨国销售地点的筹划提供了机会。

(四)选择恰当的销售方式

根据税法规定,不同的销售方式有不同的计征增值税的规定。采用折扣销售方式,如果销售额和折扣额在同一张发票上体现,以销售额扣除折扣额后的余额为计税金额,如果销售额和折扣额不在同一张发票上体现,那么无论企业财务上如何处理,均不得将折扣额从销售额中扣除;采用销售折扣方式,折扣额不得从销售额中扣除;采用销售折让方式,折让额可以从销售额中扣除;采用以旧换新和还本销售方式,都应以全额为计税金额;此外还有现销和赊销。在产品的销售过程中,企业对销售有自主选择权,这为利用不同销售方式进行纳税筹划提供了可能。销售方式的筹划可以与销售收入实现时间的筹划结合起来,因为产品销售收入的实现时间在很大程度上决定了企业纳税义务发生的时间,纳税义务发生时间的早晚又为利用税收屏蔽、减轻税负提供了筹划机会。

(五)巧妙利用兼营和混合销售

兼营是指纳税人除主营业务外,还从事其他各项业务。一种是同一税种但税率不同,如同是增值税的应税项目,既包括适用17%税率的货物,同时又兼营13%低税率的货物;另一种是不同税种且税率不同,如增值税纳税人不仅从事应税货物或应税劳务,还从事属于征收营业税的各项劳务。《增值税暂行条例》规定:兼营不同税率的货物或应税劳务,在取得收入后,应分别如实记账,并按其所适用的不同税率各自计算应纳税额。未分别核算的,从高适用税率。兼营非应税劳务的,应分别核算货物或应税劳务和非应税劳务的销售额,不分别核算或者不能准确核算的,其非应税劳务应与货物或应税劳务一并征收增值税,即货物或应税劳务和非应税劳务的销售额若能分开核算的,则分别征收增值税和营业税;不能分开核算的,一并征收增值税,不征收营业税。

混合销售行为是指企业的同一项销售行为既涉及增值税应税货物,又涉及营业税的应税劳务,而且提供应税劳务是直接为了销售这批货物而做出的,两者间是紧密相连的从属关系。混合销售是面向同一购买者的,增值税应税货物和营业税应税劳务合并定价,两者不可能分开核算。对混合销售的税务处理办法是:从事货物的生产、批发或零售的企业、企业性单位及个体经营者的混合销售行为,视为销售货物,征收增值税;但其他单位和个人发生的混合销售行为,视为销售非应税劳务,不征收增值税。根据我国税法有关规定,这里所指"以从事货物的生产、批发或零售为主,并兼营非应税劳务"是指纳税人年货物销售额与非应税劳务营业额的合计数中,年货物销售额超过50%,非应税劳务营业额不到50%。不同企业发生的混合销售行为的税务处理方式不同,给纳税人进行纳税筹划创造了一定条件,纳税人可以通过控制应税货物和应税劳务的所占比例,来达到选择缴纳增值税还是营业税的目的。

第四节 运费的纳税筹划

企业采购材料要发生运费,销售商品也要有运费,运费收支跟税收有着密切的联系。增值税一般纳税人支付运费可抵扣进项税额,收取运费应缴纳营业税或增值税。运费收支状况发生变化时,对企业纳税情况会产生一定的影响。当对这种影响合理合法地进行人为调控时,运费的纳税筹划便产生了。

一、运费结构与税负的关系

企业发生的运费对于一般纳税人自营车辆来说,运输工具耗用的油料、配件及正常修理费支出等项目,可以抵扣 17% 的增值税,假设运费中的可扣税物耗的比率为 R(不含税价,下同),则相应的增值税抵扣率就等于 $17\% \times R$。再换一个角度思考运费扣税问题:若企业不拥有自营车辆,而是外购运力,在运费扣税时,按现行政策规定可抵扣 7% 的进项税额,同时,这笔运费在收取方还应当按规定缴纳 3% 的营业税。这样,收支双方一抵一缴后,从国家税收总量上看,国家减少了 4%(= 7%−3%)的税收收入,换句话说,该运费总算起来只有 4% 的抵扣率。

现令上述两种情况的抵扣率相等时,就可以求出 R 之值。即:$17\% \times R = 4\%$,则 $R = 4\% \div 17\% = 23.53\%$。$R$ 这个数值说明,当运费结构中可抵扣增值税的物耗比率达 23.53% 时,实际进项税额抵扣率达 4%。此时按运费全额 7% 抵扣与按运费中的物耗部分的 17% 抵扣,所抵扣的税额相等。因此,我们把 $R = 23.53\%$ 称为"运费扣税平衡点"。

A 企业以自营车辆采购材料一批,内部结算运费价格 2 000 元,现取 R 之值为 23.53% 计算,这笔 2 000 元的采购运费中包含的物耗为 2 000×23.53% = 470.60(元),相应可抵扣进项税额为 470.60×17% = 80(元)。

如果自营车辆独立核算时,A 企业可以向该独立车辆运输单位索取运费普通发票并可抵扣 7% 的进项税,数额为 2 000×7% = 140(元),与此同时,该独立核算的车辆还应缴纳营业税,数额为 2 000×3% = 60(元)。这样,站在 A 企业与独立车辆总体角度看,一抵一缴后实际抵扣税只有 80 元。

可见,当 $R = 23.53\%$ 时,两种情况抵扣的税额相等(都是 80 元),因此,该运费扣税平衡点是客观存在的。

二、购销企业降低运费税负的途径

1. 采购企业自营运费转变成外购运费可降低税负

拥有自营车辆的采购企业,当采购货物自营运费中的 R 值小于 23.53% 时,应考虑将自营车辆独立出来。

B 企业以自营车辆采购货物,根据其以往年度车辆抵扣进项税额资料分析,其运费中 R 值只有 10%,远低于扣税平衡点。假设 2010 年该企业共核算内部运费 76 万元。则:

$$可抵扣运费中物耗部分的进项税额 = 76 \times 10\% \times 17\% = 1.292 (万元)$$

如果将自营车辆独立出来,设立隶属于 B 企业的二级法人运输子公司,该企业实际抵扣税额为:独立后该企业可以向运输子公司索取运费普通发票计提进项税额,数额为 $76 \times 7\% = 5.32$(万元);同时,还要承担独立后子公司应纳的营业税,数额为 $76 \times 3\% = 2.28$(万元)。一抵一缴的结果是 B 企业实际可抵扣的进项税额为 $3.04 (=5.32-2.28)$ 万元,这比原可抵扣的 1.292 万元多抵扣了 1.748 万元。

2. 销售企业将收取的运费补贴转成代垫运费也可降低税负

C 厂销给 D 企业某产品 10 000 件,不含税销售价 100 元/件,价外运费 10 元/件。则增值税销项税额为:

$$10\ 000 \times 100 \times 17\% + 10\ 000 \times [10 \div (1+17\%)] \times 17\% = 184\ 529.91 (元)$$

若进项税额为 108 000 元(其中自营汽车耗用抵扣进项税 8 000 元),则:

$$C 厂应纳税额 = 184\ 529.91 - 108\ 000 = 76\ 529.91 (元)$$

如果将自营车辆"单列"出来设立二级法人运输子公司,让该子公司开具普通发票收取这笔运费补贴款,使运费补贴收入变成符合免征增值税条件的代垫运费后,C 厂纳税情况则变为:销项税额 170 000 元(价外费用变成符合免征增值税条件的代垫运费后,销项税额中不再包括价外费用计提部分),进项税额 100 000 元(因运输子公司为该厂二级独立法人,其运输收入应征营业税,运输汽车原可以抵扣的 8 000 元进项税现已不存在了,则应纳增值税额为 70 000 元),再加运输子公司应缴纳的营业税,数额为 $10\ 000 \times 10 \times 3\% = 3\ 000$(元)。这样 C 厂总的税负(含二级法人应纳营业税)为 73 000 元,比改变前的 76 529.91 元,降低了 3 529.91 元。因此,站在销售企业角度看,设立运输子公司是合算的。

然而,购销行为是双方合作的关系,购进方 D 企业能否接受 C 厂的行为? 改变前,D 企业从 C 厂购货时的进项税额是 184 529.91 元,改变后,D 企业的进项税额分为购货进项税 170 000 元和支付运费的进项税 7 000 元两部分,合计为

177 000 元,这比改变前少抵扣了 7 529.91 元。看来,销售方改变运费补贴性质的做法,购进方未必会同意。在实务中,为了消除购进方对销售方"包装"运费、降低税负的制约,可以选择特定的购货者予以实施,即当购货方不是增值税一般纳税人或虽是增值税一般纳税人但采购货物无需抵扣进项税额时,可考虑改变运费补贴状况。如销售建材产品的企业,购货方是建设单位、施工企业或消费者等非增值税一般纳税人,可考虑对原包含在售价之中的运价转变成代垫运费。

需要注意的是,无论是把自营运费转成外购运费,还是把运费补贴收入转成代垫运费,都会增加相应的转换成本,如设立运输子公司的开办费、管理费及其他公司费用等支出。当节税额大于转换支出时,说明纳税筹划是成功的,反之,则应维持原状不变为宜。另外,运费在转换过程中还可能会遇到一些非经济因素障碍,实际运作中也应予以考虑。

三、选择不同的货物交接方式可降低税负

通常使用的货物交接方法主要是送货制与提货制,对纳税人而言,若是销售方宜选择由购进方提货;若是购进方宜选择由销售方送货。

某生产企业购买原材料一批,原材料价格为 10 万元,适用税率为 17%,购买原材料所花运费 1 170 元,假设运费恒定、销项税额恒定。在购销过程中,由于对运费处理的方法不同,使得企业可以抵扣的增值税进项税额也不同:

1. 购进方选择由销售方送货可减轻税负

(1) 由购进方提货,运费单列取得普通发票

购进方当期可抵扣的进项税额=100 000×17%+1 170×7%
=17 081.90(元)

(2) 由销售方送货,运费含在销售价格中

购进方当期可抵扣的进项税额=[100 000+1 170/(1+17%)]×17%
=17 170(元)

(3) 两者相比购进方可节税=17 170-17 081.90=88.10(元)。

2. 销售方选择由购进方提货可减轻税负

(1) 由购进方提货,运费发票提供给对方(并符合相关规定)

销售方当期的销项税额=100 000×17%=17 000(元)

(2) 由销售方送货,运费含在销售价格中并取得运费发票

销售方当期的销项税额=[100 000+1 170/(1+17%)]×17%-1 170×7%
=17 088.10(元)

(3) 两者相比销售方可节税=17 088.10-17 000=88.10(元)。

四、案例解析

某城市甲企业为增值税一般纳税人,适用增值税税率17%;购入一批货物,不含税价格为400万元,进项税额68万元。甲企业和乙公司签订销售协议,规定该批货物销售价格440万元(不含税),采取送货制,甲企业雇佣丙运输公司的车辆运送该批货物到达乙方,另外计算运费11.7万元,到达目的地的价税及运费总额为526.5万元,货物已发出,货款已收到(假设甲企业期初进项税额为0,本月无其他进项税额)。

1. 方案一:由甲企业给乙企业开具运费收据

甲企业在销售时,以销售价格440万元开具增值税专用发票,销项税额74.8万元,运费11.7万元,由甲企业给乙方开具收款收据,通过其他应收款收回。

甲企业纳税情况如下:

增值税销项税额=$[440+11.7/(1+17\%)]\times17\%=76.5$(万元)

增值税进项税额=68(万元)

应纳增值税=$76.5-68=8.5$(万元)

销售税金及附加=$8.5\times(7\%+3\%)=0.85$(万元)

增值税税负率=$8.5\div526.5/(1+17\%)=1.89\%$

2. 方案二:由运输公司给销货方开具发票

甲企业在销售时,把销售价格440万元和运费11.7万元一并开具增值税发票,销项税额为$[440+11.7/(1+17\%)]\times17\%=76.5$(万元);运费11.7万元由丙运输公司给甲方开具运费发票,这时按规定甲企业运费可以按7%抵扣进项税额。

甲企业纳税情况如下:

增值税销项税额=$[440+11.7/(1+17\%)]\times17\%=76.5$(万元)

增值税进项税额=$68+11.7\times7\%=68.819$(万元)

应纳增值税=$76.5-68.819=7.681$(万元)

销售税金及附加=$7.681\times(7\%+3\%)=0.7681$(万元)

增值税税负率=$7.681\div[440+11.7/(1+17\%)]=1.71\%$

3. 方案三:由运输公司给购货方开具运费发票

甲企业在销售时,以销售价格440万元开具增值税专用发票,销项税额74.8万元;运费11.7万元,由丙运输公司给乙方开具运费发票,甲企业把运费发票转交给乙方。

甲企业纳税情况如下:

增值税销项税额=$440\times17\%=74.8$(万元)

增值税进项税额＝68（万元）
应纳增值税＝74.8－68＝6.8（万元）
销售税金及附加＝6.8×（7%＋3%）＝0.68（万元）
增值税税负率＝6.8÷440＝1.55%

4. 纳税方案效果比较

方案一的增值税税负率为1.89%；方案二的增值税税负率为1.71%；方案三的增值税税负率为1.55%。若仅从增值税负担率来看，方案三为最佳方案。

第五节 企业资产重组的纳税筹划

一、企业合并的纳税筹划

企业合并是指两个或两个以上的企业按照法定程序变成一个企业的法律行为。企业合并有两种形式，即新设合并和吸收合并。

（一）盈亏相抵的纳税筹划

盈亏相抵法是指通过企业之间的合并，将亏损企业的亏损或盈利企业的盈利合并缴纳企业所得税，从而减轻自身税收负担的筹划方法。

企业交纳所得税税基是应税所得额，而利润则是企业应税所得的主要组成部分。应税利润越多，企业应该缴纳的所得税也就越多，反之则越少。对此，纳税筹划的方法是，获利能力高的企业兼并高亏损企业，以冲减获利企业的应纳税的利润，达到少交企业所得税的目的。但是在运用此法时要注意：首先对亏损额的确认和盈亏的相抵要符合税法的有关规定的手续，其次兼并应建立在资产清楚的基础上，否则会给企业背上包袱。

（二）吸收合并与收购股权的筹划

企业兼并时，可采用现金吸收合并，也可采用持有股份的形式。采用现金吸收合并，其产权关系清楚，但被合并方收到现金时，就要交纳所得税；如果采用持有股份的形式，虽不能将全部股份一次性转移，但不需交纳所得税。

1. 利用并购行为规避营业税

例如，乙公司因经营不善，连年亏损，2006年12月31日，资产总额1 200万元

(其中,房屋、建筑物 1 000 万元),负债 1 205 万元,净资产为-5 万元。公司股东决定清算并终止经营。甲公司与乙公司经营范围相同,为了扩大公司规模,决定出资 1 205 万元购买乙公司全部资产,乙公司将资产出售收入全部用于偿还债务和缴纳欠税,然后将公司解散。乙公司在该交易中涉及不动产销售,需缴纳营业税及相关附加,纳税情况如下:

营业税=1 000×5%=50(万元)

城建税及教育费附加=50×(7%+3%)=5(万元)

财税[2002]191 号《财政部、国家税务总局关于转让股权有关营业税问题的通知》、国税函[2002]165 号《国家税务总局关于转让企业产权不征收营业税问题的批复》和国税函[2002]420 号《国家税务总局关于转让企业全部产权不征收增值税问题的通知》规定:转让企业产权是整体转让企业资产、债权、债务及劳动力的行为,其转让价格不仅仅是由资产价值决定的。所以,企业产权的转让与企业销售不动产、销售货物及转让无形资产的行为是完全不同的,它既不属于营业税征收范围,也不属于增值税征收范围,因此,转让企业产权既不应交纳营业税,也不应交纳增值税。股权转让中涉及的无形资产、不动产投资入股,参与接受投资方利润分配,共同承担风险的行为,不征收营业税,对股权转让也不征收营业税。

如果甲公司将乙公司吸收合并,乙企业的资产和负债全部转移至甲公司账下,则甲公司无需立即支付资金即可获得乙公司的经营性资产,而且乙公司也无需缴纳营业税及其附加,可以实现节税 55(=50+5)万元。

2. 利用并购行为节省消费税

企业销售自产应税消费品时需要缴纳一道消费税,而购买方如果将该项应税消费品用于连续生产应税消费品时还需再缴纳一道消费税。为了避免重复征税,我国税制规定了外购或委托加工应税消费品用于连续生产应税消费品允许抵扣已纳税额的优惠政策。但为了调整白酒产业,财税[2001]84 号文件规定,从 2001 年 5 月 1 日起,对外购或委托加工已税酒和酒精生产的酒,其外购酒及酒精已纳税款或受托方代收代缴税款不再予以抵扣。

某粮食白酒生产企业甲委托某酒厂乙为其加工酒精 6 吨,粮食由委托方提供,发出粮食成本 510 000 元,支付加工费 60 000 元,增值税 10 200 元,以银行存款支付。受托方无同类酒精销售价。收回的酒精全部用于连续生产套装礼品白酒 100 吨,每吨不含税售价 30 000 元,当月全部实现销售。

受托方应代收代缴消费税=(510 000+60 000)÷(1-5%)×5%

=30 000(元)

由于委托加工已税酒精不得予以抵扣,委托方支付的 30 000 元消费税将计入原材料的成本。

销售白酒应纳消费税＝100×30 000×20％＋100×2 000×0.5
　　　　　　　　＝700 000（元）
应纳城建税及教育费附加＝700 000×(7％＋3％)＝70 000（元）

若不考虑销售费用,该笔业务盈利为：
销售收入－销售成本－销售税金
　　＝100×30 000－(510 000＋60 000＋30 000)－(700 000＋70 000)
　　＝3 000 000－600 000－770 000＝1 630 000（元）

如果能将该白酒生产企业与提供白酒或酒精的生产企业"合二为一",则由原来的"外购或委托加工应税消费品"变成"自产应税消费品"。而自产应税消费品用于连续生产应税消费品的不征税,用于连续生产非应税消费品的应当视同销售。这样第一道环节消费税将得到免除。改变方案,甲企业将乙企业吸收合并,甲企业在委托加工环节支付的30 000元消费税将得到抵扣,节省的消费税、城建税和教育费附加33 000元将转化为公司利润。

（三）联营筹划

增值税纳税人可通过与营业税纳税人联合经营而使其也成为营业税纳税人,从而减轻税负。如经营电信器材的企业,单独经营则缴纳增值税,但如果经电信管理部门批准联合经营的则缴纳营业税。

二、企业分立的纳税筹划

企业分立是指一个企业依法分为两个以上企业的法律行为。分立的形式一般有两种：一是企业以其部分财产和业务另设一个新的企业,原企业存续；二是企业以其全部财产分别归入两个新设企业,原企业解散。企业在分立的过程中会涉及各方面的税收问题,筹划得当会极大地减轻企业的税收负担。但是企业在筹划时应该注意的是,企业分立的主要原因是为了发挥生产专业化、职能化的优势,促进企业生产能力的提高。当然,也有企业为了减轻自身税负而进行分立。此外,还必须考虑企业分立带来的其他方面的支出或负面影响,通过综合比较后,择优确定企业分立的方案。

（一）分立的所得税筹划

企业在比例税率条件下分立产生的所得税筹划机会取决于各方适用税率不同的条件,目前,我国对于一般企业适用25％的所得税率,而对于某些特定的企业则适用20％或15％的所得税率,这为企业分立提供了纳税筹划的空间。

例如,某企业适用25%的企业所得税税率,年应纳税所得额为58万元。由于生产经营的需要,将其分立为两个年应纳税所得额为30万元以内的小型企业,其他条件也与国家规定相符。

(1) 不分立:应交企业所得税为 $58 \times 25\% = 14.5$(万元)。

(2) 分立后:应交企业所得税为 $58 \times 20\% = 11.6$(万元)。

(3) 两者相差 $2.9(=14.5-11.6)$ 万元。

我国现行企业所得税法规定:符合条件的小型微利企业,减按20%的税率征收企业所得税;国家需要重点扶持的高新技术企业,减按15%的税率征收企业所得税。小型微利企业是指:工业企业,年度应纳税所得额不超过30万元,从业人数不超过100人,资产总额不超过3 000万元;其他企业,年度应纳税所得额不超过30万元,从业人数不超过80人,资产总额不超过1 000万元。

(二) 支付方式的筹划

由于进行企业分立时,支付方式不同,税务处理的方式也不同,其税负也不同,因此企业进行分立时应当根据有关政策规定,结合企业的实际情况选择最有利的支付方式,以实现经济利益的最大化。现行税收法律法规规定,企业分立业务应按照以下方法进行所得税处理:

(1) 被分立企业应视为按公允价值转让其被分立出去的部分或全部资产,计算被分立资产的财产转让所得,依法缴纳所得税。

(2) 分立企业支付给被分立企业或其股东的交换价款中,除分立企业的股权以外的非股权支付额,不高于支付的股权票面价值20%的,经税务机关审核确认,企业分立当事各方也可选择按下列规定进行分立业务的所得税处理:

① 被分立企业不确认分离资产的转让所得或损失的,不计算所得税。

② 被分立企业未超过法定弥补期限的亏损额可按分离资产占全部资产的比例进行分配,由接受分立资产的分立企业继续弥补。

③ 分立企业接受被分立企业的全部资产和负债的成本,须以被分立企业的账面净值为基础结转确定,不得按经评估确认的价值进行调整。

由于支付方式的不同,导致所得税处理方式也不同。如被分立资产的财产转让是否缴纳所得税,被分立企业亏损是否能够得到弥补等问题,我们都必须进行恰当地筹划。

(三) 分离特定生产部门以享受税收优惠

增值税法规定:纳税人兼营免税项目或非应税项目,无法划分不得抵扣项目的,按下列公式计算不得抵扣税额:

不得抵扣税额＝当月全部进项税额×当月免税销售额÷当月全部销售额

通过计算推导，可得出如下结论：

当（免税产品进项税额÷全部进项税额）＞（免税产品销售额÷全部销售额）时，采用合并经营的做法对企业比较有利，反之则应将生产免税产品的特定生产部门分立为独立的企业，以降低流转税负。

此法同时适用于混合销售行为。现行税收法规规定：一项销售行为同时涉及增值税应税项目又涉及非应税劳务的，为混合销售行为。从事生产、批发、零售的企业和个人，交纳增值税；其他单位或个人的混合销售行为，交纳营业税。企业为了将非应税劳务由适用税率较高的增值税改为适用税率较低的营业税，达到少交税款的目的，可将从事应交营业税的运输业、建筑安装业、金融保险业、通信业、文化体育业、服务业等部门，设为一个独立核算的子公司，以降低税负。

例如：某建材股份有限公司，是一家专门从事建筑材料、建材设备生产、销售、安装及装修的企业，属下有一非独立核算的安装施工队，负责对建筑材料及建材设备进行安装、维修。该施工队所用的设备和材料基本上都由建材公司提供。该施工队的每笔业务都由材料销售和安装收入两部分组成，既涉及销售又涉及非应税劳务，而这些业务从税法上来说，都属于混合销售行为。因此依照税法规定，混合销售行为没有分开核算，其全部收入均需按17％税率交纳增值税。该企业进行了改制，也就是将安装施工队分立出来，成立安装施工公司B，并且独立核算。这样依照税法的规定，B公司的收入交纳3％的营业税。假设公司安装施工队2006年2月的收入为500万元，其中建筑材料收入为300万元，安装工程劳务收入为200万元，企业可抵扣的进项税额为40万元，则：

（1）分立前企业应交纳的税款为：

应交增值税＝500÷(1＋17％)×17％－40＝32.65（万元）

（2）企业分立后，由于提供劳务的进项税额相对较小，因此可以假定全部进项税额都由销售公司抵扣，则应纳税额为：

建材公司应交增值税＝300÷(1＋17)×17％－40＝3.59（万元）

施工公司应交营业税＝200×3％＝6（万元）

（3）通过分立该公司可以少交税款为23.06(＝32.65－3.59－6)万元。

三、企业清算的纳税筹划

企业清算，是指企业宣告终止以后，除因合并与分立事由外，了结终止后的企业法律关系，注销其法人资格的法律行为。企业在清算过程中，必然涉及清算所得和所得税的缴纳问题,故有必要进行适当的筹划。

(一)清算所得中资本公积项目的纳税筹划

我国原企业所得税暂行条例明确规定,纳税人依法进行清算时,其清算所得,应按照规定缴纳企业所得税。《外商投资企业和外国企业所得税法》对此也做了规定:外商投资企业进行清算时,其资产净额或者剩余财产减除企业未分配利润、各项基金和清算费用后的余额,超过实缴资本的部分为清算所得,应当依照规定缴纳所得税。

资本公积,除企业法定财产重估增值和接受捐赠的财产价值以外,其他项目可从清算所得中扣除。对重估增值和接受捐赠,发生时计入资本公积,不交纳企业所得税,但在清算时应并入清算所得计征企业所得税,这相当于增值部分和接受捐赠的财产物资可以延期纳税。在其他条件不变的情况下,创造条件进行资产评估,以评估增值后的财产价值作为计提固定资产折旧的依据,这样可比原来多提折旧,减少所得税的税基,达到少交所得税的目的。

(二)适当延长清算期限,减少清算所得

按照税法规定:清算期间应单独作为一个纳税年度,此期间发生的费用属于清算期间费用。如果企业准备清算时,还有大量的盈利,可以考虑适当推后清算日期,用这期间发生的费用来冲抵其盈利,从而减少清算所得,实现少交企业所得税的目的。

例如:某公司决定6月30日解散,7月1日开始正常清算。当年至6月底公司预计盈利10万元(适用税为25%),公司清算期间(7月1日至7月31日)共发生费用25万元,清算应纳税所得为12万元。其应纳税额为:

$$1\sim 6月收入应纳所得税税额=10\times 25\%=2.5(万元)$$

清算所得12万元,减除清算费用25万元后,实际亏损为13万元,不纳税,合计应纳税额为2.5万元。

如果企业进行纳税筹划,将解散日期改为7月31日,于8月1日开始清算。按照规定,清算期应单独作为一个纳税年度,即这25万元费用本属于清算期间的费用,但因清算日期的改变,该公司由原来盈利10万元变为亏损15万元。清算日改变后,该企业年度所得不纳税,清算所得12万元,需抵减上期亏损后再纳税,由于清算所得还不够抵消上期亏损,故此清算所得也不再纳税。通过简单的纳税筹划,后者可减轻税收负担2.5万元。

复习与思考

一、思考题

1. 在企业设立的纳税筹划中,如何进行公司制与合伙制的选择?
2. 如何利用分支机构的选择、合资与合作的选择进行纳税筹划?
3. 如何利用发行股票与债券的选择、举债与租赁的选择进行纳税筹划?
4. 如何利用采购环节、销售环节进行纳税筹划?
5. 如何利用企业合并、企业分立进行纳税筹划?

二、案例题

1. A公司准备筹资100万元用于新产品开发,预计年息税前利润为30万元,负债利息率为10%,企业所得税率为25%。现有三个筹资方案可供选择:方案一,全部使用权益资本;方案二,权益资本与债务资本的比例为70∶30;方案三,权益资本与债务资本的比例为50∶50。试分析比较税前利润、应纳企业所得税、税后利润、税前权益资本收益率、税后权益资本收益率,并评价哪个方案最优。

2. 甲公司适用企业所得税率为25%,现有1 000万元闲置资金在近五年内不需使用。有两个投资方案可供选择:方案一,全部投资高新企业乙公司,甲公司拥有乙公司20%的股权,预计乙公司近五年每年净利润为400万元,并且全部用于分红;方案二,全部用于购买五年期的国库券,年利息率为7.5%。试分析哪个方案更优。

3. 甲公司为商贸企业,是小规模纳税人,年商品销售额70万元、商品购进额65万元;另有一小规模纳税人乙公司也为商贸企业,年商品销售额60万元,商品购进额55万元;以上金额均不含税。假设甲公司有条件合并乙公司并申请为一般纳税人,并且合并后不会影响企业经营。试分析增值税的负担情况,并评价方案的优劣。

三、讨论题

1. 目前我国税收政策实行产业优惠代替区域优惠后,企业选择注册地点进行纳税筹划会遇到哪些障碍,应如何应对?
2. 企业选择组织形式或纳税人身份进行纳税筹划会遇到哪些障碍和风险,你认为纳税人应如何应对?

第十一章 主要税种纳税筹划的方法

学习目标

了解消费税的纳税筹划；
明确其他主要税种的纳税筹划；
掌握增值税和营业税的纳税筹划；
重点掌握企业所得税和个人所得税的纳税筹划。

第一节 增值税纳税筹划

一、增值税纳税人的纳税筹划

（一）增值税纳税人身份筹划的法律依据

增值税纳税人依法划分为一般纳税人和小规模纳税人，不同身份的纳税人适用的税率不同，税收优惠政策也不同，而且差异较大。现行税法对一般纳税人和小规模纳税人有明确的界定：一般纳税人是指年应纳增值税销售额超过小规模纳税人标准且会计核算制度健全的企业和企业性单位，经申请审批认定为一般纳税人，享受一般纳税人待遇。符合一般纳税人标准而不申请认定的纳税人以17％税率计算销项税额，并直接以销项税额作为应纳税额，进项税额不得抵扣，也不得使用增值税专用发票。小规模纳税人是指年应纳增值税销售额在规定标准以下，并且会计核算不健全，不能按规定报送有关税务资料的增值税纳税人。个人、非企业性单位和不经常发生增值税应税行为的企业也划归为小规模纳税人。年应纳增值税销售额标准规定如下：从事货物生产或提供加工、修理修配应税劳务的纳税人，以及以从事货物生产或提供加工、修理修配应税劳务为主(具体规定为从事货物生产或提供加工、修理修配应税劳务的年销售额占其年总销售额50%以上),同时兼营货物批发或零售的纳税人,年应纳增值税销售额在100万元以下为小规模纳税人,100万元以上为一般纳税人;从事货物批发或零售的纳税人,年应纳增值税销售额在180万元以下为小规模纳税人,180万元以上为一般纳税人。

会计核算制度健全与否主要看其能否提供完整的税务资料,能否准确地核算进项税额、销项税额和应纳税额,如果能则认为其会计核算制度健全,反之则认为其不健全。税务机关在认定纳税人身份时主要是考虑会计核算制度是否健全,而不是销售规模,也就是说,如果企业会计核算制度确实健全,且能准确完整地提供税务资料,依法纳税,即使工业企业生产经营规模与税法规定标准还有差距,也可以申请认定为一般纳税人。反之,即使销售规模达到标准并已认定为一般纳税人,如果其会计核算制度不健全,甚至有违法行为,则其一般纳税人资格也将被取消。这就为一般纳税人和小规模纳税人身份的筹划提供了空间。

(二)选择不同纳税人身份应考虑的因素

1. 增值率因素

对小规模纳税人而言,增值率与其税收负担成反比,即增值率越大税负越轻,原因是较低的征收率优势逐步胜过不可抵扣进项税款的劣势;而对一般纳税人而言,增值率与其税收负担成正比,即增值率越大税负越重,原因是增值率越大,可抵扣进项税额相对越少。

2. 产品销售对象

如果产品主要销售给一般纳税人,且增值税专用发票使用频繁,则应选择一般纳税人。

3. 相关成本变动

健全会计核算制度可能会增加成本,如果其增加的成本大于从小规模纳税人转化成一般纳税人带来的好处,反而对企业不利。

(三)纳税人的具体筹划思路

(1)个人、非企业性单位和不经常发生增值税应税行为的企业只能成为小规模纳税人,没有筹划余地。

(2)如果纳税人符合一般纳税人条件则必须申请认定,否则将受到直接按销项税额作为应纳税额,进项税额不得抵扣,也不得使用增值税专用发票的惩罚。

(3)产品增值率大小和可抵扣购进金额占销售额比重往往会决定一般纳税人和小规模纳税人税负轻重。通过计算一般纳税人和小规模纳税人税负平衡点可为纳税人提供选择的依据。

(四) 增值税纳税人纳税筹划的方法

纳税人究竟在什么条件下认定为一般纳税人或小规模纳税人才能降低该纳税人现金流出量呢？在不影响企业生产经营、遵守税法和企业财务会计制度的前提下，可建立下列数学模型加以分析。

1. 增值率判别法

假设销售额和可抵扣的购进项目金额均不含税，其计算公式如下：

(1) 计算"增值率"

$$增值率 = (销售额 - 可抵扣的购进项目金额) \div 销售额$$
$$= (销项税额 - 进项税额) \div 销项税额$$

这里进项税额与销项税额要等比率计算。

由此可见，增值率与进项税额成反比关系，与应纳税额成正比关系。

(2) 计算应纳税额

$$一般纳税人应纳税额 = 销售额 \times 税率 - 可抵扣的购进项目金额 \times 税率$$
$$= (销售额 - 可抵扣的购进项目金额) \times 税率$$
$$= 销售额 \times 增值率 \times 税率$$

$$小规模纳税人应纳税额 = 销售额 \times 征收率$$

(3) 计算均衡点

如果两种纳税人税负相等，而且一般纳税人的税率为 17%，小规模纳税人的税率为 3% 时：

$$销售额 \times 增值率 \times 税率 = 销售额 \times 征收率$$
$$增值率 = 征收率 \div 税率 = 3\% \div 17\% = 17.65\%$$

上式的结论是：当增值率为 17.65% 时，两者税负相同，当增值率低于 17.65% 时，小规模纳税人的税负一般重于一般纳税人，这时选择一般纳税人这种形式较为有利；当增值率达到 17.65% 以上时，则一般纳税人的税负高于小规模纳税人的税负，这时选择小规模纳税人这种形式较为有利。

同理可以计算出一般纳税人增值税税率为 13%（即低税率）时的纳税均衡点。两类纳税人纳税均衡点如表 11.1 所示。

表 11.1 两类纳税人纳税均衡点

一般纳税人税率	小规模纳税人征收率	纳税均衡点
17%	3%	17.65%
13%	3%	23.08%

2. 可抵扣购进金额占销售额比重判别法

上述方法中增值率的测算较为复杂,在纳税筹划中难以操作,因而,我们将增值率的计算公式进行转化。假设销售额和可抵扣的购进项目金额均不含税,其计算公式如下:

(1) 计算"增值率"

假设可抵扣的购进项目金额占不含税销售额的比重为 X,则增值率为 $1-X$,可得:

$$增值率 = (销售额 - 可抵扣的购进项目金额) \div 销售额$$
$$= 1 - 可抵扣的购进项目金额 \div 销售额$$
$$= 1 - X$$

(2) 计算应纳税额

$$一般纳税人应纳税额 = 销售额 \times 税率 - 可抵扣的购进项目金额 \times 税率$$
$$= (销售额 - 可抵扣的购进项目金额) \times 税率$$
$$= 销售额 \times 增值率 \times 税率$$

小规模纳税人应纳税额 = 销售额 × 征收率

(3) 计算均衡点

两种纳税人税负相等,而且一般纳税人的税率为 17%,小规模纳税人的税率为 3% 时:

$$销售额 \times 增值率 \times 税率 = 销售额 \times 征收率$$
$$销售额 \times (1-X) \times 17\% = 销售额 \times 3\%$$

由此解得纳税均衡点为 $X = 82.35\%$。

也就是说,当企业可抵扣的购进项目金额占销售额的比重大于 82.35% 时(此时 X 比较大,即 $1-X$ 比较小,也就是说增值率比较小),一般纳税人税负轻于小规模纳税人,这时选择一般纳税人这种形式较为有利;当企业可抵扣的购进项目金额占销售额的比重小于 82.35% 时,则一般纳税人税负重于小规模纳税人,这时选择小规模纳税人这种形式较为有利。两类纳税人纳税均衡点如表 11.2 所示。

表 11.2 两类纳税人纳税均衡点

一般纳税人税率	小规模纳税人征收率	纳税均衡点
17%	3%	82.35%
13%	3%	76.92%

以上分析表明,企业在设立时,可根据所经营货物的总体增值率水平,选择不同的纳税人身份。

（五）纳税人身份认定的纳税筹划举例

某生产性企业年应纳增值税销售额为 200 万元，会计核算制度比较健全，符合作为一般纳税人的条件，适用 17% 的增值税税率，但该企业准予从销项税额中抵扣的进项税额较少，只占销项税额的 20%。该企业应当怎样对纳税人身份进行纳税筹划？

1. 采用增值率判别法

增值率＝(销售额－可抵扣的购进项目金额)÷销售额＝(销项税额－进项税额)÷销项税额＝(销售收入×17%－可抵扣的购进项目金额×17%)/(销售收入×17%)＝(200×17%－200×17%×20%)/(200×17%)＝80%＞17.65%。

以上计算分析表明该企业作为一般纳税人的税负高于小规模纳税人，所以应当选择作为小规模纳税人。现通过具体的计算来加以验证：

选择一般纳税人：应交增值税＝200×17%－200×17%×20%＝27.2(万元)。

如果选择小规模纳税人，则：应交增值税＝200×3%＝6(万元)。

因而，选择小规模纳税人可节税 21.2 万元。

2. 采用可抵扣购进金额占销售额比重判别法

由于该企业可抵扣购进金额为 40(＝200×20%)万元，销售额为 200 万元，所以可抵扣购进金额占销售额的比重为 20%(即 40÷200×100%＝20%＜82.35%)，则该厂作为一般纳税人的税负高于作为小规模纳税人的税负，所以应当选择作为小规模纳税人。

从以上理论和实例我们可以看出，企业在设立、经营时，纳税人可通过对均衡点的计算进行纳税筹划，根据具体情况来选择不同的纳税人身份，以达到节税的目的。

（六）纳税人身份选择应注意的问题

1. 需注意下列限制纳税人选择增值税纳税人身份的法律、政策性因素

(1) 年应税销售额超过小规模纳税人标准的个人、非企业性单位、不经常发生应税行为的企业，视同小规模纳税人纳税，不能作为一般纳税人。

(2) 会计核算不健全，或者不能提供准确税务资料的纳税人，应按销售额依照增值税税率计算征收应纳税额，不得抵扣进项税额，也不得使用增值税专用发票，即不能作为一般纳税人。

(3) 对符合一般纳税人条件但不申请办理一般纳税人认定手续的纳税人，应按销售额依照增值税税率计算征收应纳税额，不得抵扣进项税额，也不得使用增值税专用发票。

(4) 小规模纳税人认定为一般纳税人后,除非由税务机关取消其一般纳税人资格,否则不能再申请转化为小规模纳税人。

(5) 自1998年7月1日起,凡年应税销售额在180万元以下的小规模商业企业、企业性单位,以及从事货物批发或者零售为主,并兼营货物生产或提供应税劳务的企业、企业性单位,无论财务核算是否健全,一律不得认定为增值税一般纳税人。

(6) 从2002年1月1日起,对从事成品油销售的加油站,无论其年应税销售额是否超过180万元,一律按增值税一般纳税人征税。

(7) 对存在较大违法行为的纳税人,如逃避交纳增值税、连续多月不办理增值税纳税申报等,如果是一般纳税人,税务机关将依法取消其一般纳税人资格。对这些纳税人而言,只能作为小规模纳税人纳税,也就失去了选择纳税人身份进行纳税筹划的可能。

2. 需注意下列限制纳税人选择增值税纳税人身份的成本、收益性因素

(1) 必须比较纳税人身份转化后的总体税负大小。纳税人进行纳税筹划的目的是减轻总体税负,因此,总体税负水平的高低将是纳税筹划应着重考虑的因素。在运用纳税人身份进行增值税筹划时,若转变纳税人身份后,使增值税税负降低的同时,导致其他税负增加更多,则此时转变纳税人身份就失去价值了。

(2) 必须考虑到纳税人身份转化过程中的相关成本和收益变化的情况。因为税法对一般纳税人的会计核算的要求比较高,要求其账簿健全,能准确核算并提供销项税额、进项税额,并能按规定报送有关税务资料,增值税纳税人由小规模纳税人向一般纳税人转化,就必须增加会计核算的成本。例如要增设会计账簿,培养或聘请有能力的会计人员等。相反,一般纳税人转化为小规模纳税人之后,在财务会计核算方面的要求相对降低,其会计核算费用可能会有所下降。所以,纳税人在进行身份转化之前,需要慎重考虑转化对相关成本和收益带来的影响。

(3) 必须考虑纳税人身份转化后利润变化的情况。纳税人的身份转化之后,产品的供销情况甚至进货情况都会随之发生变化,这些变化不仅会对税收产生影响,而且也会对纳税人的经营成果产生影响。比如从增值税一般纳税人转化为小规模纳税人之后,纳税人就不能再领购和使用增值税专用发票,那么就会相当一部分客户因为不能从该纳税人取得可以抵扣税款的专用发票而改向其他一般纳税人购货。而小规模纳税人转化为一般纳税人之后,会因为可以开具专用发票而增加一部分客户,但是纳税人将会失去价格方面的优势:一方面进货的价格可能会提高;另一方面,产品的销售价格也可能会有所提高,而产品销售价格的提高又可能会失去一部分客户。

(4) 必须考虑企业产品的性质及客户的要求对企业选择纳税人身份的制约。

如果企业产品销售对象多为一般纳税人,购货方需要收到增值税专用发票来抵税,此时企业只有选择一般纳税人,才有利于产品的销售。如果企业生产、经营的产品客户多为小规模纳税人,考虑到价格因素,选择作为小规模纳税人较为有利。

增值税纳税人身份的纳税筹划问题,涵盖的内容很多,需要注意的方面也很多,选择哪种纳税人身份对企业更为有利,企业应尽可能把降低税负与不影响销售结合在一起综合考虑,以获得最大的节税收益。

(七) 增值税纳税人与营业税纳税人的选择

纳税人经营的在某些时候往往包含应纳增值税的项目,同时也包含应纳营业税的项目,如兼营行为和混合销售行为,这就需要考虑是缴纳增值税还是缴纳营业税的问题。

根据税法规定,兼营非应税劳务是指增值税纳税人在从事应税货物销售或提供应税劳务的同时,还从事非应税劳务(即营业税规定的各项业务),且从事的非应税劳务与某一项销售货物或提供应税劳务并无直接的联系和从属关系。纳税人兼营非应税劳务的,应分别核算货物或应税劳务和非应税劳务的销售额,对货物和应税劳务的销售额按各自适用的税率征收增值税,对非应税劳务的销售额按适用的税率征收营业税。如果不分别核算或者不能准确核算货物或应税劳务和非应税劳务销售额的,其非应税劳务应与货物或应税劳务一并征收增值税。混合销售行为是指一项销售行为既涉及增值税应税货物,又涉及非应税劳务。所谓非应税劳务是指属于应缴营业税的交通运输业、建筑业、金融保险业、邮电通信业、文化体育业、娱乐业、服务业税目征收范围的劳务。提供非应税劳务是直接为了销售一批货物而做出的,两者之间是紧密相连的从属关系。

纳税人在进行筹划时,主要是对比一下增值税和营业税税负的高低,选择低税负的税种。

1. 无差别平衡点增值率法

从两种纳税人的计税原理来看,一般纳税人的增值税的计算以增值额作为计税基础,而营业税纳税人的营业税以全部收入作为计税基础。在销售价格相同的情况下,税负的高低主要取决于增值率的大小。一般来说,对于增值率高的企业,适宜作为营业税纳税人;反之,则选择作为增值税纳税人税负会较轻。在增值率达到某一数值时,两种纳税人的税负相等。这一数值我们称之为无差别平衡点增值率。其计算公式为:

一般纳税人应纳增值税额=销项税额-进项税额

因为:

进项税额=可抵扣购进项目金额×增值税税率

增值率＝(销售额－可抵扣购进项目金额)/销售额
购进项目金额＝销售额－销售额×增值率＝销售额(1－增值率)
(注:销售额与购进项目金额均不含税金额。)

所以:
进项税额＝可抵扣购进项目金额×增值税税率
　　　　＝销售额×(1－增值率)×增值税税率

由此
一般纳税人应纳增值税额＝销项税额－进项税额
　　＝销售额×增值税税率－销售额×(1－增值率)×增值税税率
　　＝销售额×增值税税率×[1－(1－增值率)]
　　＝销售额×增值税税率×增值率
营业税纳税人应纳税额＝含税销售额×营业税税率(5％或3％)
　　＝销售额×(1＋增值税税率)×营业税税率(5％或3％)(注:营业税的计税依据为全部销售额)

当两者税负相等时,其增值率则为无差别平衡点增值率,即
销售额×增值税税率×增值率
　　＝销售额×(1＋增值税税率)×营业税税率
增值率＝(1＋增值税税率)×(营业税税率÷增值税税率)
当增值税税率为17％,营业税税率为5％时,可得
增值率＝(1＋17％)×(5％÷17％)＝34.41％

这说明,当增值率为34.41％时,两种纳税人的税负相同;当增值率低于34.41％时,营业税纳税人的税负重于增值税纳税人,适于选择作为增值税纳税人;当增值率高于34.41％时,增值税纳税人的税负高于营业税纳税人,适于选择作为营业税纳税人。

同理,可以计算出增值税纳税人增值税税率为13％或营业税纳税人的税率为3％时的无差别平衡点的增值率,如表11.3所示。

表11.3　无差别平衡点增值率表

增值税纳税人税率	营业税纳税人税率	无差别平衡点增值率
17％	5％	34.41％
17％	3％	20.65％
13％	5％	43.46％
13％	3％	26.08％

2. 无差别平衡点抵扣率法

从另一个角度看,增值税纳税人税负的高低取决于可抵扣的进项税额的多少。通常情况下,若可抵扣的进项税额较多,则适宜作为增值税纳税人,反之则适宜作为营业税纳税人。当抵扣额占销售额的比重(抵扣率)达到某一数值时,两种纳税人的税负相等,我们称之为无差别平衡点抵扣率。其计算公式为:

一般纳税人应纳增值税额=销项税额-进项税额

因为

进项税额=可抵扣购进项目金额×增值税税率

增值率=(销售额-可抵扣购进项目金额)/销售额

=1-可抵扣购进项目金额/销售额

=1-抵扣率(注:销售额与购进项目金额均为不含税金额)

所以

进项税额=可抵扣购进项目金额×增值税税率

=销售额×(1-增值率)×增值税税率

由此

一般纳税人应纳增值税额=销项税额-进项税额

=销售额×增值税税率-销售额×(1-增值率)×增值税税率

=销售额×增值税税率×[1-(1-增值率)]

=销售额×增值税税率×增值率

=销售额×增值税税率×(1-抵扣率)

营业税纳税人应纳税额=含税销售额×营业税税率(5%或3%)

=销售额×(1+增值税税率)×(营业税税率)

当两者税负相等时,其抵扣率则为无差别平衡点抵扣率,即

销售额×增值税税率×(1-抵扣率)

=销售额×(1+增值税税率)×营业税税率

抵扣率=1-(1+增值税税率)×营业税税率÷增值税税率

当增值税税率为17%时,营业税税率为5%时

抵扣率=1-(1+17%)×5%÷17%=65.59%

也就是说,当抵扣率为65.59%时,两种纳税人的税负相同;当抵扣率低于65.59%时,营业税纳税人的税负轻于增值税纳税人,适用于选择作为营业税纳税人;当抵扣率高于65.59%时,增值税纳税人的税负轻于营业税纳税人,适于选择作为增值税纳税人。

同理,可以计算出一般纳税人增值税税率为13%或营业税纳税人的税率为3%的无差别平衡点的抵扣率,如表11.4所示。

表 11.4　无差别平衡点抵扣率表

增值税纳税人税率	营业税纳税人税率	无差别平衡点增值率
17%	5%	65.59%
17%	3%	79.35%
13%	5%	56.54%
13%	3%	73.92%

3. 筹划的具体方法

(1) 兼营的纳税筹划方法

税法规定兼营行为的征税办法是：纳税人能分开核算的分别征收增值税和营业税；不能分开核算的，一并征收增值税。这一征税规定说明，在兼营行为中，对属于营业税范围的应税劳务，纳税人可以选择是否分开核算，并以此来选择是缴纳增值税还是营业税。

(2) 混合销售的纳税筹划方法

对混合销售的税务处理办法是：从事货物的生产、批发或零售的企业、企业性单位及个体经营者，以及以货物的生产、批发或零售为主，兼营非应税劳务的企业、企业性单位及个体经营者的混合销售行为，视为销售货物，应当征收增值税；其他单位和个人的混合销售行为，视为销售非应税劳务，不征收增值税。这里所谓的"以从事货物的生产、批发或零售为主，并兼营非应税劳务"，是指在纳税人的年货物销售额与非应税劳务营业额总额中，年货物销售额超过 50%，非应税劳务营业额不到 50%。

因此，纳税人可以通过控制应税货物和非应税劳务所占的比例来达到选择缴纳低税负税种的目的。纳税人只要使应税货物的销售额占到总销售额的 50% 以上，就可以缴纳增值税；反之，若非应税劳务占到总销售额的 50% 以上，则需要缴纳营业税。

4. 应注意的问题

兼营行为的产生有两种可能：一是增值税的纳税人为加强售后服务或扩大自己的经营范围，涉足营业税的征税范围，提供营业税的应税劳务；二是营业税的纳税人为增强获利能力转而销售增值税的应税商品或提供增值税的应税劳务。

在第一种情况下，若该企业是增值税一般纳税人，由于在提供应税劳务时，允许抵扣的进项税额较小，所以选择分开核算、分别纳税有利；若该企业是增值税小规模纳税人，则要比较一下增值税的含税征收率和该企业所适用的营业税税率，如果该企业所适用的营业税税率高于增值税的含税征收率，则选择不分开核算有利。

在第二种情况下，由于企业原来是营业税的纳税人，转而从事增值税的货物销售或提供应税劳务时,一般是按增值税小规模纳税人的征收方式来征税的,这和小规模纳税人提供营业税的应税劳务的筹划方法一样。

应注意的是,销售行为是否属于混合销售,是需要国家税务总局所属税务机关确定的,所以,如果希望通过混合销售的纳税筹划来节税,首先要得到税务机关的确定。

二、增值税应纳税额的筹划

(一)应纳税额的计算

1. 一般纳税人应纳税额计算的筹划

增值税一般纳税人销售货物或应税劳务,应纳税额的计算公式为:

应纳税额=当期销项税额-当期进项税额

由于一般纳税人通常存在已作抵扣进项税额的外购货物用于免税项目、非应税项目、集体福利、个人消费、发生非正常损失等情况以及由于购销不均衡存在上期留抵税额的问题,故应纳税额的计算公式可扩展为:

应纳税额=当期销项税额+出口退税+当期进项税额转出
-当期准予抵扣的进项税额-上期留抵税额

筹划时,将经审定的当期销项税额、出口退税、当期准予抵扣的进项税额、进项税额转出和上期增值税检查结论资料中的上期留抵税额代入上述计算公式进行复算,即可确定当期应纳的增值税。然后将核实的应纳增值税额与申报表中的应纳税额和账面"应交税费——应交增值税(已交税金)"科目进行核对,看三者数字是否一致。

2. 小规模纳税人应纳税额计算的筹划

小规模纳税人销售货物或应税劳务应纳税额的计算公式为:

应纳税额=销售额×征收率

对小规模纳税人的筹划主要是销售额的确定和征收率的运用。

对销售额的筹划,首先应比照一般纳税人销售额的筹划内容和方法,审定含税销售收入额,然后验算其计税销售额是否正确。

(二)进项税额的筹划

1. 进项税额抵扣的筹划

增值税进项税款抵扣的时间规定为:工业企业为货物验收入库时可申报抵扣,商业企业为支付货款后才可申报抵扣。

其纳税筹划的做法是:及时掌握进销项的比重,如果销项税额大于进项税额,工业企业应及时组织进货,并及时办理材料验收入库;商业企业应及时付清货款。这样可以加大当期可抵扣的进项税额,减少当期应纳增值税税额,达到推迟纳税的目的,但此法的操作要注意取得合法发票,并且在法律允许的范围内操作,在纳税期限内实际发生的销项税额和进项税额才能抵扣,而不能是虚开代开的进项税额,这一点必须明确。

例如:某商业企业购进一批货物,价款为30万元,合同约定采用分三期付款的形式,每两个月付款10万元。

(1) 某商业企业在6个月后付清全部货款才能抵扣进项税款为 $30×17\%=5.1$（万元）。

(2) 如果改为签订3个合同,后两个合同为延期付款合同,并由对方于每次收到货款时开具增值税专用发票,则企业在每次付款时都可抵扣进项税款为 $10×17\%=1.7$（万元）。

(3) 如果同期银行利息为6%,则可获得的资金时间价值为 $[1.7×(6/12)×6\%+1.7×(4/12)×6\%+1.7×(2/12)×6\%]×10\,000=1\,020$（元）。

2. 进项税额转出的筹划

一般纳税人在购进货物时,如果能确认该进项不能抵扣,则将该进项直接计入有关科目,不计入进项税额;如果购入货物时,不能准确判断其进项是否有不能抵扣的情形,进项税额采用先抵扣后转出的做法。其调整方法是:

(1) 购进的货物既用于应税项目,又用于免税、非应税项目的,其计算公式是:应转出的进项税额＝当期全部进项税额×免税、非应税项目销售额÷全部销售额。

例如:某一般纳税人,生产A、B两种产品,其中:A为免税产品,12月份支付生产用电费3万元,进项税额5 100元,本月购进材料进项税额6万元(全部用于A、B产品),当月销售收入150万元(其中A产品50万元)。

$$应转出的进项税额＝(5\,100＋60\,000)×500\,000÷1\,500\,000$$
$$＝21\,700（元）$$

(2) 纳税人发生其他不予抵扣的项目(如生产免税产品领用的材料或基建工程领用生产材料等)的,其应转出的进项的计算公式是:应转出的进项税额＝非应税项目领用的货物或应税劳务购进金额×税率。

例如:某工业企业(系增值税一般纳税人)基建工程2006年2月份领用生产用的钢材10吨,该材料是1月份购进并验收入库,每吨不含税价2 200元。

$$应转出的进项税额＝10×2\,200×17\%＝3\,740（元）$$

(3) 非正常损失的在产品、产成品中的外购货物或劳务的进项税额,必须作进项税额转出处理,需要结合企业有关成本资料进行还原计算。

例如：某食品厂(是一般纳税人)，2006年1月份从福利部门领用大米4万斤，用于发给本厂职工，大米进货成本为5万元，水灾损失半成品10万元，材料成本为7万元，进项税率为17%。

应转出的进项税额=(5+7)×17%=2.04(万元)

三、增值税减免税的纳税筹划

(一)减免税范围的筹划

筹划时，一是要注重从货物本身的性质、特点及特案规定，严格界定征税货物和免税货物界限。例如，单位和个体经营者销售自己使用过的属于货物的固定资产，无论销售者是否属一般纳税人，凡不同时具备下述三个条件的，均应比照销售自己使用的游船、摩托车和应征消费税的汽车，依4%的征收率减半计征增值税：

(1)属于企业固定资产目录所列货物；

(2)企业按固定资产管理，并确已使用过的货物；

(3)销售价格不超过其原值的货物。

二要注重其他附加的条件，包括生产销售或进口货物的主体、用途等。例如，《增值税暂行条例》规定，进口的仪器、设备，直接用于科学研究、科学试验和教学的免征增值税，用于其他方面的，应当征税。可见进口仪器设备免征范围的界定，用途是必要的条件。

(二)减免税期限的筹划

减免税时间长短，可分为定期减免和无期限减免两种。对于定期减免税，纳税人享受该种优惠的起止时间是关键，减免税期头一个月和临近最后一个月的凭证要注意保留，防止将减免税期以前的销售推迟入账，记入减免税期内，也要防止减免税期满后实现的收入提前入账或买空卖空，先开假发票虚列销售，待以后月份再作退货处理，变相延长减免税期限。

(三)创造符合政策规定的条件进行避税

增值税有多方面的税收优惠政策，作为企业生来就能享受税收优惠的毕竟比较少，更多的是要通过自身创造条件，来适应税收政策的要求，以享受国家规定的减免税，达到少缴税款的目的。

例如：某钢铁生产企业，其主要原材料废旧钢材，除少数来源于废旧物资单位外，大部分来源于当地"破烂王"(个体捡破烂的)，从废旧物资回收公司购入的材料有合法发票可抵扣进项,而从个人处收购的不能按收购额的10%抵扣进项税额。对此的筹划方法是:自己依法设立独立的废旧物资回收公司,从个人收购来的废旧钢材通过废旧物资回收公司后,再由废旧物资回收公司开具发票给钢铁企业入账。

又如:某大型机械生产企业,送货运费占销售额的20%,并入销售额向客户收取。对此的筹划方法是:自己依法设立运输公司,并实行独立核算,销售机械按不含运费结算,运费由运输公司单独开具发票结算,这样可将这部分运费的税负从17%降到3%,且购进方也不涉及扣税问题。

四、增值税出口退税的纳税筹划

出口退税是指企业在报关出口后,凭出口报关单等资料,向税务机关申请退还国内已纳税款的行为。目前我国的出口退税主要是退增值税和消费税。企业可以通过充分筹划,用活用足出口退税政策,达到减轻税负的目的。

(一)利用货物出口退税进行纳税筹划

依照增值税法规规定,纳税人出口货物的适用零税率,纳税人在向海关办理出口手续后,凭出口报关单等有关资料,向主管税务机关申报办理退回该项出口货物的已交纳的增值税和消费税税款。

对于企业直接出口的产品或委托外贸出口的产品,国内生产环节的增值税按税法规定退还给生产企业。出口产品属于农、林、牧、水产品的,按照国家规定的退税率计算退税;出口其他的产品,按照税法核定的综合退税税率计算退税。出口产品增值税实行零税率,而内销商品则要负担17%的价外税。虽然出口商品国际市场价格一般比国内市场价格低,但只要其价格差别幅度在17%以内,出口更有利可图。因此,如果生产的产品具备出口的条件,应充分研究价格、税收和汇率等各种因素,比较内销产品和出口产品的优劣,以便于作出正确的销售决策。依据消费税暂行条例的规定,纳税人出口应税消费品免征消费税,生产企业直接出口的应税消费品在报关出口时可不计算应缴纳的消费税;通过外贸企业出口的应税消费品实行先征后退,征多少退多少的办法。由于消费税税率相对较高,而且是实际意义的征多少退多少,故消费税的出口退税比增值税的出口退税提供了更大的纳税筹划空间,企业在决定产品销售渠道时,应充分考虑消费税的出口退税因素。

(二)利用产品出口压低产品销售价格来减少应纳所得税

我国税收法律法规规定,纳税人销售货物或者提供应税劳务的价格明显偏低无正当理由的,由主管税务机关核定其销售额。此规定对内销产品的限制较多,但如果是出口产品,则税务机关就难以判定其销售价格是否偏低。因为:产品出口其价格主要是受到国际市场上许多因素的影响和制约,而不仅受国内市场供求状况的影响,价格弹性比较大;再者,国家为了鼓励企业产品外销,在价格管理上偏松。为此,可充分利用此方法进行纳税筹划。

另外,利用产品出口中的银行结汇,减少销售收入,也可减少应纳所得税额。其做法是:将进出口贸易中中外双方的有关费用互相抵消,中方为外方承担外方在中国境内的有关费用,而外方为中方承担中方在中国境外的有关费用,以此减少银行结汇数额,减少计税所得额,达到少交企业所得税的目的。

五、案例解析

案例:某中央空调有限公司,主要生产大型中央空调机,销售价格一般在30万~500万元一台,而且在销售价格中都包含了5年的维修保养费用。

现行税法规定,销售额为纳税人销售货物或者提供应税劳务向购买方收取的全部价款和价外费用,但是不包括收取的销项税额。价外费用是指价外向购买方收取的手续费、补贴、基金、集资费、返还利润、奖励费、违约金(延期付款利息)、包装费、包装物租金、储备费、优质费、运输装卸费、代收款项、代垫款项及其他各种性质的价外收费。但下列项目不包括在内:向购买方收取的销项税额;受托加工应征消费税的消费品所代收代缴的消费税;同时符合以下条件的代垫运费,承运部门的运费发票开具给购货方的,纳税人将该项发票转交给购货方的。凡价外费用,无论其会计制度如何核算,均应并入销售额计算应纳税额。因此,该公司实际收回的5年维修保养费用也不得不按增值税税率17%交纳增值税,如果能按服务业的5%税率交纳营业税,那将会减轻纳税负担。

现以D型空调机为例,该空调机售价180万元,其中5年维修保养费用80万元。公司针对空调售价180万元,其中5年维修保养费用80万元的基本条件,重新注册成立一个具有独立法人资格的"空调维修服务公司",主营业务为"中央空调机维修保养服务"。这样,每次销售空调机时,某中央空调公司负责签订"销售合同",只收取中央空调机的价款100万元;空调维修服务公司负责签订"维修服务合同",只收取空调机的维修服务费80万元。

(1) 未筹划前,每台空调应交增值税为:

$180 \times 17\% = 30.6$(万元)

(2) 经筹划后,每台空调应交流转税为:

某中央空调公司应交增值税 $= 100 \times 17\% = 17$(万元)

维修服务公司应交营业税 $= 80 \times 5\% = 4$(万元)

合计每台空调应交流转税＝17＋4＝21（万元）
(3) 筹划后与筹划前相比较每台 D 型空调机可节税 30.6－21＝9.6（万元）。

第二节　消费税纳税筹划

一、关联企业转移定价的筹划

消费税的纳税环节主要是生产销售环节（金银珠宝除外），而不是流通领域或消费环节。因此，关联企业生产（包括委托加工和进口）应税消费品的企业，若以较低的价格销售给独立核算的销售单位，则可以降低计税销售额，从而达到少交消费税的目的。再者独立核算的销售单位，由于是销售环节，只交纳增值税，不交纳消费税，故此，使整个利益集团整体消费税税负下降。

例如：某卷烟厂生产的云海牌香烟的市场售价为 10 000 元/箱。该厂以 8 000 元/箱的价格销售给其独立核算的销售部门。

(1) 转让定价之前，每箱应纳从价消费税为 10 000×56％＝5 600（元/箱）。
(2) 转让定价之后，每箱应纳从价消费税为 8 000×56％＝4 480（元/箱）。
(3) 转让定价使卷烟厂每箱香烟减少了 1 120（＝5 600－4 480）元从价消费税的税负。

二、生产不同消费税税率产品的筹划

消费税法规定：纳税人生产销售不同消费税税率的产品未分别核算的，或将不同消费税税率产品成套销售的，从高适用税率征收消费税。因此，如果有生产不同消费税税率产品的企业，应将不同消费税税率的产品分别核算，并分别申报纳税。

例如：某酒厂既生产粮食白酒（消费税率为 20％），又生产药酒（消费税率为 10％），该厂对生产的上述两类酒应分别核算，才能分别申报纳税，否则都要按 20％的税率从高征收消费税。

三、包装物的纳税筹划

消费税法规定，实行从价定率办法计征消费税的产品，连同产品一起销售的包

装物,无论包装物如何计价,也不论会计如何处理,均应并入消费品的销售额中计算征收消费税。如果要在包装物的纳税上做文章,其做法是:包装物不能作价随同产品一并销售,而应采用收取包装物"押金"的方式,并且押金应单独开发票和记账,这样包装物就不需要并入销售额计征消费税。

例如:某轮胎生产企业,2008年3月销售汽车轮胎1万个,每个销售价1 000元,其中包装材料价值100元,消费税率为3%。

(1) 连同包装一并销售,其应纳税额为 $10\,000\times1\,000\times3\%=30$(万元)。

(2) 如果包装物采用收取押金的形式销售,且包装物单独开发票并单独记账,则应纳税额为 $10\,000\times(1\,000-100)\times3\%=27$(万元)。

(3) 经筹划后可少交税款 $3(=30-27)$ 万元。

又如:将化妆品及包装盒分别销售给商家,再由商家包装后对外销售。改变了包装地点,税负将有所不同。某日用化妆品厂,将生产的化妆品、护肤护发品、小工艺品等组成消费礼盒销售。每套消费礼盒由下列产品组成:化妆品包括一瓶香水50元、一瓶指甲油15元、一支口红25元,护肤护发品包括两瓶浴液30元、一瓶摩丝12元,化妆工具及小工艺品共15元,塑料包装盒8元。

(1) 由生产厂家先包装后销售应纳消费税为
$(50+15+25+30+12+15+8)\times30\%=46.5$(元)

(2) 若采用先销售给商家,后包装销售应纳消费税为
$(50+15+25)\times30\%=27$(元)

(3) 筹划后每套化妆礼盒少缴消费税款 $19.5(=46.5-27)$ 元。

四、委托加工的筹划

委托加工,是指由委托方提供原料和主要材料,由受托方按委托方的要求进行加工,加工完毕后,委托方向受托方支付加工费并收回委托加工的产品,消费税由受托方代扣代缴。委托加工产品收回后,用于连续生产的,由受托方代扣代缴的消费税,可以抵减应纳消费税;用于对外销售的,不再交纳消费税。

例如:甲卷烟厂委托乙厂将价值200万元的烟叶加工成烟丝,支付给乙厂的加工费为80万元。甲厂将收回的烟丝继续加工成卷烟出售,取得销售收入为800万元。烟丝的消费税税率为30%,卷烟消费税税率为56%。

(1) 将委托加工的烟丝收回后继续加工成香烟销售。

甲厂向乙厂支付加工费时,还应支付由乙厂代扣代缴的消费税,金额为
$(200+80)\div(1-30\%)\times30\%=120$(万元)

甲厂销售卷烟后应纳消费税 $=800\times56\%-120=328$(万元)

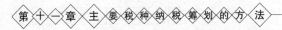

该批卷烟实际交纳的消费税＝120＋328＝448（万元）

（2）委托加工收回的产品直接用于销售。

若甲厂将以上烟叶委托乙厂直接加工成卷烟，加工费增加到108万元，成本和销售价格不变，甲厂向乙厂支付加工费时，应支付乙厂代扣代缴的消费税，金额为

(200＋108)÷(1－56%)×56%＝392（万元）

（3）经筹划后甲厂销售卷烟少交消费税＝448－392＝56(万元)。

用于连续生产和用于直接销售，其应纳消费税税额是不同的。其原因是：委托加工与自行加工计算纳税的税基不同，委托加工时，受托方代扣代缴消费税的计税价是组成计税价或同类产品销售价，而自行加工的计税价为销售价。通常情况下，委托方收回后，其销售价要高于计税价，因此，委托加工应税消费品的税负要低于自行加工方式。

五、案例解析

案例：某外国汽车生产厂商甲向中国汽车销售企业乙进口100辆小轿车，每辆小轿车的完税价格为8万元，适用进口环节关税为60%，消费税税率为5%，增值税税率为17%。如果完全按市场价格进口，则厂商应纳税额为：

(1) 整车贸易纳税情况：

应纳关税＝8×100×60%＝480（万元）

应纳消费税＝(8×100＋480)÷(1－5%)×5%＝67.4（万元）

应纳增值税＝(8×100＋480)÷(1－5%)×17%＝229（万元）

应纳税额合计为776.4(＝480＋67.4＋229)万元。

该汽车生产厂商经过筹划安排，决定在中国设立自己的汽车组装兼销售公司丙，并且将原来进口整装汽车的方式改为进口散装汽车零部件。经过该项筹划，一辆汽车的全套零部件以6万元的价格转让给公司丙，这样，散装零部件进口环节关税税率降为30%，而且进口环节不用缴纳消费税。

(2) 散件贸易纳税情况：

应纳关税＝6×100×30%＝180（万元）

应纳增值税＝(6×100＋180)×17%＝132.6（万元）

应纳税额合计＝180＋132.6＝312.6（万元）

(3) 两者相比节税776.4－312.6＝463.8（万元）。

可见，经筹划后该厂商少缴463.8万元进口环节税款，虽然消费税和增值税的一部分在以后生产环节还要补缴，但这样延缓了纳税时间，相当于向财政部门获取了无息贷款。而且仅从关税的减少额上来说，该企业也可节税300万元。

第三节 营业税纳税筹划

一、利用兼营行为进行筹划

虽然税法对增值税和营业税的征税范围作了明确的界定,但在企业实际经营活动中,增值税应税的货物和营业税应税的劳务经常一起提供;即便是营业税的劳务项目,纳税人也经常兼营并提供不同税率项目的劳务,这就是税法上所说的兼营活动。纳税人兼营增值税应税劳务与货物或营业税应税劳务项目的,应分别核算增值税应税劳务的营业额和货物的销售额或者营业税应税劳务的营业额。不分别核算或者不能够准确核算的,其应税劳务与货物或者非应税劳务应一并征收增值税,不征收营业税。

对营业税纳税人兼有不同税目的应税行为,应分别核算不同税目的营业额。未按不同税目分别核算营业额的,从高适用税率。这就是说,营业税税率高的项目的营业额,与营业税税率低的项目的营业额混合在一起时,按营业税税率高的项目适用税率计征营业额。例如:餐厅既经营饮食业又经营卡拉 OK 等娱乐业的,饮食业的适用税率为 5%,娱乐业的适用税率为 20%,如果未分别核算营业额的,就应按娱乐业适用的 20% 税率,全额计征营业税。

例如:某宾馆某月收入如下:客房收入 80 万元,餐厅收入 20 万元,健身房的收入为 50 万元。该宾馆所在地娱乐业税率为 20%,服务业税率 5%。

(1) 不分别核算:

应交营业税=(80+20+50)×20%=30(万元)

(2) 分别核算:

应交营业税=(80+20)×5%+50×20%=15(万元)

(3) 经筹划后少交营业税=30-15=15(万元)。

对此,必须十分清楚税法中有关的规定,准确地核算兼营的不同项目,以免从高适用税率,加重自己的纳税负担。

二、利用混合销售进行筹划

混合销售行为既涉及增值税的问题又涉及营业税问题,所以在营业税的缴纳中,也要注意对混合销售行为进行纳税筹划。《营业税暂行条例》规定:一项销售行为如果既涉及应税劳务又涉及货物,为混合销售行为。从事货物的生产、批发或零售的企业、企业性单位及个体经营者的混合销售行为,视为销售货物,不征收营业税;其他单位和个人的混合销售行为,视为提供应税劳务,应当征收营业税。从事货物的生产、批发或零售的企业、企业性单位及个体经营者,包括以从事货物的生产、批发或零售为主并兼营应税劳务的企业、企业性单位及个体经营者在内。所谓以从事货物的生产、批发或零售为主,是指纳税人的年货物销售额与非增值税应税劳务营业额的合计数中,年货物销售额超过50%,非增值税应税劳务营业额低于50%。

例如:某连锁超市销售空调1 000台,不含税销售额为250万元,当月可抵扣进项税额40万元;同时为客户提供上门安装业务,收取安装费23.4万元。

按税法规定,销售空调属于增值税的征税范围,取得的安装费属于营业税中建筑业税目的纳税范围,即该项销售行为涉及增值税和营业税两个税种。但该项销售行为所销售的空调和收取的安装费又是因同一项销售业务而发生的,因此该连锁超市的销售行为实际上是一种混合销售行为。因该连锁超市是从事货物批发、零售的企业,故该连锁超市取得的安装费收入23.4万元,应并入空调销售的价款一并缴纳增值税,不再缴纳营业税。

(1) 若不作筹划,按现行税法规定。

应纳税额 = $[250 + 23.4 \div (1 + 17\%)] \times 17\% - 40 = 5.9$(万元)

(2) 若进行纳税筹划。

该连锁超市把安装空调器的部门独立出来,并实行独立核算,这样,空调器的安装费就不再交纳增值税,而改为交纳营业税:

应纳税额 = $250 \times 17\% - 40 + 23.4 \times 3\% = 2.5 + 0.7 = 3.2$(万元)

(3) 筹划后可少交税款 = $5.9 - 3.2 = 2.7$(万元)。

一般情况下,营业税的税收负担会轻一些,尤其是在混合销售中进项税额相对较少的情况下更是如此。因此,对于混合销售行为,应考虑税收因素,积极筹划,以减轻企业的纳税负担。

三、合作建房的筹划

合作建房是指一方提供拥有土地,另一方拥有资金,双方合作建造房屋。在实际操作中有两种方式:一是纯粹"以物易物"方式,二是"双方组建一个联营企业"方式。两种方式因具体做法不同在税收法律关系上也不相同。

例如:A、B是两个依法成立、独立核算的内资企业,经双方友好协商,决定合作进行商品房开发。合同约定A企业提供土地使用权,B企业提供资金,商品房建成后,经评估该建筑物价值6 000万元,由双方平分。

(1) A企业将土地使有权转让给B企业,由B企业进行房地产开发,A企业通过转让土地使用权而拥有该房产的一半所有权,应以转让无形资产的税目计征营业税,应纳税额=3 000×5%=150(万元)。

(2) A企业以土地使用权出资,B企业以货币资金出资合股成立一个独立核算的合营企业C来进行房地产开发,房屋建成后,双方采用风险共担、利润共享的分配方式。按现行税法规定:以无形资产投资入股,参与接受投资方的利润分配、共同承当投资风险的行为,不征收营业税。

(3) 经筹划后,由于A企业投入的土地使用权是无形资产,这样A企业就可少缴150万元的税款。

四、建筑工程承包的筹划

现行税法规定:建筑业的总承包人将工程分包或者转包给他人的,以工程的全部承包额减去付给分包人或者转包人的价款后的余额为营业额。按工程承包公司与建设单位是否签订承包合同将营业额划归营业税两个不同的税目。建筑业适用的税率是3%,服务业适用的税率是5%。工程承包公司承包建筑安装工程业务,如果工程承包公司与建设单位签有建筑安装工程承包合同,则无论其是否参与施工,均应按"建筑业"税目征收营业税。如果工程承包公司不与建设单位签订合同,而只负责工程的组织协调等业务,则对工程承包公司的此项业务收入应按"服务业"5%的税率计征营业税。

例如:乙单位有一工程项目需找施工单位承建,在甲工程公司的努力下,由丙建筑公司与乙单位签订承建合同,合同金额为5 000万元,另外乙单位付给甲公司劳务费100万元。

(1) 将甲工程公司视为中介服务,应交税款为:

甲公司应交营业税=100×5%=5(万元)

乙公司应交营业税=5 000×3%=150(万元)

两公司合计应交营业税=5+150=155(万元)

(2) 如果进行筹划,由甲公司直接与乙单位签订合同,合同金额为5 100万元,然后再将工程以5 000万元转包给丙公司,则:

甲公司应交营业税=(5 100-5 000)×3%=3(万元)

乙公司应交营业税=5 000×3%=150(万元)

两公司合计应纳营业税税额=3+150=153(万元)

(3) 经过筹划后可节税=155-153=2（万元）。

此纳税筹划方案可能会增加印花税的支出。因此，要全面分析比较方案的可行性，否则会影响筹划效果。

根据有关规定，纳税人从事安装工程作业，凡所安装的设备价值作为安装工程产值的，其营业额应包括设备的价款。如某安装企业承包某单位的安装工程，若由安装企业提供设备并负责安装，其中，安装费100万元，设备费500万元，则应缴营业税 $600 \times 3\% = 18$（万元）。若改为只负责安装业务，收取安装费100万元，设备由单位自行采购提供，则该安装企业应缴营业税 $100 \times 3\% = 3$（万元）。这一筹划可为企业节税15万元。因此，建筑安装企业在从事安装工程作业时，应尽量不将设备价值作为安装工程产值，可由建设单位提供机器设备，建筑安装企业只负责安装，取得的只是安装费收入，使其营业额中不包括设备的价款，从而达到节税的目的。

五、分解营业额的筹划

营业税的特点是，只要取得了营业收入，就要缴纳营业税，而不管其成本、费用的大小，即使没有利润，只要有了营业额，也要依法缴税。对此的筹划做法是：通过减少纳税环节，分解应税营业额达到合理节税的目的。

例如：某展览公司为外地公司举办各种展览会。某月在某展览馆成功举办一期出口产品展览会，吸引了多家客商参展，取得营业收入800万元，该展览公司取得收入后，还要支付展览馆租金400万元。

(1) 展览公司的收入属中介服务，按服务业计征营业税：

应交营业税 $= 800 \times 5\% = 40$（万元）

(2) 若展览公司举办展览时，让客户分别缴费，展览公司按400万元给客户开票，展览馆按400万元给客户开票。分解后，展览公司应交的营业税为：

应交营业税 $= 400 \times 5\% = 20$（万元）

(3) 经筹划后展览公司少交营业税 $20(=40-20)$ 万元。

并且该筹划方案也不会增加其他客户和展览馆的纳税负担。

六、对外投资的营业税筹划

营业税的又一个特点是，只要企业取得的收入符合营业税的征税范围，就要缴纳营业税，不管其是实际的经营收入，还是转让财产物资的收入，都要依法缴纳营业税。对此的纳税筹划做法是：通过变更收入项目，避开营业税的征税范围，达到合理节税的目的。

例如:某内资企业准备与某外国企业联合投资设立中外合资企业,投资总额为6 000万元,注册资本为3 000万元,中方出资1 200万元,占40%,外方出资1 800万元,占60%。中方准备以自己使用过的机器设备1 200万元和房屋建筑物1 200万元投入,投入方式有两种:一是以机器设备作价1 200万元作为注册资本投入,房屋、建筑物作价1 200万元作为其他投入;二是以房屋、建筑物作价1 200万元作为注册资本投入,机器设备作价1 200万元作为其他投入。两种方案蕴含着丰富的纳税内涵,最终的结果也大相径庭。

(1) 按照税法规定,企业以设备作为注册资本投入,参与合资企业利润分配,同时承担投资风险,不征增值税和相关税金及附加。但把房屋、建筑物直接作价给另一企业,作为新企业的负债,不共享利润、共担风险,应视同房产转让,需要缴纳的营业税、城建税、教育费附加及契税为:

应交营业税=1 200×5%=60(万元)

应交城建税、教育费附加=60×(7%+3%)=6(万元)

应交契税=1 200×3%=36(万元)(由受让方缴纳)

(2) 房屋、建筑物作为注册资本投资入股,参与利润分配,承担投资风险,按国家税收政策规定,可以不征营业税、城建税及教育费附加,但需征契税(由受让方缴纳)。同时,税法又规定,企业出售自己使用过的固定资产,其售价不超过原值的,不征增值税。在方案二中,企业把自己使用过的机器设备直接作价给另一企业,视同转让固定资产,且其售价一般达不到设备原价,因此,按政策规定可以不征增值税。其最终的纳税负担为:

契税=1 200×3%=36(万元)(由受让方缴纳)

(3) 从上述两个方案的对比中可以看到,中方企业在投资过程中,只要改变几个字,就改变了出资方式,最终会使纳税负担相差66万元。

第四节 企业所得税纳税筹划

一、企业所得税计税依据的纳税筹划

企业所得税的计算较为复杂,收入和扣除项目的规定较多,税率弹性大,这给纳税筹划带来了很大的空间。另外,企业应站在战略高度从事纳税筹划,将所得税

的筹划贯穿于生产经营活动的始终。

企业所得税的计税依据为纳税人每一纳税年度的收入总额减去准予扣除项目后的余额。因此,对计税依据的纳税筹划,也应从收入总额、准予扣除项目两个方面考虑。

为了实现国家的产业政策或其他重要的战略方针,国家规定了许多优惠政策,这其中包括对某些收入免征企业所得税,这是企业在应税收入筹划中应注意的问题,在可能的情况下,应尽量选择免税的收入,如在投资中选择国库券、进行技术转让等。

扣除项目具体规定的复杂、细致性,是企业所得税的一大特点。同时,也给企业所得税筹划带来了很大的空间,对准予扣除项目金额的筹划,是企业所得税筹划的重点。

二、投资核算方法的筹划

现行会计制度规定,长期投资有成本法和权益法两种会计核算方法,在被投资企业所得税率较低的情况下,采用不同的核算方法,需要缴纳的企业所得税是不同的,这为纳税筹划提供了空间。

例如:A公司2006年购买B公司的股票1 000万元,获B公司20%股份。2006年底B公司报告净收益1 200万元,A公司所得税率33%,B公司所得税率15%。

采用成本法核算时:B公司年末没有分配利润,则A公司不用补交所得税;等收到股利240万元时,才补交所得税;采用权益法核算时:B公司年末还没有分配利润,则A公司照样要补交所得税。

出现上述问题的主要原因是,成本法在其投资收益已实现但未分回投资之前,投资企业的"投资收益"账户并不反映其已实现的投资收益,而权益法则无论投资收益是否分回,均在投资企业的"投资收益"账户上体现其投资收益。这样,采用成本法的企业就可以将应由被投资企业支付的投资收益长期滞留在被投资企业账户,留作资本积累,或挪作他用,以此来长期避免这部分投资收益应补缴的企业所得税。即使采用成本法核算长期投资的企业无心推后纳税,投资收益实际收回后也会出现滞后纳税的现象。一般情况是,被投资方都是先宣告实现投资收益,后发放股利的,而成本法核算缴纳企业所得税的时间为收到投资所得后。

现行会计制度规定:企业在取得股份以后,其账务处理应根据投资者的投资占被投资企业资本的比例,确定采用成本法或采用权益法。当长期投资的股份为被投资企业股份的20%～50%时,适用权益法进行投资核算;当企业投资份额高于被投资企业的资本比例的50%或低于20%时,适用成本法进行投资核算。在选择投资和会计核算方法时,必须注意会计制度的规定,否则将会面临纳税调整。

三、坏账损失的筹划

按现行税法规定,纳税人按财政部门规定提取的坏账准备金和商品削价准备金,可在税前列支。未建立坏账准备金的企业,发生的坏账损失,经主管税务机关核准,按当期实际发生的损失在计征所得税时给予扣除。对坏账损失的账务处理方法主要有直接转销法和备抵法两种。通常情况下,采用坏账备抵法对企业更为有利。

例如:某企业2006年1月销售商品1 000件,单价500元,至2006年底尚未收到货款,并且付款方已被法院宣告破产,确认为坏账。

采用直接转销法的,在确认为坏账时,报经税务机关批准后,可在税前列支的费用为500 000元;而采用应收账款余额百分比法,则企业发生应收账款时就可以提取坏账准备金,假设坏账提取比例为5‰,则2006年1月就可提取并在税前列支的坏账准备金=500 000×5‰=2 500(元),2006年底确认为坏账后,再在税前列支497 500(=500 000-2 500)元。这样通过提取坏账准备金,降低当期应纳税所得额,等于享受一笔无息贷款。

四、利用预缴所得税政策的筹划

现行税法规定:企业所得税采取按年计算、分期预缴、年终汇算清缴的征收方法。企业的财务成果要到会计年度结束后才能完整计算出来,因此平时的所得税预缴是按上年应纳税所得额的一定比例预缴或按纳税期的实际数预缴,其预缴数与实际财务成果有一定差额,加上企业的收入和成本费用的发生会受任务或季节性等因素的影响,会在某一段时期少发生收入或多列支一些费用,在另一段时期多发生收入或少列支一些费用,但从整个经营期来说总体的收入或成本费用的配比是不会发生变化的。企业所得税法还规定,纳税人预缴所得税时,应当按纳税期限的实际数预缴,按实际数预缴有困难的,可以按上一年度应纳税所得额的1/12或1/4,或者经当地主管税务机关认可的其他方法分期预缴所得税。在预缴企业所得税的问题上,要做到既不违法又能对企业最有利。

(一)每月实现利润均衡的

例如:某实行查账征收的私营企业,每月会计利润都在6万元左右,且每月有超标准的费用4万元。预缴时每月按会计利润预缴,即按6万元计算,应预缴1.5

万元;而应在税后列支的项目,在年终后的4个月内再交纳,这样就可把48万元的所得相应的税款12万元滞后交纳。

(二)每月实现利润不均衡的

如果预计利润是在前三季度实现,而最后一个季度将发生亏损,且经纳税调整后仍无利润,则可采用如下方法:如果预计当年的效益比上年好,则可选择按上年度应纳税额比例预缴;反之则按实际数预缴。

另外,税法规定:"纳税人发生年度亏损,可以用下一纳税年度的所得弥补;下一纳税年度的所得不足弥补的,可以逐年延续弥补,但是延续弥补期最长不超过五年。"这一规定适用于不同经济成分、不同经营组织形式的企业。因而给我们进行纳税筹划提供了法律依据。具体弥补亏损有如下三种情况:

(1)本年度应纳税所得大于前5年累计亏损额时,应就其差额部分计算缴纳企业所得税。

例如,某民营企业(企业所得税率为18%)各年度计税所得的资料为:2002年亏损2万元,2003年盈利1万元,2004年亏损10万元,2005年亏损5万元,2006年亏损8万元,2007年盈利25万元,则:

2007年应纳税所得额=25−2+1−10−5−8=1(万元)

2007年应纳税额=10 000×18%=1800(元)

(2)如果本年度应纳税所得小于前5年的亏损,继续弥补亏损而不用纳税。假若2007年盈利为23万元,则尚有1万元留抵;

(3)若本年度继续亏损,则当年不纳税,和前4年的亏损一起留下抵扣。如2007年亏损3万元,则:

可留抵的亏损额=10+5+8+3=26(万元)

由于2002年亏损未抵扣已超过五年,在2008年不能再给予抵扣。

需要说明的是:企业年度亏损额,是指按照税法规定计算出来的,并不是企业会计核算的亏损额,更不是采用多列成本、费用或虚报亏损的方法实现的。

第五节 个人所得税纳税筹划

一、纳税人个人身份认定的纳税筹划

个人所得税的纳税人,既包括居民纳税人,也包括非居民纳税人。居民纳税

人,负有完全纳税的义务,必须就其来源于中国境内、境外的全部所得缴纳个人所得税;而非居民纳税人仅就其来源于中国境内的所得,缴纳个人所得税。显然,非居民纳税人的税负较轻。

对个人身份的筹划,主要是避免成为居民纳税人。按照税法规定,居住在中国境内的外国人、海外侨胞和香港、澳门、台湾同胞,如果在一个纳税年度里,一次离境超过30日或多次离境累计超过90天的,将不视为全年在中国境内居住。把握住这一尺度就会避免成为个人所得税的居民纳税人,使在中国境外的收入避免缴纳个人所得税。

例如:某外籍工程师2006年底到上海来协助地铁工程建设,其工资在我国发放,但其国外总公司每年还发给其工资性补贴。2006年度内,曾回国述职60天,回国探亲40天。由于其离境时间超过90天,故该工程师2006年国外收入不在我国纳税,仅就其在中国取得的收入计算交纳个人所得税。

二、分次申报收入的纳税筹划

个人所得税法对劳务报酬所得、稿酬所得、特许权使用费所得、利息所得、股息所得、红利所得、财产租赁所得、偶然所得和其他所得等七项所得,规定按次计算纳税。其费用扣除按每次应纳税所得额的大小,分别规定了定额和定率两种标准,如果能把一次取得的收入变为多次取得的收入,就可以享受多次扣除,从而达到少缴税款的目的。

例如:某专家为一上市公司提供咨询服务,按合同约定,该上市公司每年付给该专家咨询费3.6万元。

(1) 如果按全年收入一次申报纳税的话,其应纳税所得额和应纳税额如下:

应税所得额=36 000×(1−20%)=28 800(元)

应纳税额=20 000×20%+8 800×20%×(1+50%)=6 640(元)

(2) 如果是按每月平均3 000元,分别申报纳税,则其应纳税额如下:

月应纳税额=(3 000−800)×20%=440(元)

全年应纳税额=440×12=5 280(元)

(3) 两者相比可节税=6 640−5 280=1 360(元)。

三、附加减除费用的纳税筹划

在正常情况下,对工资、薪金所得,按每月收入额减除3 500元费用后为应纳税所得额。但下列人员在每月工资、薪金所得减除3 500元费用的基础上,将再享受减轻1 300元的附加减除费用:在中国境内的外资企业工作并取得工资、薪金所得的外籍人员;应聘在中国境内的企事业单位、社会团体、国家机关中工作并取得工资、薪金所得的外籍专家;在中国境内有住所,而在中国境外机构任职而取得工资、薪金所得的个人;财政部确定的取得工资、薪金所得的其他人员。

例如:某纳税人月薪为15 000元。

(1) 若不适用附加减除费用的规定,其应纳税额为:

应税所得额=15 000－3 500=11 500(元)

应纳税额=11 500×25%－1 005=1 870(元)

(2) 若该纳税人为外商投资企业中工作的外国专家,其应纳税额为:

应税所得额=15 000－(3 500+1 300)=10 200(元)

应纳税额=10 200×25%－1 005=1 545(元)

(3) 两者相比少缴个人所得税税款=1 870－1 545=325(元)。

四、工资化福利的纳税筹划

工资、薪金所得适用九级超额累进税率,其最低税率为5%,最高税率为45%,当收入达到某一档次时,就按该档次的适用税率计算纳税。但是,工资、薪金所得税是按个人月实际收入来计税的,这就为纳税筹划创造了条件。

增加薪金能增加个人的收入,满足其消费的需求,但由于工资、薪金个人所得税的税率是超额累进税率,当累进到一定程度,新增薪金带给个人的可支配现金将会逐步减少。把个人现金性工资转为提供必需的福利待遇,照样可以满足个人消费需求,却可少缴个人所得税。

(一) 由企业提供员工住宿

这是减少交纳个人所得税的有效办法。即员工的住房由企业免费提供,并少发员工相应数额的工资。

例如:王经理每月工资收入6 000元,每月支付房租1 000元,除去房租,王经理可用的收入为5 000元。这时,王经理应纳的个人所得税是:

应交个人所得税=(6 000－3 500)×10%－105=145(元)

如果公司提供免费住房,每月工资为5 000元,则王经理应交个税为:

应交个人所得税=(5 000－3 500)×3%－0=45(元)

筹划后,对王经理一方来说,每月可节税100(=145－45)元;对公司来说,不仅没增加支出,并且可以增加在税前列支的费用1 000元。

（二）企业提供假期旅游津贴

即由企业支付员工旅游费用，然后降低员工的薪金。企业员工利用假期到外地旅游，将旅游发生的费用单据，以公务出差的名义带回来企业报销，企业则根据员工报销额度降低其工资。这样，对企业来讲，并没多增加支出，而对个人来讲则是增加了收入。

（三）企业提供员工福利设施

如果员工正常生活必需的福利设施，尽可能地由企业提供，并通过合理计算后，适当降低员工的工资，这样，从企业一方，既不增加企业费用支出，又能将全额费用在税前扣除，并且为员工提供充分的福利设施，对外能提高企业的形象；从员工一方，既享受了企业提供的完善的福利设施，又少交了个人所得税，实现真正意义的企业和员工双赢局面。一般情况企业可为员工提供下列福利：企业提供免费膳食；由企业提供交通车辆供职工使用；企业为员工提供必须家具及住宅设备等。

五、劳务报酬化工资的纳税筹划

现行税法规定：对劳务报酬所得适用20%比例税率；对于一次收入较高的，还实行加成征收。对工资、薪金所得适用的是5%～45%的九级超额累进税率。由于相同数额的工资、薪金所得与劳务报酬所得所适用的税率不同，因此利用税率的差异，是进行纳税筹划的又一有效途径。一般情况是，收入较少的情况下，工资所得税负比劳务报酬的税负低。这时，尽可能将工资、薪金所得转化为劳务报酬所得，以降低税负。

例如，陈先生每月从甲单位取得工资收入为每月1 000元，另从乙公司取得兼职收入每月4 000元。

（1）如果陈先生与乙公司没有固定的雇佣关系，则按照税法规定，工资、薪金所得与劳务报酬所得应分开计算征收。这时，工资、薪金所得没有超过基本扣除限额3 500元不用纳税，而劳务报酬所得应交税额为：

劳务报酬应交个人所得税 = (4 000 − 800) × 20% = 640（元）

（2）如果陈先生与乙公司建立起固定的雇佣关系，与原雇佣单位甲解除雇佣关系，来源于原单位的1 000元则被视为劳务报酬，由乙公司支付的4 000元作为工薪收入缴纳个人所得税为：

工资收入应交个人所得税 = (4 000 − 3 500) × 3% − 0 = 45（元）

劳务报酬应交个人所得税 = (1 000 − 800) × 20% = 40（元）

(3) 经筹划后陈先生每月可以节税 555（＝640－45－40）元。

六、工资化劳务报酬的纳税筹划

如果纳税人的工资、薪金收入较高，在适用的累进税率高的情况下，把工薪所得转化为劳务报酬所得也能减少纳税负担。

例如：吴工程师每月从甲公司取得的工资类收入为 10 万元。

(1) 如果吴工程师和甲公司存在雇佣与被雇佣关系，应按工资、薪金所得缴税，其应交的个人所得税为：

应税所得额＝100 000－3 500＝96 500（元）

应交个人所得税＝96 500×45％－13 505＝29 920（元）

(2) 如果吴工程师和甲公司不存在雇佣与被雇佣关系，则该项所得应按劳务报酬所得缴纳个人所得税，其应交个人所得税为：

应税所得额＝100 000×(1－20％)＝80 000（元）

应交个人所得税＝80 000×40％－7 000＝25 000（元）

(3) 若吴工程师与甲公司不存在雇佣关系，则每月可以少交个人所得税款 4 920（＝29 920－25 000）元。

七、捐赠抵税的纳税筹划

根据税法规定：个人将其所得通过中国境内的社会团体、国家机关向教育和其他社会公益事业以及遭受严重自然灾害地区、贫困地区捐赠，捐赠额未超过纳税义务人申报的应纳税所得额 30％的部分可以从其应纳税所得额中扣除。个人通过非营利性的社会团体和国家机关向红十字事业、农村义务教育和公益性青少年活动场所（包括新建）的捐赠，在计算缴纳个人所得税时，准予在税前的应纳税所得额中全额扣除。这就是说，个人在捐赠时，必须在捐赠方式、捐赠款投向、捐赠额度做必要的筹划，才能使这部分捐赠款免缴个人所得税。

例如：某专家某月取得劳务报酬 30 000 元，对外捐赠了 20 000 元。

(1) 假如该专家将 10 000 元通过民政部门捐赠给灾区，将 10 000 元直接捐赠给受灾者个人，其应纳税额为：

捐赠扣除限额＝30 000×(1－20％)×30％＝7 200（元）

直接捐赠给受灾人的 10 000 元，不能扣除。

应交个人所得税＝[30 000×(1－20％)－7 200]×20％＝3 360（元）

(2) 假如该专家将 10 000 元通过民政部门捐赠给灾区，再通过省教育厅将

10 000 元捐赠给农村义务教育事业,其应纳税额为:

通过民政部门捐赠的扣除限额＝30 000×(1－20%)×30%＝7 200(元)

通过省教育厅将 10 000 元捐赠给农村义务教育事业,可全额在税前扣除;

应交个人所得税＝[30 000×(1－20%)－7 200－10 000]×20%
＝1 360(元)

(3) 两者相比应交个人所得税相差 2 000(＝3 360－1 360)元。

八、稿酬费用化的纳税筹划

根据现行税法规定,个人取得的稿酬所得如果一次收入在 4 000 元以下的,固定扣除 800 元,如果一次取得的收入在 4 000 元以上的,则按 20%的比例扣除。由于税率是固定不变的,要想少缴税款,就必须在计税所得上做文章。对此的纳税筹划做法是:尽可能让出版商多提供设备或服务,少要稿酬。也就是将自己在著书过程中应支付的费用转移给出版社来负担,从而减少应纳税额。

例如:某作家准备创作一部反映中国改革开放成就的作品,需要到外地考察,出版社和作家签订出版协议,支付稿酬 20 万元,预计考察费用 10 万元。

(1) 如果该作家自己支付考察费用,其应交个人所得税为:

应纳税额＝200 000×(1－20%)×20%×(1－30%)＝22 400(元)

(2) 如果改由出版社支付 100 000 元的考察费用,实际支付给该作家的稿酬为 100 000 元,则该作家应交个人所得税为:

应纳税额＝100 000×(1－20%)×20%×(1－30%)＝11 200(元)

(3) 两者相比节税＝22 400－11 200＝11 200(元)。

九、集体创作的筹划

如果取得的稿酬所得数额较大,可以考虑采用创作组的方法来进行纳税筹划,即把一本书由一个人写作改为由多人合作的做法。这就是利用低于 4 000 元稿酬可扣除 800 元费用的政策,多次抵扣的结果高于 20%的费用扣除额。运用这种方法,由于成立创作组,各人的收入会比单独创作时少,虽然少缴了税款,但对于个人来说最终的收益减少了。

例如,某专家准备写一本教材,出版社同意该书出版之后支付稿费 20 000 元。

(1) 如果该专家单独著作,其应交个人所得税为:

应纳税额＝20 000×(1－20%)×20%×(1－30%)＝2 240(元)

(2) 如果采用集体创作的方法,由 10 个人来编写此教材,则其应纳税额为:

每人应交个人所得税=(2 000－800)×20％×(1－30％)=168（元）
合计应纳个人所得税=168×10=1 680（元）
(3) 两者相比可节税=2 240－1 680=560（元）。

第六节 其他税种的纳税筹划

一、资源税的纳税筹划

（一）利用"折算比"进行筹划

纳税人出于某种原因,在现实经济生活中可能无法提供或无法准确提供应税产品销售数量或移送数量,根据《中华人民共和国资源税暂行条例实施细则》第5条规定,以应税产品的产量或主管税务机关确定的折算比例换算成的数量为课税数量,这便给纳税筹划创造了条件。

例如:某铜矿10月份销售铜矿石原矿10 000吨,移送入选精矿2 000吨,选矿比为20％,该矿山铜矿适用1.2元/吨单位税额,假定该矿山的实际选矿比为20％,税务机关确定的选矿比为25％。则:

(1) 按实际选矿比计算:

应纳资源税=10 000×1.2+2 000÷20％×1.2=24 000（元）

(2) 按税务机关确定的选矿比计算:

应纳资源税=10 000×1.2+2 000÷25％×1.2=21 600（元）

(3) 两者相差:24 000－21 600=2 400（元）。

可见,当企业实际综合回收率低于税务机关确定的综合回收率时,应当创造条件接受主管税务机关确定的折算比例换算成的数量为课税数量。

又如:某煤矿10月份对外销售原煤400万吨,使用本矿生产的原煤加工洗煤80万吨,已知该矿加工产品的综合回收率为80％,税务机关确定的同行业综合回收率为60％,原煤适用单位税额为每吨2元。则:

(1) 按实际综合回收率计算:

应纳资源税=400×2+80÷80％×2=1 000（万元）

(2) 按税务机关确定的综合回收率计算:

应纳资源税=400×2+80÷60％×2≈1 067（万元）

(3) 两者相差：1 067－1 000＝67（万元）。

当企业实际综合回收率高于税务机关确定的综合回收率时，应当加强财务核算，准确提供应税产品销售数量或移送数量，免除不必要的税收负担。

（二）利用单独核算进行筹划

根据《中华人民共和国资源税暂行条例》第 8 条，纳税人的减税、免税项目，应当单独核算课税数量；未单独核算或者不能准确提供减、免税产品课税数量的，不予减税或者免税。资源税纳税人开采或生产不同税目应税产品的，应当分别核算不同税目应税产品的课税数量；未分别核算或者不能准确提供不同税目应税产品的课税数量的，从高适用税率。因此，纳税人可以通过准确核算各税目的课税数量，清楚地区分开哪些应该纳税，哪些不应该纳税，应该纳税的适用何种税额，以便充分地享受到税收优惠，达到节省资源税税款的目的。

例如：某煤矿 6 月份生产销售煤炭 1 000 吨，生产天然气 20 万立方米。已知该煤矿适用税额为 1.2 元/吨，煤矿附近的某石油管理局天然气适用的税额为 4 元/千立方米。由于煤炭和天然气很容易分开核算，而根据税法，煤炭开采时产生的天然气免税，则当月应缴资源税为：

应纳税额＝1 000×1.2＝1 200（元）

若利用单独核算免税项目当月可以节税 800(200×4)元。

二、土地增值税的纳税筹划

土地增值税是对转让国有土地使用权、地上建筑物及其附着物并取得增值收入的纳税人征收的税种。土地增值税纳税筹划在税法允许的前提下，从降低税基和税率两个方面进行。现以房地产企业为主体，从土地增值税的特点出发，围绕具体案例进行筹划。

（一）利息支出扣除法筹划

依据《土地增值税暂行条例实施细则》第七条第 3 款的规定：纳税人能够按转让房地产项目计算分摊利息支出，并能提供金融机构贷款证明的，其允许扣除的房地产开发费用为利息＋(取得土地使用权所支付的金额＋房地产开发成本)×5%以内；纳税人不能按转让房地产项目计算分摊利息支出或不能提供金融机构贷款证明的，其允许扣除的房地产开发费用为(取得土地使用权所支付的金额＋房地产开发成本)×10%以内。

如果企业购买房地产主要依靠负债筹资，利息支出所占比例较高，可考虑分摊利息并提供金融机构证明,据实扣除并加扣其他开发费用;如果企业购买房地产主要依靠权益资本筹资,利息支出很少,则可考虑不计算应分摊的利息,这样可以多扣除房地产开发费用。

例如:某房地产开发公司开发商品房,当地政府规定的扣除比例为5%和10%,其支付的地价款为600万元,开发成本为1 000万元,针对利息支出为90万元和70万元两种情况进行筹划(假设该利息支出为可分摊且能提供金融机构证明,并未超过商业银行同类同期贷款利率计算的金额)。

(1) 计算扣除的利息支出差异为(取得土地使用权所支付的金额+房地产开发成本)×(10%−5%)=(600+1 000)×5%=80(万元)。

(2) 若允许扣除的利息支出为90万元时,由于90>80,所以该公司应严格按房地产开发项目分摊利息并提供金融机构证明,这样利息支出和其他房地产开发费用扣除共计为90+(600+1 000)×5%=170(万元),否则只能按(600+1 000)×10%=160(万元)扣除,扣税基数将减少10万元而多缴税款。

(3) 若允许扣除的利息支出为70万元时,由于70<80,所以应选择第二种计扣方式,即不按房地产开发项目分摊利息或不向税务机关提供有关金融机构的证明,这样利息支出和其他房地产开发费用扣除共计(600+1 000)×10%=160(万元),可以多扣除160−(70+80)=10(万元)利息支出,扣税基数增加10万元。

(二) 通过合理定价进行筹划

现行税法规定:纳税人建造普通标准住宅出售,增值额未超过规定扣除项目金额之和20%的免征土地增值税;增值额超过扣除项目金额之和20%的,应就其全部增值额按规定计税。企业可利用20%这一临界点进行筹划。

假设某房地产开发企业待售标准普通住宅,除营业税、城建税及教育费附加外的扣除项目金额为C,销售房价总额为X,营业税、城建税及教育费附加为$5.5\%X$,如果企业要享受起征点优惠,那么最高售价只能为$X=(1+20\%)\times(C+5.5\%X)$,解得:$X=1.284\,8C$。

企业在这一价格水平下,既可享受起征点的照顾又可获得较大利润;如果售价低于X,虽能享受起征点优惠,但利润较低。

如果企业欲通过提高售价达到增加收益的目的,此时按增值率在50%以下的税率即30%的税率缴纳土地增值税,对企业来说只有当价格提高的部分超过缴纳的土地增值税和新增的营业税、城建税及教育费附加时,提价才有利可图。

假设售价提高Y,X为增值率20%时的售价,则新的价格为$(X+Y)$,新增营业税、城建税及教育费附加为$5\%\times(1+7\%+3\%)Y=5.5\%Y$,扣除项目金额为$C+5.5\%\times(X+Y)$,假设增值率虽大于20%但小于50%,增值额为$(X+Y)-C-$

$5.5\% \times (X+Y)$，土地增值税为 $30\% \times (X+Y-C-5.5\%X-5.5\%Y)$，企业欲使提价所带来的收益超过新增的税负而增加收益就须满足 $Y > 30\% \times (X+Y-C-5.5\%X-5.5\%Y)+5.5\%Y$，解得：$Y > 0.0971C$。

例如：某房地产公司建成并待售普通标准住宅，当地同类住宅的市场售价在 1 800 万~1 900 万元，已知取得土地使用权的金额为 200 万元，房地产开发成本为 900 万元，利息支出不能提供金融机构的证明，也不能按房地产开发项目分摊，当地政府规定允许扣除的房地产开发费用的扣除比例为 10%。通过选择筹划方案可在保证售价较低的情况下，少纳土地增值税，增加企业利润。

营业税、城建税及教育费附加外的可扣除项目金额为：
$$200+900+(200+900)\times 10\% + (200+900)\times 20\% = 1\,430 \text{（万元）}$$

方案 1：公司既要享受起征点优惠，又想获得最高利润，则最高售价应为：
$$1\,430 \times 1.284\,8 = 1\,837.264 \text{（万元）}$$

此时获利为：
$$1\,837.264 - 1\,430 - 1\,837.264 \times 5.5\% = 306.2 \text{（万元）}$$

当价格定在 1 800 万~1 837.264 万元时，虽售价上升获利将逐渐增加，但都要小于 306.2 万元。

方案 2：公司想通过提高售价再多获收益，则提价至少为 $1\,430 \times 0.097\,1 = 138.853$（万元），即房地产总售价至少要超过 $138.853 + 1\,837.264 = 1\,976.117$（万元），此时提价才会增加企业总收益，否则提价只会导致总收益减少。所以，当市场房价在 1 800 万~1 900 万元时，公司应选择 1 837.264 万元作为房产销售价格。可见，企业在出售普通标准住宅时，通过合理定价进行纳税筹划，完全可以使自己保持较低价格并获得较高的利润。

（三）选择项目核算方式筹划

现行税法规定：土地增值税以纳税人房地产成本核算的最基本的核算项目或核算对象为单位计算。根据不同情况对多项开发项目选择分开或合并成本项目进行核算，可降低土地增值税。

例如：某房地产开发公司 2006 年商品房销售收入为 15 000 万元，其中普通住宅的销售额为 10 000 万元，豪华住宅的销售额为 5 000 万元。税法规定的可扣除项目金额为 11 000 万元，其中普通住宅的可扣除项目金为 8 000 万元，豪华住宅的可扣除项目金额为 3 000 万元。

方案 1：不分开核算时，增值率为 $(15\,000-11\,000)/11\,000 = 36\%$，适用 30% 的税率。应交土地增值税为：$(15\,000-11\,000)\times 30\% = 1\,200$（万元）

方案 2：分开核算时，普通住宅增值率为 $(10\,000-8\,000)/8\,000 = 25\%$，适用

30%的税率,应纳土地增值税税额(10 000－8 000)×30%＝600(万元);豪华住宅增值率为(5 000－3 000)/3 000＝67%,则适用40%的税率,应纳税额为(5 000－3 000)×40%－3 000×5%＝650(万元);普通住宅和豪华住宅纳税合计为1 250万元。

分开核算比不分开核算要多支出税金50万元,所以应选择合并项目核算。

三、房产税的纳税筹划

现行税法规定:房产税采用从价计征,计税办法分为按计税余值计征和按租金收入计征两种形式。对经营自用的房屋,以房产的计税余值作为计税依据,税率为1.2%;对于出租的房屋,以租金收入为计税依据,税率为12%。两者相比,以房产的计税余值作为计税依据的税负低,以租金收入为计税依据的税负高。

例如:某企业将A厂房(原值500万元,成新率60%)以融资租赁方式租赁给甲公司,租期为4年,月租金为12万元,承租方在租赁期满后即获该房产的所有权;将B厂房(原值800万元,成新率80%)作为投资,与乙公司组成联营企业,合同规定,双方利润分红,共担风险。

(1) 应纳税额分别为:

A厂房年应纳税额＝12×12%×12＝17.28(万元)

B厂房年应纳税额＝800×(1－30%)×1.2%＝6.72(万元)

(2) 不同计征方法的税负比较:

A厂房按房产原值计算年税负率＝17.28÷500×100%＝3.45%

B厂房按房产原值计算年税负率＝6.72÷800×100%＝0.84%

四、印花税的纳税筹划

(一) 选择低税率的纳税筹划

现行税法规定:各类经济合同订立后,不论合同是否履行,都应按合同上所记载的金额、收入或费用为计税依据,按不同项目的适用税率,计算交纳印花税。

例如:某家具厂接受本市一家具城的委托,负责加工一批家具,总价值为1 000万元,加工所需原材料700万元,零配件100万元,加工费200万元。

(1) 按总价值签订合同,其应交印花税为:

应交印花税＝1 000万元×0.5‰＝5 000元

(2) 按材料和加工费分开签订合同,其应交印花税为:

应交印花税＝800万元×0.3‰＋200万元×0.5‰＝3 400元

(3) 只就加工费部分签订合同,则其应交印花税为:

应交印花税＝200万元×0.5‰＝1 000元

选择不同类别的合同,纳税人的纳税负担是完全不同的。

(二) 降低计税依据的纳税筹划

例如:某房地产开发公司,2006年1月与某建筑工程公司签订甲工程施工合同,金额为8 500万元,合同签订后,印花税已缴纳。由于该工程建筑图纸做重大修改,2007年1月,工程竣工时实际工程决算金额为5 500万元。该公司2007年1月签订乙工程建筑施工合同,合同金额为8 000万元,以甲工程多缴印花税为由,冲减合同金额3 000万元,然后计算缴纳印花税。

虽然存在甲工程合同金额减少等现象,但该公司以冲减后的金额为依据,缴纳印花税的做法是错误的。其纳税筹划方法是:尽可能先签订框架合同,或签订不确定金额或确定的合同金额较低的合同,待工程竣工时,按实际工程决算金额计算交纳印花税,这样就可少交或避免多交印花税。

五、车辆购置税的纳税筹划

(一) 选择卖家的纳税筹划

由于目前汽车经销方式灵活多样,汽车经销商通常采用两种经销方式:一是经销商自己从厂家或上级经销商购进再卖给消费者,以自己名义开具机动车销售发票,并按规定纳税;二是以收取手续费形式代理卖车,即由上级经销商直接开具机动车发票给消费者,本级经销商以收取代理费形式从事中介服务。由于车辆购置税目前征收以机动车发票上注明金额为计税依据,因此,两种不同购进方式对消费者缴纳车购税的影响较大,采用付手续费方式进行购车,将支付给本级经销商的报酬从车辆购置税计税价格中剥离,消费者可少缴车购税,因此,应选择付手续费方式购车,同时从减少车辆流通环节入手选择卖家,以获得价格优惠的同时少缴车辆购置税。

例如:甲公司从某汽车经销商处购买一辆帕萨特轿车,该级经销商开给甲公司机动车发票注明价格为180 341元(不含税);乙单位也从同一经销商处购同型号车,支付手续费10 000元,由某经销商到上级经销商处购车,乙单位另外支付购车款170 341元(不含税)给上级经销商,由上级经销商向乙单位开具机动车发票。则:

(1) 甲公司应交车辆购置税＝180 341×10％＝18 034.1（元）。
(2) 乙单位应交车辆购置税＝170 341×10％＝17 034.1（元）。
(3) 两者相差 1 000(18 034.1－17 034.1)元。

（二）正确区分代收款项与价外费用

《车辆购置税征收管理办法》(国家税务总局令第 15 号)中明确,《车辆购置税暂行条例》所说的价外费用是指销售方价外向购买方收取的基金、集资费、返还利润、补贴、违约金(延期付款利息)和手续费、包装费、储存费、优质费、运输装卸费、保管费、代收款项、代垫款项以及其他各种性质的价外收费。按现行税收政策规定,对代收款项与价外费用应区别征税,凡使用代收单位的票据收取的款项,应视为代收单位的价外费用,并入计税价格计算征收车辆购置税;凡使用委托方的票据收取,受托方只履行代收义务或收取手续费的款项,代收款项不并入价外费用计征车辆购置税。另外,《财政部、国家税务总局关于增值税若干政策的通知》(财税[2005]165 号)明确代办保险费、车辆购置税、牌照费征税问题:纳税人销售货物的同时代办保险而向购买方收取的保险费,以及从事汽车销售的纳税人向购买方收取的代购买方缴纳的车辆购置税、牌照费,不作为价外费用征收增值税,由于使用委托方票据,也就不征收车辆购置税了。

例如:甲单位从某汽车销售公司购买一辆轿车,支付车款 150 000 元(不含税),另外支付的各项费用有:临时牌照费用 200 元,代收保险金 350 元,相关税款 15 000元,合计为 165 550 元。

(1) 上述款项全部由汽车销售公司开具机动车发票,则：

应交车辆购置税＝165 550×10％＝16 555（元）

(2) 若汽车销售公司就支付车款 150 000 元开具机动车发票,收取的代办临时牌照费、代收保险金、相关税款分别由交通部门、保险机构开具发票及税务机关开具税票给甲单位,则：

应交车辆购置税＝150 000×10％＝15 000（元）

(3) 两者相差 1 555（＝16 555－15 000）元。

（三）延后部分商品购进时间或选择别家购进

对购买者随车购买的工具或零件款、支付的车辆美容费用等应于缴纳车购税后再购进,或选择别家经销商处进行购买,因为按现行税法规定,对消费者随车购买的工具、零件、车辆装饰品等,若付车款时一同付款且开具在机动车发票中,应作为购车款的一部分并入计税价格征收车辆购置税,但若不同时间购置或销售方不同,则不并入计征车辆购置税,因此对车辆维修工具及汽车美容等可采取日后再配或到另外经销商处购买的方法,以少缴车辆购置税。

例如:甲单位在某汽车经销商处(增值税一般纳税人)购买了一辆本田轿车,车辆价格为 234 000 元,他还购买了工具用具 6 000 元,汽车美容品 25 000 元,由汽车销售商开具了机动车销售统一发票,发票合计金额为 265 000 元,则:

(1) 应交车辆购置税 = 265 000÷(1+17%)×10% = 22 649.57(元)。

(2) 若甲单位在购车过程中,除了购车款,没有支付其他任何费用,而是在缴纳车辆购置税后再去购买工具用具 6 000 元、汽车美容用品 25 000 元。则:

应交车辆购置税 = 234 000÷(1+17%)×10% = 20 000(元)

(3) 两者相差:2 649.57(=22 649.57-20 000)元。

(四) 购买进口车的纳税筹划

例如:某公司从德国进口奔驰 600 型小轿车两部自用,报关进口时,海关审定的计税价为 450 000 元/辆(含随同报关的工具件和零部件 50 000 元/辆),海关课征关税 405 000 元/辆,海关代征消费税 68 400 元/辆,增值税 156 978 元/辆。

(1) 该公司不进行纳税筹划,应交车辆购置税为:

组成计税价格 = 450 000+405 000+68 400 = 923 400(元)

应纳车辆购置税 = 2×923 400×10% = 184 680(元)

两部车实际付款 = (450 000+405 000+68 400+156 978)×2+184 680
= 2 345 436(元)

(2) 进行纳税筹划的做法是:该公司进口报关时,将每部车的工具件和零部件 50 000 元单独报关进口,假定进口整车的关税税率为 90%,进口零部件的关税税率为 45%。其纳税情况为:

应交关税 = 400 000×2×90%+50 000×2×45% = 765 000(元)

少交关税 = 405 000×2-765 000 = 45 000(元)

应交消费税 = (400 000×2+765 000)×8% = 125 200(元)

少交消费税 = 68 400×2-125 200 = 11 600(元)

应交增值税 = [(400 000+50 000)×2+765 000+125 200]×17%
= 304 334(元)

少交增值税 = 156 978×2-304 334 = 9 622(元)

车辆购置税组成计税价格 = 400 000×2+765 000+125 200 = 1 690 200(元)

应交车辆购置税 = 1 690 200×10% = 169 020(元)

少交车辆购置税 = 184 680-169 020 = 15 660(元)

两部车实际付款 = 900 000+756 000+125 200+304 334+169 020
= 2 263 554(元)

(3) 两者相比可节税＝2 345 436－2 263 554＝81 882（元）。

复习与思考

一、思考题
1. 增值税纳税人身份筹划的法律依据是什么，主要方法和具体内容有哪些？
2. 如何科学合理地进行增值税纳税人与营业税纳税人的选择？
3. 如何利用兼营行为和混合销售进行纳税筹划？
4. 如何利用营业税的税目转换进行纳税筹划？
5. 如何利用印花税的税率差异进行纳税筹划？

二、案例题
1. A公司为小规模纳税人工业企业，年销售额50万元，核算制度健全，经申请可成为一般纳税人，适用税率17%；该企业年购进额为30万元；以上金额均不含税。试分析比较该企业应选择何种纳税人身份？若该企业年购进额为43万元，应选择何种纳税人身份？

2. 某地有甲、乙两家大型酒厂，都是独立核算的法人企业。甲公司主要经营白酒，以当地生产的玉米、高粱为原料进行酿造，消费税适用比例税率为20%，定额税率为每500克0.5元；乙公司以甲公司生产的白酒为原料生产系列药酒，适用税率为10%。甲公司每年要向乙公司提供价值10 000万元，共计2 500万千克的白酒；乙公司据此生产的药酒销售额为20 000万元。试分析甲、乙公司分别纳税的消费税负担额是多少；若甲公司合并乙公司，合并后的消费税负担额是多少；为什么。

3. 甲房地产开发公司准备将一幢写字楼卖给乙公司，双方商定总价格为10 000万元，其中包括2 000万元的安装费用，安装工程由丙公司完成。合同的签订有两个方案可供选择：方案一，甲公司与乙公司签订10 000万元的楼房销售合同，与丙公司签订2 000万元的安装合同，安装完工后交给乙公司；方案二，甲公司与乙公司签订10 000万元的楼房销售合同，乙公司与丙公司签订2 000万元的安装合同，安装完工后交给乙公司。试分析方案的优劣。

三、讨论题
1. 列举你在相关课程学习中遇到的企业所得税纳税筹划的事例，并分析其政策依据和可能存在的风险。
2. 列举你所熟悉的人可以进行个人所得税纳税筹划的事例，并分析其政策依据和可能存在的风险。

第十二章 纳税筹划的风险及防范

学 习 目 标

了解纳税筹划风险的含义与特征；
明确纳税筹划风险产生的原因；
熟悉纳税筹划风险的类型；
掌握纳税筹划风险的防范与应对。

第一节 纳税筹划风险的含义及特征

一、风险和纳税筹划风险的含义

（一）风险的含义

目前，学术界对风险的内涵还没有统一和权威的定义，由于对风险的理解和认识程度不同，或对风险的研究角度不同，不同的学者对风险概念有着不同的解释，但从国内外的研究成果来看，归纳起来主要有以下几种代表性观点。

1. 损失可能性

美国学者海恩斯（Haynes）于1895年在其所著的《经济中的风险》中最早提出风险的概念，他将风险定义为"损害或损失发生的可能性"。这个定义非常接近日常生活中使用的普通概念，主要强调风险可能带来的损失。这种观点认为，损失发生的可能性或者概率越大，风险越大。

2. 损失不确定性

美国学者威雷特（A. H. Willet）于1901年在其博士论文《风险与保险的经济

理论》中,为风险下了这样的定义:"风险是关于不愿发生的事件发生的不确定性之客观体现。"这一定义强调了以下几点:一是风险是与损失相关的;二是风险本质的"不确定性",而非可能性;三是风险的客观存在;四是风险被人厌恶,人们不愿其发生。

3. 预期结果与实际结果差异

美国学者小阿瑟·威廉姆斯(C. Arthur Williams)将风险定义为:"风险是结果中潜在的变化。风险是人们预期结果和实际结果的差异。"这种观点认为,风险是在风险状态下,预期结果与实际结果之间的差异大小或差异的偏离程度。这种预期结果和实际结果之间的差异或偏离程度越小,则风险越小;反之,则风险越大。

人们在对风险进行深入研究以后发现,风险不仅可以带来超出预期的损失,也可能带来超出预期的收益。所以广义的风险可定义为:由于事件的不确定性而导致发生损失或收益的可能性。而在实际的风险管理中,人们更多关注风险的负面效应,即风险可能带来的损失。所以狭义的风险可定义为:由于事件的不确定性而导致发生损失的可能性。

4. 损失的大小和发生的可能性

东华大学教授朱淑珍在总结各种风险描述的基础上,把风险定义为:风险是指在一定条件下和一定时期内,由于各种结果发生的不确定性而导致行为主体遭受损失的大小以及这种损失发生可能性的大小,风险是一个二位概念,风险以损失发生的大小与损失发生的概率两个指标进行衡量。上海财经大学副教授、经济学博士王明涛在总结各种风险描述的基础上,把风险定义为:风险是指在决策过程中,由于各种不确定性因素的作用,决策方案在一定时间内出现不利结果的可能性以及可能损失的程度。它包括损失的概率、可能损失的数量以及损失的易变性三方面内容,其中可能损失的程度处于最重要的位置。

(二)纳税筹划风险的含义

一般情况下,从狭义的角度来理解风险更有意义,因此,在对纳税筹划风险管理进行探讨时,把侧重点往往放在"损失"上。

根据上述风险的含义可以认为:纳税筹划风险是指企业在进行纳税筹划时因各种不确定因素的存在,导致纳税筹划方案失败、目标落空,或逃税等违法行为认定而发生的各种损失的可能性。

二、纳税筹划风险的特征

1. 纳税筹划风险的客观性

一方面,纳税筹划风险是不可避免的,但纳税筹划风险同样是遵循一定规律的,只要把握了这种规律,纳税筹划风险是可以降低甚至是可以避免的。另一方面,影响纳税筹划风险的各种因素,虽然具有不确定性,但也是客观存在的。

2. 纳税筹划风险的复杂性

纳税筹划风险的复杂性体现为纳税筹划风险的形成原因、形成过程、表现形式、影响程度等都是复杂的。

3. 纳税筹划风险的可评估性

纳税筹划风险的可评估性是指纳税筹划风险是可度量的。虽然纳税筹划风险具有复杂性,但它可能造成损失的大小和损失发生的可能性是可以参照经验数据、借助数理技术手段加以分析估算,并在此基础上采取相应策略加以应对的。

4. 纳税筹划风险的潜在性

一方面,由于纳税筹划风险是客观存在的,不易做出精确的判断,纳税筹划人员只能在思想上认识到它的存在,依赖知识和经验做出专业判断;另一方面,纳税筹划风险可能造成的损失要有一个显化的过程,这一过程的长短因纳税筹划风险的内容,企业的经济环境、法律环境以及纳税筹划人员对风险的认识程度而不同。

5. 纳税筹划风险的损失与收益的对立统一性

纳税筹划风险可以带来损失,但也可能带来收益,是损失与收益的对立统一。由于纳税筹划风险的特殊性,它往往会给企业带来损失,因此纳税筹划风险主要是针对损失而言的。

第二节 纳税筹划风险产生的原因

一、纳税筹划方案本身设计不合理

一般来说,合理设计纳税筹划方案是成功的前提,而这与纳税筹划人员自身的认知水平和业务素质息息相关,如果纳税筹划人员的认知水平和业务素质较高,对税收、财会、法律等方面的政策及相关业务熟悉,方案设计的合理性就高,成功的可能性也就大;反之亦然。目前,纳税筹划在我国还属于起步阶段,既懂得相关知识,又有很强的实战经验的专业性人才很少,企业有时错误地设计纳税筹划方案,不仅节税不成,反而可能演变为逃税,从而引发纳税筹划风险。

二、纳税筹划方案操作不当

纳税筹划方案涉及企业的采购、生产、投资、筹资、销售等各项活动,需要企业认真操作、严格实施,需要各个部门密切配合、充分协作。即使纳税筹划方案本身设计得很正确,但如果操作不当,筹划失败的可能性也会很大。

三、纳税筹划方案实施的条件变化

任何纳税筹划方案都是在一定条件下选择与确定的,并在一定条件下组织实施。纳税筹划方案实施的变化至少包括两方面内容:一方面是企业自身条件的变化,主要是经济活动的变化。企业要获取某项税收利益,必须使其生产经营活动符合所选择的税收政策,而这往往会制约企业经营的灵活性,一旦企业预期经营活动发生变化,企业就会失去享受税收优惠和税收利益的必要条件,导致纳税筹划结果与企业主观预期出现偏差。另一方面是企业外部条件的变化。如政治因素、战争爆发、税收政策变化、国际国内经济波动、自然灾害、突发事件等,都会造成纳税筹划的效果难以预料,并可能由此带来风险。

四、征纳双方权利和义务的不对称

税务机关和纳税义务人都是税收法律关系的权利主体,双方的法律地位是平等的。但由于主体双方是行政管理者与被管理者的关系,权利和义务并不对等。一方面,纳税筹划方案是否合法,很大程度上取决于税务机关对纳税人纳税筹划方案的认定。如果企业原本正确的纳税筹划方案被税务机关认定为逃税或恶意避税,那么,企业的纳税筹划不但达不到预期目标,还会因为其行为上的违法而受到处罚,从而导致纳税筹划的失败。另一方面,从征纳博弈的角度看,税务机关是纳税筹划"游戏规则"的制定者,主动权掌握在立法者手中。因此,一旦立法者修改调整税法,纳税人如果不能及时进行应变,就难免遭受损失,从而导致纳税筹划失败。

五、纳税筹划成本超过收益

在纳税筹划方案的制订和执行过程中,要充分考虑纳税筹划带来的收益与耗费的成本,只有成本小于收益时,该纳税筹划方案才具有可行性。然而,由于成本和收益是预期估算值,无法准确度量,有时测算时的收益大于成本,但最终实施的结果可能是成本超过收益,从而产生纳税筹划风险。

第三节 纳税筹划风险的类型

一、按纳税筹划风险产生的原因进行分类

1. 纳税意识风险

纳税意识包括企业领导人的纳税意识和纳税筹划相关人员的职业道德,其中企业领导人的纳税意识是主要的。一方面,若企业领导人的纳税意识不强,甚至利用其职权指使或强迫纳税筹划人员完成其指定的纳税目标,而不计后果,就无形中加大了纳税筹划风险;若企业领导人依法纳税意识很强,进行纳税筹划的目的只是降低企业涉税费用和相关风险,优化纳税方案,那么只要纳税筹划人员依法严格按规程精心筹划,一般风险不高。另一方面,若纳税筹划人员职业道德素质不高,会直接影响其工作态度、对风险的判断及筹划事项最终完成的结果,从而带来潜在的风险;若纳税筹划人员坚持依法纳税,保持必要的职业谨慎性和敏锐的专业判断力,严格按程序从事纳税筹划,就会降低相关风险。

2. 政策风险

政策风险又可分为政策变化风险和政策选择风险:政策变化风险是指政府政策在一定时期内发生改变而引起的风险,税收政策是国家对经济进行宏观调控的主要手段之一,为了适应市场经济的发展、优化产业结构,国家的税收政策不可能是固定不变的,而总是要根据经济发展状况进行相应的调整,通过及时修订、补充或完善税收法律、法规,新的政策不断推出,这使得纳税筹划会产生一定的风险;政策选择风险是指企业对政府的政策选择错误或不恰当而导致的风险,该种风险的产生主要是企业对税收法律、法规及政策精神认识不足、理解不透、把握不准所致,也就是说,企业自认为其采取的纳税筹划方案符合国家的法规、政策,但实际上却违背了国家的法律法规,由此导致纳税筹划活动的失败。

3. 经营活动变化风险

纳税筹划是一种合理的预先谋划行为,具有较强的计划性和时效性。一方面,纳税筹划是对未来企业所处环境的一种预期,纳税筹划方案的选择是在未来实际环境与纳税筹划方案的预期环境相一致的假设前提下做出的,如果两者不一致,将会导致纳税筹划活动的失败;另一方面,纳税筹划是对不同的税收政策进行选择和

利用的一个过程。纳税筹划一旦选定某项税收政策,企业日后的生产经营活动只有符合所选定税收政策要求的特殊性,才能够享受此税收政策的优惠。然而,在市场经济体制下,企业的生产经营活动并非一成不变,需要随着市场环境的变化和企业战略管理的要求而进行相应的调整。一旦经营活动本身发生变化,就很可能失去享受税收优惠的条件,不仅无法达到预期财务目标,而且还可能加重税负,从而导致纳税筹划活动失败。

4. 筹划不当风险

筹划不当即纳税筹划方案的制定和执行不当,主要包含以下几方面:一是纳税筹划方案的制订本身存在问题,导致对其执行的结果只能是得不偿失;二是在纳税筹划方案的执行过程中,因相关部门及人员配合与协作不到位而产生纳税筹划风险;三是纳税筹划方案在执行过程中不彻底或半途而废,或执行的手段不恰当,或是某一环节衔接不上都有可能造成整个纳税筹划方案前功尽弃,从而导致纳税筹划活动的失败。

5. 片面性风险

片面性风险是指纳税人进行纳税筹划方案选择时,未全面、综合、长远考虑问题而产生的风险,主要包括以下几方面:一是没有从战略的角度去进行全面地考虑和把握,只考虑个别税种负担的高低,而未着眼整体税负的轻重;二是仅考虑了税负的减轻,而未考虑其他方面的成本,导致项目筹划后的税后净收益小于筹划前的税后净收益;三是仅局限于短期目标的实现上,而未考虑企业的长远发展目标;四是纳税筹划方案的实施虽然获取了较少纳税上的收益,但是同时可能要承担较多的其他方面的责任,如违约责任、赔偿责任等。

6. 执法风险

节税筹划是符合立法者意图的,但这种合法性还需要税务行政执法部门的确认;纳税筹划中的避税筹划是违背立法者的意图的,如果国家对某些避税措施坚决抵制和查处的话,将会大大增加其筹划的风险。因此,执法风险是指因税务行政执法的偏差或实施反避税措施等原因而产生的风险。执法风险主要包括以下几方面:一是税收法规的不完善导致税务行政执法部门的执行偏差,很多税收政策只对基本层面作出规定,具体的税收条款设置并不完善,无法涵盖所有的税收事项,企业和税务机关对同一税收政策理解上很可能存在偏差;二是税法对具体的税收事项通常留有一定的弹性空间,在一定的范围内,税务机关拥有自由裁量权,客观上也为税务行政执法偏差提供了可能性;三是税务行政执法人员的专业素质参差不齐,存在将原本合理、合法的纳税筹划方案误定为逃税、恶意避税等不法行为的可能;四是有些行政执法人员从思想上抵制纳税筹划,并在认识上存在偏差。五是原本得到政府默认的避税措施突然得到坚决抵制和查处,导致企业避税筹划失败。

7. 纳税信誉风险

纳税信誉风险是指纳税筹划一旦被认定为违法行为,企业所建立起来的信誉和品牌形象将受到严重影响,从而影响企业未来经营的风险。市场经济是信誉经济,强调品牌意识,而纳税信誉是企业重要的信誉之一。大多数企业不愿意与纳税信誉低的企业有业务往来,因为纳税信誉低的企业往往被认为在资金支付能力及合同履行能力等方面都有较高的风险。纳税信誉风险虽然是一种间接风险,同样也会导致企业发生经济损失。

8. 心理风险

纳税筹划的心理风险是指企业在制订和实施纳税筹划方案时,由于所面临的预期结果具有不确定性,因而需要承受与此相关的心理负担和精神痛苦,由此可能给企业和个人造成损失。

值得注意的是,纳税筹划人员综合素质的高低也是形成风险的重要原因。

二、按照纳税筹划风险是否可以直接度量进行分类

1. 定性的纳税筹划风险

定性的纳税筹划风险特征是不容易直接评估风险的大小,一般只用"是否变化"、"是否存在"等作为风险大小的度量指标。当然,这并不意味着绝对不能对这种风险进行量化。

2. 定量的纳税筹划风险

定量的纳税筹划风险特征是能够直接度量风险的大小,且只能通过量化的数字来描述风险大小,包括度量纳税筹划风险导致的显性损失和隐性损失两类。纳税筹划风险导致的显性损失比较直观,可以通过企业的财务数据表现出来,如纳税筹划方案设计不合理而多交的税款、纳税筹划方案被认定为逃税行为而产生的罚款和滞纳金等;纳税筹划风险导致的隐性损失是指纳税人由于实施纳税筹划方案而放弃的潜在利益,它是一种机会成本,它在纳税筹划实务中易被忽视。

第四节 纳税筹划风险的防范

一、提高纳税筹划相关人员的素质

一方面,要引进高素质的纳税筹划人才,将应聘人员的纳税筹划知识与能力的

考核成绩、职业道德修养以及沟通和协作能力,作为人员录取的标准之一;另一方面,要加强对包括财会人员在内的涉税工作人员进行培训,以使他们较好地掌握税收、财会、法律、企业管理、风险管理等各方面的知识,同时加强职业道德教育和沟通、协作能力的培养,使其既能科学合理的制订纳税筹划方案,又能正确地组织执行纳税筹划方案,还能有效地对纳税筹划风险进行控制和防范。

二、加强企业各部门之间的沟通、协作与配合

一方面,在企业管理层的组织下,相关业务部门定期进行交流,共享各自掌握的信息,并协调纳税筹划风险的建议;另一方面,应当建立纳税筹划风险责任制,明确相关部门和人员的职责,将其风险防范业绩与利益挂钩,确保纳税筹划风险降到最低。

三、密切关注相关条件的变化,及时调整完善筹划方案

一方面,要密切关注企业自身条件的变化,主要是经济活动的变化;另一方面,要密切关注企业外部条件的变化,并不断调整和完善筹划方案,将纳税筹划风险降到最低。

四、加强与税务机关的沟通,协调好征纳关系

企业应当积极加强与税务机关的诚心交流和沟通,处理好和税务机关的关系,主动适应税务机关的管理,及时争取税务机关的指导,努力寻求税务机关的支持与帮助,树立良好的纳税信誉和形象,在实施新的筹划方案时,及时地向税务机关咨询,获取其批准或认可,力求实现企业与税务机关的"双赢"。

五、合理利用税务代理的专业化服务

一方面,不能盲目信赖税务代理的专业化服务,在将纳税筹划方案外包出去的同时,企业自身仍要加强对纳税筹划风险的防范,避免外包的纳税筹划失败而产生的损失;另一方面,对纳税筹划方案的复杂程度和企业纳税筹划人员的专业胜任能力进行合理地评价,实行选择性外包。

六、尽量避免纳税筹划成本最终超过收益

企业应当较为保守地预计纳税筹划成本和收益,同时不能忽视纳税筹划隐性损失(机会成本),合理运用成本收益分析法,谨慎地选择及实施纳税筹划方案。只有当纳税筹划方案的成本和损失之和小于所得的收益时,该项纳税筹划方案才是合理的和可以接受的。

第五节 纳税筹划风险的应对

纳税筹划风险的应对是指企业在纳税筹划风险识别和评估的基础上,根据自身条件和外部环境,围绕企业发展战略,制定和执行的纳税筹划风险应对的策略。

一、避免纳税筹划风险

避免纳税筹划风险也称规避纳税筹划风险,是指为了免除纳税筹划风险的威胁,主动放弃和拒绝可能导致风险损失的纳税筹划方案。

避免纳税筹划风险是消除风险最彻底的方法,同时也是最消极的风险应对策略,具有较大的局限性。对于避免纳税筹划风险,应从以下几方面理解:一是避免纳税筹划风险会使企业丧失从风险中取得收益的机会;二是避免纳税筹划风险的方法并不一定是可行的;三是避免了一种风险可能会产生另一种风险,而且可能是更大的风险;四是当纳税筹划风险导致损失的可能性很大或损失的金额很多,而纳税筹划的收益又很小时,选择避免纳税筹划风险是应当的。

二、降低纳税筹划风险

降低纳税筹划风险是指使得纳税筹划风险发生的可能性和程度达到最小的风险应对策略。降低纳税筹划风险是一种积极主动的风险应对策略,包括损失预防和损失抑制。

损失预防是指纳税筹划损失未发生前就采取积极控制措施,努力消除产生纳税筹划风险的各种因素,竭力防止风险的发生。

损失抑制是指在纳税筹划损失发生时或发生后,采取果断措施,防止损失扩

大,缩小损失范围,减轻损失的程度。如企业的纳税筹划方案在没有得到税务机关的认可而受到处罚后,应及时缴纳税款、罚款和滞纳金,并尽快协调好与税务机关之间的关系,尽力减少对企业形象和纳税信用的不良影响。

由于纳税筹划具有时间的超前性,因此降低纳税筹划风险主要侧重于损失预防,而损失抑制则是降低纳税筹划风险的补救措施。

三、分散纳税筹划风险

分散纳税筹划风险是将纳税筹划风险分成若干个较小的、且价值较低的独立单位,以减小因纳税筹划风险而产生损失的幅度。

对纳税筹划而言,企业不能只对某一个税种或某一个纳税环节进行纳税筹划,而要针对企业的整体情况进行全面思考、系统安排,形成综合的纳税筹划方案组合,以分散纳税筹划风险。

四、转移纳税筹划风险

转移纳税筹划风险是指企业将纳税筹划风险转嫁给他人。从理论上讲转移纳税筹划风险包括保险转移和非保险转移,但实际上目前在我国并不存在专门针对纳税筹划方案的保险项目。而非保险转移就是通过签订合同的方式将纳税筹划风险转移给对方当事人承担,该承担者不但接受纳税筹划的法律责任,也承担企业因纳税筹划风险而遭受的损失。如企业聘请税务顾问、寻求专业支持、利用税务代理的专业化服务等,将纳税筹划风险转移出去。

五、保留纳税筹划风险

保留纳税筹划风险也称接受纳税筹划风险,是指企业保留可能发生的纳税筹划风险及其影响,容忍一定风险的存在,避免对风险的过度管理。保留风险并不是不采取任何措施的保留,只是在权衡成本与效益之后无意过多地采取其他的风险应对策略而已。对于那些造成损失小、重复性较高的风险最适合保留。保留纳税筹划风险策略可以起到促进资金周转、降低风险管理成本,但同时有可能使企业面临程度更大的风险。

保留纳税筹划风险包括主动的纳税筹划风险保留和被动的纳税筹划风险保留。主动的纳税筹划风险保留即有意识、有计划的保留,企业在识别和评估纳税筹划风险的基础上,觉察到风险的存在,明确风险的性质及其后果,并采取了相应的预防损失发生的措施,这种保留由于事先已经做好了相应的财务准备,一般不会给企业造成严重的财务后果。被动的纳税筹划风险保留即无意识、无计划的保留,企业没有觉察到自己所要面临的风险,或虽然觉察到风险的存在,但在思想上不重视,没有采取任何预防措施,在某些条件下会造成较为严重的财务后果。因此,主动的纳税筹划风险保留是企业可以采用的。

六、利用纳税筹划风险

利用纳税筹划风险是指把纳税筹划风险当作机遇,利用纳税筹划过程中遇到的不利因素迎难而上、化险为夷。利用纳税筹划风险是一种非常积极的风险应对策略,同时也符合风险管理既要应对风险又要把握机会的理念。如企业通过重组、合并、分立等手段充分利用相关税收优惠政策,获取纳税筹划收益。

总之,企业在选择纳税筹划风险应对策略时,要综合考虑企业自身条件、外部环境、发展战略及纳税筹划方案本身的特点,全面分析具体相关情况,以便做出科学、合理的选择。

复习与思考

一、思考题

1. 什么是纳税筹划风险,纳税筹划风险有哪些特征?
2. 纳税筹划风险产生的原因主要有哪些?
3. 何为纳税筹划的执法风险?执法风险主要有哪些?
4. 定性的纳税筹划风险与定量的纳税筹划风险有何区别?
5. 如何有效地进行纳税筹划风险的防范?

二、讨论题

1. 企业为什么要降低纳税筹划风险?如何降低纳税筹划风险?
2. 企业为什么要保留纳税筹划风险?在什么情况下才能保留纳税筹划风险?

参 考 文 献

[1] 盖地.税务会计与纳税筹划[M].天津:南开大学出版社,2007.
[2] 梁伟样.税务会计与纳税筹划[M].北京:科学出版社,2005.
[3] 艾华.税收筹划研究[M].武汉:武汉大学出版社,2006.
[4] 刘心一,刘从戎.税收筹划[M].北京:经济管理出版社,2006.
[5] 新会计准则与涉税避税操作技巧编写组.新会计准则与涉税避税操作技巧[M].北京:经济管理出版社,2006.
[6] 宋效中.企业纳税筹划[M].北京:机械工业出版社,2007.
[7] 中华人民共和国财政部.企业会计准则:应用指南 2006[M].北京:中国财政经济出版社,2006.
[8] 财政部会计司编写组.企业会计准则讲解 2006[M].北京:人民出版社,2007.
[9] 中国注册会计师协会.税法[M].北京:经济科学出版社,2008.
[10] 全国注册税务师执业资格考试教材编写组.税法Ⅰ[M].北京:中国税务出版社,2009.
[11] 全国注册税务师执业资格考试教材编写组.税法Ⅱ[M].北京:中国税务出版社,2009.
[12] 王齐祥.企业纳税与会计核算[J].安徽纺织职业技术学院学报,2003(1).
[13] 王齐祥.对全年一次性奖金计税方法的比较分析[J].合肥学院学报,2006(2).
[14] 王齐祥.个人所得税改革的现实思考[J].江淮论坛,2009(2).
[15] 王齐祥.企业受赠捐赠财税政策创新研究[J].华东经济管理,2010(1).
[16] 王齐祥.增值税转型试点在安徽运行的状况分析[J].中国城市经济,2010(5).
[17] 王齐祥.增值税全面转型的政策完善与企业应对[J].青海社会科学,2010(6).
[18] 梁文涛.纳税筹划[M].北京:清华大学出版社,2010.
[19] 国家税务总局网站[EB/OL].[2011-05-28]www.chinatax.gov.cn/125K.